MARC MELLER
Das Smartphone

Weiterer Titel des Autors:

Das Schlaflabor

MARC MELLER

DAS SMARTPHONE

THRILLER

DU KAUFST EIN SMARTPHONE
DU SCHALTEST ES EIN
UND DIE JAGD AUF DICH BEGINNT...

Lübbe

 Die Bastei Lübbe AG verfolgt eine nachhaltige Buchproduktion. Wir verwenden Papiere aus nachhaltiger Forstwirtschaft und verzichten darauf, Bücher einzeln in Folie zu verpacken. Wir stellen unsere Bücher in Deutschland und Europa (EU) her und arbeiten mit den Druckereien kontinuierlich an einer positiven Ökobilanz.

Originalausgabe

Dieses Werk wurde vermittelt durch die Literarische Agentur Kossack GbR, Papenhuder Str. 49, 22087 Hamburg

Copyright © 2024 by
Bastei Lübbe AG, Schanzenstraße 6–20, 51063 Köln

Vervielfältigungen dieses Werkes für das Text- und
Data-Mining bleiben vorbehalten.

Textredaktion: Dr. Frank Weinreich
Umschlaggestaltung: zero-media.net, München
Einband-/Umschlagmotiv: © FinePic®, München
Satz: hanseatenSatz-bremen, Bremen
Gesetzt aus der Adobe Garamond Pro
Druck und Verarbeitung: GGP Media GmbH, Pößneck

Printed in Germany
ISBN 978-3-7577-0036-2

5   4   3   2   1

Sie finden uns im Internet unter luebbe.de
Bitte beachten Sie auch: lesejury.de

FRANKFURT AM MAIN

Der *Bladnoch Vinaya* stand auf dem Schreibtisch, und das kalte Licht der Monitore schimmerte durch die klare braune Flüssigkeit hindurch. Erst vor zwei Tagen hatte Philip die Flasche entkorkt, und nun war sie schon zur Hälfte geleert. Oder noch halb voll, je nachdem wie man es betrachtete. Auf seiner ersten Schottlandreise vor vier Jahren war er auf die kleine Destillerie gestoßen, die sich in den Lowlands, nahe der Grenze zu England, befand. Der Single Malt nach Mitternacht gehörte mittlerweile zu seinen Ritualen, um in den Schlaf zu finden. Der Hausarzt hatte ihm gesagt, dass das bläuliche Licht des Monitors die Melatoninproduktion im Gehirn hemme und er deshalb vor dem Zubettgehen eher ein Buch lesen sollte anstatt Fernsehen zu gucken oder am Computer zu arbeiten. Die einzigen Bücher, die er studierte, waren jedoch Fachliteratur, und die wühlte ihn eher auf, als dass sie ihn ermüdete.

Philip nippte an dem Glas, genoss das Brennen des Alkohols auf der Zunge und schaute auf den Monitor. Er wartete auf eine Antwort. Warum meldete sich sein anonymer Chatpartner nicht mehr? Philip hielt das Glas gegen das Licht der Stehlampe. Die intensive bräunliche Färbung des Whiskeys rührte von den Fässern her, in denen er gereift war. In der Destillerie hatte man ihm erzählt, dass in Schottland ausgediente Bourbonfässer aus den USA benutzt wurden, weil in den Staaten ausschließlich neue Eichenfässer zur Reifung verwendet werden durften. Die nur einmal benutzten Fässer wurden dann nach Schottland verkauft. Dort freuten sich die Destillerien, weil das Holz sich bereits vollgesaugt hatte mit Aromen, die dann von ihrem Destillat über viele Jahre hinweg aufgenommen wurden. Die Wahl der Fässer und die Lagerung waren entscheidend für die Qualität eines jeden Single Malt. Philip roch an dem Glas. Der *Bladnoch* war nicht so rauchig wie manch andere Sorte, nicht zu vergleichen etwa mit einem *Smokehead*, bei dem es passieren konnte, dass der Rauchmelder Alarm auslöste, wenn man die Flasche öffnete. Ein geflügelter Witz unter Whiskeykennern.

Sollte er sich noch einmal nachschenken?

In dem Moment erloschen die Monitore vor ihm, die Stehlampe, alles. Nur das Licht einer Straßenlaterne fiel in Streifen durch die Jalousien herein. Philip tastete nach seinem neben der Tastatur liegenden Smartphone und tippte auf den Homebutton, wodurch das Display aufleuchtete und den Raum erhellte. Er aktivierte die Taschenlampenfunktion des Handys und leuchtete den Weg zur Wohnungstür aus, öffnete sie und betätigte den Schalter im Treppenhaus. Das Licht ging an. Der Stromausfall betraf also nur seine Wohnung, nicht das ganze Haus.

Philip trat wieder in die Wohnung, begab sich zum Sicherungskasten, öffnete ihn und sah, dass sich alle Schalter in Position Eins befanden. Keine Sicherung war herausgeflogen. Er seufzte. Das bedeutete, er würde in den Keller gehen müssen. Mindestens eine der Hauptsicherungen war durchgebrannt. Aber warum? So etwas passierte normalerweise nur, wenn ein Verbraucher, der viel Strom zog, einen Kurzschluss hatte oder vielleicht bei einem Blitzeinschlag. Ob der Durchlauferhitzer defekt war? Aber Philip hatte gar kein Warmwasser aufgedreht, sondern am Schreibtisch gesessen.

Spekulationen erschienen müßig, es führte kein Weg daran vorbei, in den Keller zu gehen. Philip folgte dem Lichtkegel seines Smartphones auf dem kurzen Weg zu dem kleinen Stauraum, wo er den Werkzeugkasten aufbewahrte. Er nahm vorsichtshalber noch ein Paar Gummihandschuhe mit und eine Zange, falls der Verschluss der Sicherung klemmte. Hoffentlich gab es im Keller Ersatzsicherungen. Normalerweise lagen aber welche in dem Verteilerschrank bei den Stromzählern. Philip steckte die Handschuhe in die Hosentasche und vergewisserte sich, dass er den Wohnungsschlüssel dabeihatte.

Er zog die Tür hinter sich zu. Im Treppenhaus konnte er seine Handylampe ausmachen, dort funktionierte das Licht. Hinter den meisten Türen der Nachbarn herrschte Stille, nur bei den Brinkmanns lief der Fernseher wie immer so laut, dass es bis ins Treppenhaus schallte. Sie schliefen regelmäßig vor der Glotze ein und erfreuten die Nachbarn dann mit dem Sound von Trash-TV. Philip kam im Erdgeschoss an und wollte die Tür zum Keller aufschließen, aber sie war gar nicht zugesperrt, obwohl ein Schild darauf hinwies, dass dies immer der Fall sein sollte. Es hatte schon genug Einbrüche gegeben, auch wenn die wenigsten Mieter irgendwelche Wertsachen im Keller aufbewahrten.

Er öffnete die Tür, schaltete das Kellerlicht an und ging die Treppe nach unten. Sie war so schmal, dass man nur mit sehr viel Geschick etwas Größeres im Keller einlagern konnte. Der Altbau hatte den Krieg beinahe unbeschadet überstanden. Die roten Backsteinwände hier unten waren brüchig und modrig, der weiße Metallschrank mit dem Stromverteiler wirkte dagegen fast wie neu. Philip ging hin, öffnete den Schrank. Auf den ersten Blick war nichts zu erkennen, alle Leistungsschutzschalter befanden sich in der richtigen Position, darunter waren die drei Fassungen für die Schmelzsicherungen. Philip benutzte erneut seine Handylampe. Durch das Fenster der Schraubdeckel konnte er sehen, dass eine Schmelzsicherung durchgebrannt war. Und, was für ein Glück, es lagen Ersatzsicherungen aus Keramik auf dem Boden des Schranks. Da vernahm er ein leises Geräusch neben sich und schaute in den Backsteinkorridor, wo die einzelnen Parzellen der

Mieter durch Holzgatter voneinander getrennt waren. Nur eine einzige Glühlampe hing an einem Kabel von der Decke. Die Wände schluckten viel Licht.

»Hallo? Ist jemand da?«

Keine Antwort. Vielleicht war es eine Ratte gewesen. Mist. Mit so einem Viech im Keller zu sein, war kein schöner Gedanke, aber Philip wusste, dass Ratten Angst vor Menschen hatten und sich fernhielten.

Philip streifte sich die Gummihandschuhe über. Der Verschluss der Sicherung ließ sich ohne Zuhilfenahme der Zange drehen, bis der Deckel gelöst war und er die Keramiksicherung herausziehen konnte. Er steckte sie in die Hosentasche und nahm eine der Ersatzsicherungen aus dem Metallschrank.

Da hörte er wieder ein Geräusch neben sich. Philip schaute nach rechts.

Diesmal war es keine Ratte.

Er fuhr erschrocken zusammen.

Ein schwarzgekleideter Mann mit Skimaske über dem Gesicht und einem Nachtsichtgerät vor dem einen Auge war aus einem Winkel des Kellers hervorgetreten. Im selben Moment ging das Licht aus. Nur noch die Lampe von Philips Handy leuchtete, und er konnte erkennen, dass der Mann ebenfalls Handschuhe trug und eine geschlossene Gummijacke anhatte.

Der Kerl schlug ihm die Lichtquelle aus der Hand, das Handy fiel auf den Boden. Nun war es stockdunkel. Philip spürte, wie sich im gleichen Moment von hinten ein Arm um seinen Hals legte und seinen Kopf wie in einem Schraubstock einklemmte. Der Ellbogen des Angreifers drückte gegen den Kehlkopf, während der andere Mann seine rechte Hand packte und den Gummihandschuh mit einem Ruck entfernte.

Philip sah nur noch schwarz vor Augen, so dunkel war es ab diesem Moment, aber er ahnte, was die Männer vorhatten. Nein, er wusste es sogar. Sie hatten ihm den Handschuh ausgezogen. Die Fassung der Sicherung war offen, der Deckel fehlte, die Keramiksicherung ebenfalls. Der Kontakt im Inneren der Fassung stand unter Strom.

Philip konnte sich kaum bewegen, geschweige denn Widerstand leisten, so fest hatte der zweite Angreifer die Arme um seinen Hals gelegt, und der Mann drückte auch noch mit der Hand gegen seinen Hinterkopf. Philip bekam keinen Ton heraus. Er versuchte, sich zu wehren, irgendwie seinen Arm zurückzuziehen. Es ging um Leben und Tod, das war klar. Ein Lichtblitz war das Letzte, was er bewusst wahrnahm. Im selben Moment schoss ein unglaublicher Schmerz durch seinen Körper. Seine Muskeln verkrampften bis zur Bewegungsunfähigkeit, und es leuchtete in der Dunkelheit.

Bis es vollkommen schwarz wurde.

KAPITEL 1

»Sie haben da ein *A 34* für einhundertsechzig Euro im Schaufenster.« Paula zeigte in die Richtung. »Darf ich das mal sehen?«

Der Handyshop hatte von außen ganz ordentlich gewirkt, aber jetzt gewann Paula den Eindruck, dass der Verkäufer, der zugleich der Besitzer zu sein schien, ein Chaot war. Er hieß Eric Naumann, so stand es zumindest auf dem Schild am Eingang. Er war schlank, wirkte aber nicht sportlich und hatte einen für Ingenieure typischen Kurzhaarschnitt. Sein Hemd war falsch zugeknöpft, und Paula überlegte, ob sie ihn darauf hinweisen sollte. Gemächlich bewegte er sich hinter dem Tresen hervor, auf dem allerhand elektronische Komponenten verstreut lagen, als würde man hier Handys aus Einzelteilen zusammenbauen. Innerlich stellte Paula sich schon darauf ein, eher woanders nach einem gebrauchten neuen Smartphone zu suchen. Eric, wenn er denn so hieß, schlurfte in Richtung Schaufenster, ohne die Füße zu heben. Sein Trockenrasierer hatte offensichtlich einen Wackelkontakt, kleine Haarbüschel sahen wie Flecken im Gesicht aus. Auf die weißen Socken in den Sandalen war das Logo des 1. FC Köln gestickt.

Er schloss die Vitrine des Schaufensters auf, holte das Smartphone heraus, das sie meinte, und kam zum Tresen zurück. Paula sah ihn fragend an, während er beharrlich schwieg. Kommunikation gehörte offensichtlich nicht zu seinen Kernkompetenzen.

»Können Sie mir irgendwas dazu sagen?«

Er zuckte mit den Schultern. »Ein *A 34* halt, 5G-tauglich

128 GB Speicher, was gibt es noch zu sagen? Android Betriebssystem, nicht iOS. Wollen Sie es haben oder nicht?«

Paula musste grinsen. Einen so schlechten Verkäufer hatte sie lange nicht mehr erlebt. War sie hier am richtigen Ort? Eine letzte Chance gab sie ihm noch. »Wie alt ist das denn?«

»Ich glaube, ein Jahr oder so.«

»Sie glauben?«

»Müsst ich nachsehen. Ist das wichtig?«

»Nun ja, für einen Akku spielt das Alter eine Rolle, oder?«

»Den Akku hab ich erneuert und auch sonst alles gecheckt, die alten Daten sind gelöscht, keine Viren oder so was drauf.« Seine Stimmlage änderte sich, er klang fast ein wenig beleidigt. »Wenn ich was verkaufe, sind die Geräte absolut in Ordnung.«

Ihr Blick fiel auf die elektronischen Bauteile, die auf dem Tresen verstreut lagen und seine Garantieerklärung unterstrichen. Paula glaubte ihm.

»Kann ich mein altes Handy bei Ihnen in Zahlung geben?« Sie holte ihre schwarze Umhängetasche, die sie beim Radfahren immer auf den Rücken drehte, nach vorne und nahm ihr Smartphone heraus.

»Wie alt?«, fragte er.

»Ist das wichtig?«, erwiderte sie mit einem Grinsen.

Er zeigte keine Reaktion. Humortechnisch lagen sie ebenso wenig auf derselben Wellenlänge wie in puncto Modegeschmack.

»Drei Jahre«, sagte sie. »Ich hab's vor zweien gekauft.«

Er nahm es in die Hand und suchte nach Gebrauchsspuren, das Display war einwandfrei. Ohne sie anzusehen, machte er ein Angebot: »Vierzig Euro kann ich dafür geben.«

»Und wie viel kostet es, wenn Sie die Daten von meinem alten Handy auf das neue übertragen?«

»Das kostet dann nichts.«

Paula überlegte. Eigentlich suchte sie nicht nur ein Smartphone, sondern auch eine Anlaufstelle, wenn mal was nicht funktionierte. So unordentlich der Laden auch aussah, so kompetent wirkte Eric, sobald es um sein Fachgebiet ging.

»Deal«, sagte sie.

Paula bezahlte die verbleibenden hundertzwanzig Euro mit Karte. Während sie auf den Beleg wartete, spielte sie an einem Knopf ihrer Bluse herum. »Sie haben Ihr Hemd falsch zugeknöpft.«

»Passiert schon mal.« Er schaute noch nicht mal nach, ob es stimmte, und machte auch keinerlei Anstalten, etwas daran zu ändern. Eric nahm beide Telefone mit in seine Werkstatt, um den Datentransfer durchzuführen. Netterweise bot er Paula einen Kaffee an, während sie wartete. Als er mit dem Pappbecher aus der angrenzenden kleinen Küche zurückkam, fiel ihr auf, dass er sich das Hemd doch noch richtig zugeknöpft hatte. Der Kaffee schmeckte scheußlich, Paula behielt es für sich.

»Warum kaufen Sie gebrauchte Handys?«, fragte er.

»Um Geld zu sparen?«

Das Argument klang einleuchtend.

»Studieren Sie?«, fragte er weiter.

Paula nickte. »Molekularbiologie. Hab gerade meinen Master gemacht und strebe nun noch eine Promotion an.«

»Oh Gott«, entfuhr es ihm, als ob sie gesagt hätte, dass sie Anhänger von Borussia Mönchengladbach sei, was für einen Kölner Fußballfan ein absolutes *No-Go* bedeutete.

»Was ist denn so schlimm daran?«

»Bio und Chemie waren meine Hate-Fächer in der Schule. Sinnloses Formelpauken und Auswendiglernen.«

Paula hielt dagegen. »Ich glaube, es gibt zwei Kategorien von Menschen. Diejenigen, die Chemie hassen, und die, die es lieben. Ich find die digitale Welt nicht so prickelnd.«

»So macht jeder halt, was er am besten kann. Hat mein Professor immer gesagt. Hauptsache man hat irgendein Talent.«

»Was haben Sie studiert?«

»Elektrotechnik. Aber nicht bis zum Schluss.«

Paula fragte nicht weiter und erinnerte sich, wie sie selbst früher mal an einem Punkt angekommen war, wo sie die Brocken beinahe hingeschmissen hätte. Zu Beginn des Studiums wollte sie nur irgendeinen Abschluss haben, und Biologie und Chemie waren ihre besten Fächer in der Schule gewesen. Aber das Thema Molekularbiologie hatte sie teils überfordert. Sie erinnerte sich noch genau an das Gespräch mit ihrem damaligen Professor. Er hatte sie aus dem Motivationstief herausgeholt, und danach war sie regelrecht vom Ehrgeiz gepackt worden. Die Wissenschaft wurde für sie zu einem Abenteuer, vergleichbar mit einer Achterbahnfahrt. Auf jedes Hochgefühl folgte zwar ein Tief, aus dem sie aber immer wieder herausfand, wenn sie sich nur anstrengte. Das Bedürfnis, die Grenzen ihres Wissens zu erweitern, hatte im letzten Jahr einen so großen Raum in ihrem Leben eingenommen, dass sogar ihre Beziehung daran zerbrochen war. Ihr Ex-Freund Lennard schien regelrecht eifersüchtig gewesen zu sein. Nicht wegen eines anderen Mannes, sondern weil Paula ihre Bestimmung im Leben gefunden hatte und seitdem mit so viel Herzblut ihre Ziele verfolgte.

Eric kam in dem Moment wieder aus seiner Werkstatt hervor, das neue Gebrauchte in Händen. Die Apps auf dem Display waren genauso wie auf dem vorherigen Smartphone angeordnet, sah Paula mit einem Blick.

»Jetzt müssen wir noch ein paar Sachen konfigurieren. Ihren Fingerabdruck, den Code zum Entsperren und so.«

Sie machten dies gemeinsam, wobei Paula darauf achtete, dass Eric die Ziffernreihenfolge zum Entsperren des Handys nicht zu Gesicht bekam. Schließlich beendeten sie die Konfiguration.

»Vielen Dank«, sagte Paula. »Jetzt fehlt nur noch die Rechnung.«

Er tippte ihren Namen und die Adresse ein. »Darf ich Ihre Kundendaten speichern?«

»Warum nicht?«

Dann zog er die Rechnung aus dem Drucker, und sie verabschiedeten sich voneinander. Zum Ende war Eric aufgetaut. Wenn sie Probleme in der digitalen Welt hätte, würde sie ab jetzt zu ihm kommen.

KAPITEL 2

Aus den Boxen dröhnte die Musik einer Mariachi-Band. Bar und Restaurant waren nur zur Hälfte gefüllt, für einen Dienstagabend ganz normal. Paula saß allein auf einem Barhocker an der Theke und wartete auf Sophie, die sich mal wieder verspätete. Was oft passierte, sogar wenn sie Dienst hatte und der Laden rappelvoll war. Die beiden arbeiteten für Rodrigo, einen waschechten Mexikaner, dem der Laden gehörte.

Da flog die Tür auf, und Sophie stiefelte mit dem für sie üblichen Temperament herein. Schon am Gang konnte Paula erkennen, dass ihre Freundin geladen war. Sie pfefferte die Handtasche auf einen Barhocker und verschwand ohne ein Wort der Begrüßung hinter die Theke, um sich als Erstes selbst einen Cocktail zu mixen. Der eigentliche Barmann hieß Luis, er stand am Zapfhahn und rief herüber. »Hey, Sophie. Schönen Abend dir.«

»Hi, Luis«, erwiderte sie missmutig.

Paula war neugierig. »Was ist passiert?«

»Schau mal in meine Handtasche, da ist ein Brief. Hallo auch, mein Schatz.«

Für Sophie war jeder ein Schatz, den sie mochte. Aber sie mochte nicht jeden, um ehrlich zu sein, sogar nur wenige. Es gab jedenfalls mehr Leute, die sie als Arschloch bezeichnete denn als Schatz. Paula warf ihr einen Luftkuss zu, dann suchte sie in Sophies Handtasche nach besagtem Brief und holte ihn heraus. Das Logo einer Versicherung, deren Namen Paula nicht kannte, prangte auf dem Umschlag.

»Willst du auch einen?«, fragte Sophie, die gerade einen Whiskey Sour zubereitete.

»Ja, gerne.«

Da kam Rodrigo mit drei Tellern aus der Küche und brachte sie an einen Vierertisch. Als er zurückkam, lächelte er wie gewohnt. »Bedienst du dich wieder selbst?«

»Kannst es mir ja vom Lohn abziehen«, erwiderte Sophie im sicheren Wissen, dass ihr Chef das nie tun würde.

»Alles gut.« Er verschwand wieder in der Küche.

Die meisten Männer auf diesem Planeten fanden Sophie sehr attraktiv. Sie hatte Klasse, eine gute Figur und zeigte ein nettes Lächeln, wenn sie denn lächelte. Sophie war der Grund, weshalb an manchen Abenden alle Barhocker von Männern besetzt waren. Aber kein Mann hatte eine Chance bei ihr, sie war erst vor Kurzem mit ihrer Freundin zusammengezogen.

Paula holte das Schreiben aus dem Kuvert und las, was da in förmlichem Amtsdeutsch geschrieben stand. Sophie kam mit zwei Whiskey Sour um die Theke herum und setzte sich neben sie auf einen Barhocker.

Sie stießen mit den Cocktails an.

Paula schaute wieder auf das Schreiben. Es war die ordentliche Kündigung ihrer Kfz-Versicherung zum Ablauf des Versicherungsjahres. »Hattest du einen Unfall in letzter Zeit?«

»Einen, das weißt du doch. Vor fast einem Jahr. Hätten die mir damals gekündigt, okay, das würde ich verstehen. Aber seitdem bin ich anständig gefahren.«

»Hast du einen GPS-Tracker am Auto?«

»Was?«, fragte sie entsetzt.

»Manche Versicherungen bieten einen Rabatt an, wenn man sein persönliches Fahrverhalten überprüfen lässt. Dazu macht man sich dann so einen GPS-Sender an den Wagen und liefert der Versicherung die Fahrdaten.«

»Ich bin doch nicht bescheuert«, sagte sie. »Dazu fahr ich viel zu oft viel zu schnell.«

Paula faltete den Brief wieder zusammen, steckte ihn ins Kuvert zurück.

»Suchst du dir halt eine andere Versicherung. Von der, bei der du bist, habe ich auch noch nie gehört.«

»Die waren preiswert. Und wenn ich jetzt eine neue Versicherung suche, muss ich angeben, dass ich gekündigt wurde. Und was dann?«

»Dann zahlst du einen höheren Beitrag.«

»Eben. Muss ich noch mehr Schichten einlegen als bisher.«

Sophie nahm Paula das Kuvert weg und ließ es in der Handtasche verschwinden. »Ich brauche eine günstige Versicherung. Natürlich könnte ich auch zu meiner Mutter rennen, aber den Gefallen tu ich ihr nicht.«

Paula wusste um das Verhältnis von Sophie zu ihren Eltern. Die Tochter hatte bereits ihre zweite Ausbildung abgebrochen und lebte seitdem hauptberuflich vom Kellnern. Ihr Vater war Arzt mit einer gut gehenden orthopädischen Praxis, die Mutter Hausfrau und Golfspielerin mit einem Handicap unter zehn. Beide hatten sich gewünscht, dass ihre einzige Tochter in die Fußstapfen des Vaters trat, aber an ein Medizinstudium war noch nicht einmal zu denken. Sophie hatte das Abitur geschmissen und besaß nur die Mittlere Reife, wobei für ihre Eltern die Betonung auf »nur« lag, denn die hatten das immer noch nicht verkraftet. Sophie war es egal, sie gierte nach Unabhängigkeit, und dafür arbeitete sie manchmal bis zu sieben Abende in der Woche.

Paula wechselte das Thema und zeigte ihrer Freundin das neue Smartphone. Sophie nahm es und tippte die Ziffern ein, um es zu entsperren. Es waren dieselben wie beim alten Handy. Die beiden hatten so viel Vertrauen zueinander, dass jeder den Code der anderen kannte.

Sophie nickte anerkennend. »Vielleicht sollte ich meine Spider-App auch mal entfernen. Wie viel hast du bezahlt?«

»Hundertzwanzig, weil er mir für mein altes Teil noch vierzig gegeben hat.«

»Wow.« Sophies Handy hatte seit Monaten ein gerissenes Display, eine sogenannte Spider-App, und sie leistete sich kein neues, weil sie wusste, dass nach Murphys Gesetz keine vierundzwanzig Stunden vergehen würden, bis das Display wieder einen Sprung hätte.

»Der Laden hatte einige gute Angebote im Schaufenster.«

In dem Moment vibrierte das neue Smartphone.

»Eine unbekannte Nummer«, sagte Sophie und reichte ihr das Telefon. »Bei so was gehe ich grundsätzlich nicht dran.«

Paula normalerweise auch nicht, aber die Neugier siegte, und sie nahm das Gespräch entgegen, ohne ihren Namen zu nennen. »Hallo?«

»Hi. Entschuldigen Sie bitte die späte Störung«, drang es aus dem Hörer.

»Wer ist denn da?«

»Eric Naumann. Sie haben heute bei mir ein Smartphone gekauft, mit dem Sie jetzt wahrscheinlich telefonieren.«

»Ja, genau.«

Es folgte Stille am anderen Ende der Leitung. Die Mariachi-Musik war ziemlich laut.

»Hallo?«, sagte Paula ins Telefon.

»Ja«, ertönte es aus dem Handy. »Es gibt da was, worüber wir reden müssen.«

»Ist es wichtig? Ich sitze gerade in einer Bar.«

»In welcher Bar sind Sie denn?«

Paula dachte sich nur, dass ihn das nichts anginge. »Moment, ich gehe kurz raus.«

Sie erhob sich von ihrem Barhocker und marschierte nach

draußen. Es regnete, und sie stellte sich unter einen der Schirme für Raucher.

»So, jetzt kann ich Sie besser verstehen. Was gibt es denn?«
»Wir sollten uns treffen. Wo sind Sie gerade?«

Paula stutzte. Diese Form der Anmache war ihr ein bisschen zu plump. »Äh, wollen Sie mir nicht zuerst mal sagen, worum es geht?«

»Ungern übers Handy.«
»Was soll das denn jetzt? Sie werden es mir schon am Telefon sagen müssen.«

»Können wir uns nicht treffen?«
»Nein«, sagte sie laut und dachte im selben Moment: *Oje!* Hatte sie sich nicht nur ein neues Smartphone, sondern auch noch einen Verehrer zugelegt?

»Was wollen Sie?«
»Ich habe mir Ihr altes Smartphone genauer angeschaut, das, das Sie dagelassen haben.«

»Ist es kaputt?«
»Nein. Ich habe nur ein paar Fragen.«
»Schießen Sie los.«
»Haben Sie Ihr Handy irgendwann mal gerootet?«
»Was gemacht?«
»Bei iOS nennt man das auch *Jailbreak*. Vielleicht haben Sie den Begriff mal gehört?«

»Nein. Weder noch. Was soll das sein?«
»Dass Sie es nicht wissen, hat meine Frage schon beantwortet.«
»Ich möchte trotzdem wissen, was das ist.«
»Rooten oder ein Jailbreak dient dazu, dass man sich den vollen Zugriff auf alle Android-Bestandteile verschafft. Ab Werk ist so ein Vollzugriff nicht möglich, was vor allem aus Sicherheitsgründen so ist. Durchs Rooten öffnen Sie eine Tür, durch die Sie ein paar Vorteile bekommen, sich aber auch ein gewisses Risiko einhandeln.«

»Und die Vorteile wären?«

»Wenn Sie manche Apps herunterladen wollen, die es nicht im App- oder Play-Store gibt, müssen Sie vorher rooten. Das kann man aber wieder rückgängig machen. Um Ihnen das zu erklären, möchte ich mich mit Ihnen treffen.«

»Gut. Aber nicht heute Abend. Wann machen Sie Ihren Laden auf?«

»Um neun Uhr.«

»Dann bin ich morgen früh um neun bei Ihnen. Ich wünsche Ihnen einen schönen Abend.«

»Moment«, sagte er sofort. »Eine letzte Frage habe ich noch. Könnte es jemand in Ihrem Umfeld geben, der versucht, Sie auszuspionieren?«

Paula war verunsichert. »Was genau meinen Sie mit Ausspionieren?«

»Informationen über Sie sammeln. Bewegungsprofile. Kontakte ausspähen. Jemand, der mehr über Sie wissen möchte, als Sie von sich aus preisgeben würden. Der vielleicht Ihre Nähe sucht?«

»Im Moment fällt mir da nur einer ein und das sind Sie.«

Er kicherte. »Stimmt. Jetzt verstehe ich, weshalb Sie mich nicht treffen wollen. Haben Sie Erfahrung in dieser Hinsicht?«

»Welcher Hinsicht?«

»Wurden Sie schon mal ausspioniert oder gestalkt?«

»Nein.« Paula reagierte pampig. »Jetzt erklären Sie mir endlich, was dieses Gespräch soll.«

An diesem Morgen hatte sie noch ein gutes Gefühl gehabt und sich nichts dabei gedacht, Eric Naumann mit ihren Daten umgehen zu lassen. Jetzt bereute sie es.

»Ich habe auf Ihrem alten Handy eine Spyware entdeckt«, sagte er.

»Eine was?«

»Eine Software zum Ausspionieren der Daten auf Ihrem Smartphone. Und sie ist sehr gut versteckt gewesen.«

Paula war sprachlos. Blauer Dunst von einem Raucher neben ihr zog herüber, und sie nahm ungewollt einen tiefen Atemzug.

Er fragte weiter. »Ihnen fällt also auf Anhieb niemand ein?«

»Nein.«

»Gut, wir reden morgen ausführlicher darüber. Ich kann Ihnen das nicht am Telefon erklären.«

Paula war aufgeschreckt. »Ist es möglich, dass die Spyware auch auf das neue Smartphone übertragen wurde?«

»Das überprüfe ich morgen. Oder heute noch, wenn Sie das wollen?«

Paula überlegte kurz. »Besteht denn die Gefahr, dass jemand mein Konto abräumt oder mir den Insta-Account hackt?«

»Eher unwahrscheinlich. Die Spyware dient anderen Zwecken, es handelt sich nicht um einen Trojaner.«

Paula war ein wenig beruhigt. »Gut, dann bis morgen.«

»Neun Uhr«, sagte er und beendete das Telefonat.

Sie hielt das Smartphone noch in der Hand und schaute aufs Display. Gerade noch hatte sie sich über den Kauf gefreut und ihr Handy sofort liebgewonnen. Jetzt hatte es auf einmal etwas Bedrohliches an sich, wie ein Menetekel, ein Anzeichen drohenden Unheils.

Paula schaltete das Gerät aus. Dann wandte sie sich einer der Raucherinnen zu und fragte nach einer Zigarette. Paula bekam eine und Feuer dazu. Sie nahm ein paar tiefe Züge, als Sophie zu ihr herauskam.

»Du rauchst? Was ist los mit dir?«

Paula ging trotz des Regens ein paar Schritte von den anderen Rauchern weg und blieb vor einem überdachten Hauseingang stehen. Sophie, die ihr gefolgt war, sah sie fragend an.

»Der Verkäufer meines Smartphones hat angerufen. Er sagt, auf meinem alten Handy war eine Spyware installiert.«

»Dich hat jemand ausspioniert?«

Paula nickte. »Fällt dir spontan jemand ein, der so etwas tun könnte?«

Sophie nickte sofort. »Lennard.«

Paula sah es genauso. Ihr Ex-Freund käme als Einziger in ihrem Bekanntenkreis für so eine Aktion infrage. Während ihrer Beziehung war er andauernd eifersüchtig gewesen, auf alles und jeden. Irgendwann hatte es Paula gereicht, und sie hatte einen Schlussstrich gezogen. Damit wollte Lennard sich bis heute nicht abfinden ... und jetzt das. So eine Spyware, das würde zu ihm passen. Seit ein paar Wochen rief er immer wieder aus fadenscheinigen Gründen bei ihr an, um den Kontakt aufrechtzuerhalten. Während eines dieser Telefonate hatte Sophie ihr einmal das Handy aus der Hand gerissen und ihm deutlich die Meinung gesagt.

Lennard konnte überhaupt nicht damit umgehen, wenn sein Ego verletzt wurde, was wahrscheinlich an seinem Elternhaus lag. Sein Vater hatte ein mittelständisches Unternehmen mit über hundert Mitarbeitern aus eigener Kraft aufgebaut, und seine Schwester war ebenfalls sehr erfolgreich in ihrem Beruf. Nur Lennard nicht. Er verstand mehr vom Geldausgeben als davon, es zu verdienen. Am Anfang ihrer Beziehung hatte Paula das Luxusleben als sehr angenehm empfunden. Sie waren oft essen gewesen, und er bezahlte jedes Mal. Auch die Urlaube bewegten sich in einer Preisklasse, die Paula sich nie hätte leisten können, und der Sex war ebenfalls gut. Aber irgendwann schlugen ihre Gefühle um. Je erfolgreicher sie im Studium wurde, desto mehr Probleme bekam sie in ihrer Beziehung, weil Lennard eifersüchtig reagierte. Eifersüchtig auf ihren Erfolg und darauf, dass sie ein klares Ziel vor Augen hatte. Ein Ziel, das wenig mit Geld zu tun hatte, und damit entzog sie sich ihm und seinen Vorstellungen vom Leben. Er wünschte sich eine Frau, die Kinder kriegen und zu Hause bleiben sollte. Sophie hatte das schon viel früher erkannt als Paula, aber nichts gesagt. Erst nach der Trennung hatte sie mit ihrer Meinung nicht länger hinter dem Berg gehalten.

Ein weiterer Grund, warum Lennard sich nicht mit der Trennung abfinden wollte, waren seine Eltern, die Paula schon als zukünftige Schwiegertochter gesehen hatten. Wenn der Sohn sonst nichts auf die Beine gestellt bekäme, sollte er zumindest eine annehmbare Frau haben. Zu seinem Vater hatte Paula immer ein gutes Verhältnis gehabt. Nun, der Tag, an dem sie die Beziehung beendet hatte, lag jetzt vier Monate zurück.

Sophie und Paula waren sich sofort einig, dass es Lennard zuzutrauen wäre, eine Spyware auf ihrem Smartphone zu installieren, um sie zu kontrollieren. Die Trennung war dann so plötzlich geschehen, dass er keine Möglichkeit gehabt hätte, die Software wieder zu entfernen.

»Was für'n Arsch!«, stellte Sophie fest.

Paula stimmte ihr mit einem Kopfnicken zu.

»Und was wirst du jetzt unternehmen?«

»Das überlege ich mir morgen«, sagte sie und drückte die Zigarette an der Hauswand aus. »Heute betrinke ich mich erst mal.«

Paula ging voran zurück in die Bar. Sophie hinterher.

KAPITEL 3

»Was zum Teufel ist das?«

Eric starrte vor sich auf den Monitor. Er hatte das gebrauchte Smartphone von Paula Krüger an seinen Rechner angeschlossen und alle Daten auf die eigene Festplatte gezogen.

Jetzt sah er sich im *Käfig* um, wo die handelsüblichen Apps verortet waren. Ein normaler Computer ließ sich bis auf die Hardwareebene zurücksetzen, was es ermöglichte, andere Betriebssysteme aufzuspielen. Bei einem Smartphone ging das nicht. Zurücksetzen auf Werkseinstellungen, wie man es machte, wenn man ein gebrauchtes Handy verkaufen wollte, bedeutete immer, dass ein Grundgerüst an Einstellungen auf dem Handy zurückblieb – *Käfig* oder auch *Jail* genannt –, wo Apps, Programme, Daten, Fotos und Videos gespeichert wurden. Eine Spyware, die nicht entdeckt werden wollte, musste außerhalb dieses *Jails* untergebracht werden, und dazu war ein Ausbruch, ein *Jailbreak*, nötig. Bei Android hieß der Vorgang *Rooten*. Diesen konnte jeder Nutzer manuell durchführen, was Eric Paula Krüger aber nicht zutraute, so wenig Ahnung wie sie von der Materie hatte. Es musste also durch einen Virus, einen Link oder noch eher durch einen Trigger geschehen sein, dass sich die Tür des Käfigs geöffnet hatte und die Spyware außerhalb des *Jails* platziert werden konnte.

Eric drehte die Musik etwas leiser. *Ace of Spades* war ein guter Song, um auf einer Party abzugehen, aber Lemmys erdig-raue Stimme war der Konzentration nicht unbedingt dienlich. Und darauf kam es jetzt an, denn der Hacker, der die Spyware programmiert hatte, verstand sein Handwerk.

»Wie hast du das gemacht, du Penner?«, schrie er. Die Frage konnte Eric sich nur selbst beantworten, schließlich befand er sich allein in seinem Laden.

Dachte er zumindest.

Das Zwiegespräch mit sich selbst hallte durch den Verkaufsraum bis ins Lager, wo sich auch eine kleine Küche befand. Von dort gab es einen Seiteneingang ins Treppenhaus. Über dem Laden wohnten noch drei weitere Parteien.

Die Tür lautlos zu öffnen hatte den Männern keine großen Schwierigkeiten bereitet. Die Alarmanlage war noch nicht eingeschaltet, aber es bestand das Risiko, dass sie einen Panikknopf besaß. Selbst die billigen Modelle aus dem Baumarkt hatten diese Funktion heutzutage, durch die man den Alarm per Knopfdruck auslösen konnte. Es musste also schnell gehen. Die beiden bewegten sich leise im Dunkeln, und wo kein Licht leuchtete, schauten sie durch ihre monokularen Nachtsichtgeräte. Das eine Auge sah normal, das andere nahm die Umgebung in Grünschwarz wahr.

»Verdammt, verdammt«, ertönte es wieder aus der Werkstatt. »Du Motherfucker. Hältst dich wohl für einen ganz Schlauen, wie?«

Ace of Spades blendete aus, und die ersten Glockenschläge von *Hells Bells* ertönten.

Die Männer sahen einander an und mussten spontan grinsen. Eine passendere Musik zu diesem Anlass hätte es kaum geben können. Der Ladenbesitzer machte es ihnen leicht, denn die Boxen dröhnten laut genug, um jegliches Knarren des Holzbodens zu überdecken. Sie schauten vorsichtig um die Ecke in das Ladenlokal. Die Straßenlaternen leuchteten grell ins Innere des Shops, und zwischen den Lichtern waren Personen zu erkennen. Allerdings auf der anderen Seite des Schaufensters.

Die Männer würden durch den Verkaufsraum gehen müssen, um in die Werkstatt zu gelangen. Der nächste Glockenschlag aus den Boxen läutete das legendäre Gitarrenriff ein.

Ein Pärchen stand auf der Straße vor dem Schaufenster; eng umschlungen küssten sie sich voller Leidenschaft. Unwahrscheinlich, dass sie viel von ihrer Umwelt wahrnahmen, aber die Männer konnten keine Zeugen gebrauchen. Das Risiko war zu groß, dass die beiden einen Blick durchs Schaufenster warfen.

»Fuck«, ertönte es wieder aus der Werkstatt. »Du bist vielleicht gut, aber ich bin besser! Ich fick dich.«

Das Pärchen vor dem Schaufenster machte keine Anstalten zu gehen. Der junge Kerl fummelte an seiner Partnerin herum, seine Hand wanderte unter ihren Rock.

»Mann, Junge. Nimm sie mit nach Hause, und vögle sie dort«, sagte der eine Eindringling leise.

Sein Kollege holte das Handy aus der Innentasche der Jacke, tippte eine kurze Nachricht, versendete sie: **Tür neben Schaufenster. Pärchen muss weg.**

Eine Sekunde später folgte die Antwort, ein Häkchen als Symbol für *Okay*.

Sie mussten nicht lange warten. Auf dem Bürgersteig vor der Eingangstür erschien ein weiterer Passant, quatschte das Pärchen an und hielt die Hand auf.

Sie hörten den Mann laut etwas sagen: »Verzieh dich, du Penner. Siehst du nicht, dass du störst?«

»Nur ein Euro. Oder zwei?«

»Du kriegst gleich ein oder zwei – auf die Fresse nämlich«, schrie der Mann, aber seine Partnerin beruhigte ihn.

»Komm, wir gehen zu mir.«

Das ließ sich der junge Mann nicht zweimal sagen, und die beiden gingen weg, während der Bettler vor der Eingangstür verharrte und die Straße im Auge behielt. Das Handy drinnen vibrierte wieder, auf dem Display erschien erneut das Symbol für *Okay*.

Das Problem war beseitigt. Die Männer schlichen leise in den Verkaufsraum, näherten sich dem Durchgang zur Werkstatt, wo

Licht brannte. Das Nachtsichtgerät schaltete automatisch ab, sie sahen jetzt mit bloßem Auge genug. Der Besitzer des Ladens saß mit dem Rücken zu ihnen und starrte auf den Bildschirm.

Eric erschrak. Eine Spiegelung auf dem Monitor. Hinter ihm bewegte sich etwas. Er drehte sich um, sprang auf.

Der Mann, der vor ihm stand, hatte eine Skimaske über dem Kopf, ein Nachtsichtgerät vor dem einen Auge und trug schwarze Handschuhe. Er griff blitzschnell nach Erics rechter Hand und verdrehte sie. Der Schmerz im Arm war unerträglich, Eric musste nachgeben und der Bewegung seines Angreifers folgen. Sein Kopf knallte mit Wucht gegen die Tischplatte. Von dem Moment an sah er alles nur noch verschwommen, dann wurde es dunkel um ihn herum.

Eric lag bewusstlos auf dem Rücken. Quer über die Stirn hatte er eine große Platzwunde, Blut lief über sein Gesicht. Der Mann, der daran schuld war, stellte sich breitbeinig über den Wehrlosen, klappte das Nachtsichtgerät hoch. Es war hell genug.

»Wen willst du ficken, hä?« Die Handschuhe waren mit Quarzsand gefüllt, was die Wirkung verstärkte.

Erics Kehlkopf zerbrach unter der Wucht des ersten Schlages. Er rührte sich, zappelte, bekam keine Luft mehr, röchelte, der Körper wand sich am Boden, fing schließlich an zu zittern – das letzte Aufbäumen, wenn die Luftzufuhr abgeschnitten war – und er erstickte.

Noch ein Schlag ins Gesicht des Opfers, die Nase brach mehrfach, noch einer, das Jochbein. Noch mal und noch mal. Eine Blutlache breitete sich auf dem Boden unter dem Kopf aus. Das Zittern erstarb. Eric Naumann rührte sich nicht mehr. Er war tot. Der Schläger trat einen Schritt zurück und begutachtete sein Werk. Es sah genauso aus wie geplant, als hätte der Täter eine irre Wut auf sein Opfer gehabt. Nichts dergleichen verspürte sein Mörder, er kannte Eric noch nicht einmal.

Zügig, ohne Anflug von Hektik, aber darauf bedacht, nicht in die Blutlache zu treten, lösten die Männer alle Kabel vom Computer, beförderten Rechner, Server und Router in eine mitgebrachte Sporttasche.

Da pingte das Handy, eine Nachricht, der eine Mann schaute aufs Display: **Zielperson mit zwei Pizzen im Anmarsch.**

Er steckte das Handy weg. »Er kommt zurück.«

Der Mörder blieb bei der Leiche in der Werkstatt, während der Mann mit dem Handy zurück ins Lager schlich. Zur Tür, durch die sie hineingekommen waren. Er legte sein Ohr an das Holz, hörte, wie im Treppenhaus die Haustür mit einem Quietschen aufging. Er vernahm leise Schritte. Dann Stille. Der Mann trat ein Stück zurück, damit die Tür aufschwingen konnte.

Nichts dergleichen geschah. Kein Schlüssel wurde ins Schloss geschoben, niemand trat ein. Der Mann zählte leise bis zehn, bevor er das Ohr noch mal an die Tür legte. Nichts. Kein Geräusch, keine Schritte.

Er tippte wieder eine Nachricht ins Handy: **Ist er wieder rausgekommen?**

Die Antwort folgte prompt: **Negativ.**

Der Mann hatte einen Verdacht. Er legte seine Hand an die Klinke, drückte sie herunter und öffnete die Tür einen Spalt weit. In dem Moment ging im Flur das Licht aus. Er sah durch das Nachtsichtgerät. Da war niemand. Er sah zu Boden, und da lagen auf der Türschwelle zwei Pizzakartons.

Der Mann riss die Tür ganz auf und trat ins Treppenhaus. Sein Blick wanderte umher, bis er die offen stehende Tür zum Garten sah.

KAPITEL 4

Der Fahrtwind tat gut und pustete ihren Kopf durch. Vier Whiskey Sour und noch ein paar Bier hinterher waren zu viel gewesen. Paula ging davon aus, dass sie trotz Zähneputzen nach Alkohol roch, aber bis zum Nachmittag, wenn sie den Termin bei ihrem Professor hatte, würde das wieder weg sein. Und falls Eric Naumann sich an ihrem Geruch stören sollte, wäre ihr das ziemlich egal. Nur seinetwegen war sie so früh aufgestanden und hatte ihren Wecker deshalb verflucht. Aber die Neugier war zu groß, sie wollte unbedingt erfahren, wer sie ausspionierte.

Paula trat in die Pedale und bog in die kleine Einbahnstraße ein, wo sich das Geschäft befand. Gleich hinter der Kurve stoppte sie abrupt. Eine Polizistin in blauer Uniform und mit neongelber Warnweste breitete die Arme aus, versperrte den Weg. Im ersten Moment dachte Paula, sie hätte was falsch gemacht, aber dann sah sie hinter der Beamtin eine Menge Blaulichter flackern. Nicht nur Streifenwagen standen dort in der schmalen Straße, ebenso ein weißer Mercedes-Transporter und ... Paula erblickte einen Leichenwagen sowie zwei Männer in Overalls, mit Masken vor dem Gesicht. Paula vermutete, dass es sich bei ihnen um die Spurensicherung handelte – kannte man ja zur Genüge aus dem Fernsehen.

Erst jetzt realisierte sie, wo das Ganze stattfand, wo die Fahrzeuge parkten. Die Tür zu dem Handyshop stand offen, Polizisten gingen rein und raus.

»Was ist da passiert?«, fragte Paula entsetzt.

Die Polizistin schaute sie an. »Ich darf Ihnen leider keine Auskunft geben.« Sie war Anfang zwanzig, und ihr dunkler Pferdeschwanz schaute unter der Mütze hervor. »Sie werden es morgen bestimmt in der Zeitung lesen.«

Da es in der kleinen Straße kaum Geschäfte gab und sie überhaupt wenig frequentiert war, hatten sich nur wenige Schaulustige hinter den Absperrbändern eingefunden. Ein paar Anwohner standen an den Fenstern und verfolgten das Geschehen in ihrer Straße.

»Ist etwas mit dem Besitzer des Handyladens passiert?«, fragte Paula vorsichtig nach.

Die junge Beamtin überlegte, ob sie was sagen sollte, und antwortete mit einer Gegenfrage. »Kannten Sie ihn?«

Paula nickte. »Ja. Ich habe heute Morgen einen Termin bei ihm. Wegen des Handys, das ich hier gestern gekauft habe.«

Die Polizistin verstand. »Ach so, deshalb sind Sie hier?«

Paula nickte.

»Was ist denn mit Ihrem Handy?«, fragte die Polizistin weiter.

»Er hat gesagt, dass ich noch mal vorbeikommen soll. Weil irgendwas nicht stimmte.«

»Eine Reklamation also?«

Paula zögerte. Wie viel sollte sie erzählen? Sie hatte keine Erfahrung im Umgang mit der Polizei und wollte keine Lawine lostreten. Wenn sie nun von der Spyware anfing, was dann? Müsste sie dann auch Lennard erwähnen, und würde sie ihm damit schaden?

Die Polizistin wollte es genau wissen. »Er hat Sie herbestellt, habe ich das richtig verstanden?«

»Nein, nicht wirklich«, log sie. »Ich weiß es nicht mehr so genau. Ich habe das Problem nicht so recht kapiert. Irgendwas mit dem Datentransfer von meinem alten Smartphone zu dem neuen. Der scheint wohl schiefgegangen zu sein. Können Sie mir nicht sagen, was los ist?«

»Leider nein. Ich nicht. Aber wenn Sie Ihren Namen und Ihre

Nummer aufschreiben, leite ich Ihre Fragen an die Ermittler weiter, und die werden sich bei Ihnen melden. Haben Sie einen Personalausweis dabei?«

Paula nickte. Das schien die einfachste Lösung zu sein, um zu erfahren, was geschehen war.

Die Polizistin holte einen kleinen Block und einen Stift aus ihrer Brusttasche, und Paula kramte ihren Ausweis hervor, gab ihn der Frau. Sie schrieb sich die Daten auf.

»Könnte ich noch Ihre Handynummer haben?«

Paula diktierte sie ihr und erhielt den Ausweis zurück.

»Kannten Sie den Besitzer des Ladens schon länger?«

Paula schüttelte den Kopf. »Nein. Wir haben uns gestern zum ersten Mal gesehen.«

Die Polizistin bedankte sich für die Auskunft und ließ Block und Stift wieder in ihrer Brusttasche verschwinden.

Über deren Schulter hinweg sah Paula, wie ein geschlossener Zinksarg von zwei Leuten in dunklen Anzügen aus dem Handyladen getragen wurde und sie ihn in den Leichenwagen schoben.

Eric Naumann war der erste Mensch, den Paula kannte, der ganz offensichtlich einem Gewaltverbrechen zum Opfer gefallen war.

KAPITEL 5

Gabriela Moreno saß an ihrem Schreibtisch, umringt von drei Monitoren. Sie studierte die aktuellen Prognosen, die keine Begeisterungsstürme ihrerseits hervorriefen. Nicht, weil die Kurven schlecht aussähen, sondern weil der Wendepunkt sich abzeichnete. Es würde wieder bergab gehen. Den Grund dafür kannte sie. Ihr Headset drückte ein wenig hinter den Ohren, sie verschob es, was ein Rascheln verursachte.

»Was war das für ein Geräusch?«, fragte ihre Mutter auf Spanisch.

»Ich bin ans Mikrofon gestoßen«, antwortete Gabriela in der gleichen Sprache.

»Ans Mikrofon?«

»Ich telefoniere mit einem Kopfhörer. Dann muss ich nicht immer das Telefon ans Ohr halten.«

»So etwas gibt es?«, fragte Candela verwundert.

Gabriela wechselte das Thema. »Hast du gut geschlafen, Momia?«

Ihre Mutter lebte in Sevilla in einem Pflegeheim und hatte gerade ihr Frühstück eingenommen. Gabriela musste sich nicht auf das Gespräch konzentrieren, weil es nur aus den immer gleichen Worthülsen bestand. Ihre Mutter litt an schwerer fortschreitender Demenz. Sie selbst merkte fast nichts davon und führte ein beinahe stressfreies Leben, was vor allem ihrem gleichbleibenden Tagesablauf geschuldet war. Jede Veränderung sei ein Stressfaktor, hatte der Arzt Gabriela erklärt. Candela konnte sich an ihre Kommunion vor fast siebzig Jahren erinnern, glaubte aber, dass ihr Bruder noch lebte, der schon vor Jahren gestorben war. Sie sprach jeden Tag davon, ihn doch anzurufen, damit er mal zu Besuch käme, und vergaß es dann wieder. Eines von vielen Ritualen.

Ihre Tochter war ihre letzte Angehörige und es tat Gabriela leid, nicht für ihre Mutter da sein zu können, abgesehen von ein paar Besuchen im Jahr. Aber der Job ließ nicht mehr zu, und die Ärzte hatten ihr dringend abgeraten, Candela nach Deutschland zu holen, wo niemand spanisch sprach. So waren die allmorgendlichen Telefonate zu einem weiteren Ritual geworden.

Eine große Fensterfront trennte Gabrielas Büro von der Außenwelt. Die Sonne stand über der Skyline Frankfurts, es versprach ein schöner Tag zu werden. Gabriela gönnte ihren Augen eine Pause, nahm die Brille von der Nase und blickte an den Bildschirmen vorbei in die Ferne.

»Bekommst du immer noch jeden Morgen deinen Schinken?«, fragte sie ins Mikro.

Es kam keine Antwort. Ihre Mutter hatte es wieder vergessen, obwohl das Frühstück höchstens eine Stunde zurücklag. Die fortschreitende Demenz würde auch das Telefonat im Laufe des Tages wieder aus ihrem Gedächtnis löschen. So kam es, dass sie fast immer über dasselbe redeten. Jeden Tag. Dieses Gespräch war eines der wenigen Dinge, mit denen Gabriela ihrer Mutter noch etwas Gutes tun konnte, abgesehen davon, dass sie alle Kosten für das Heim übernahm. Zum Glück schaffte es die tückische Krankheit nicht, ihre Mutter vergessen zu lassen, dass sie eine Tochter hatte. Obwohl die Ärzte Gabriela gewarnt hatten, dass auch dieser Tag einmal kommen könnte.

Candela war überglücklich, dass ihre Tochter mit einem guten Mann verheiratet war und einer ordentlich bezahlten Arbeit in einem Büro nachging. Das eine stimmte, sie saß eine Etage unter dem Vorstandsvorsitzenden des Versicherungskonzerns, für den sie seit nunmehr zwanzig Jahren tätig war. In der Firma gab es klare Hierarchien, und eine war: Je höher man morgens mit dem Fahrstuhl zum Büro fuhr, desto mehr Konkurrenten hatte man hinter sich gelassen. Gabriela war die einzige Frau auf dieser Etage, und darauf konnte sie stolz sein. Vor allem, weil sie für keinen ihrer Vorgesetzten jemals die Beine breit gemacht hatte. Und die Quotenfrauen saßen in den Stockwerken unter ihr. Gabriela hatte es aus eigener Kraft geschafft, durch Intelligenz, Zielstrebigkeit und Fleiß. Sie verstand es auch, die Ellbogen so einzusetzen, wie Männer das taten. Moralisch einwandfreies Verhalten musste da schon mal hintanstehen. Für dieses Büro, in dem sie jetzt saß, war sie auch bereit gewesen, auf das zu verzichten, was von der Allgemeinheit als Lebensglück bezeichnet wurde: Familie, Freunde, Haus mit Garten. Umfragen hatten ergeben, dass der Traum vom Eigenheim immer noch auf Platz Eins der Wunschliste der Deutschen stand. Gabriela hatte mit derart spießigen Ansichten noch nie etwas anfangen können.

»Was macht Javier, geht es ihm gut?«, erkundigte sich ihre Mutter jetzt, und Gabriela fragte sich, wieso Candela sich ausgerechnet den Namen ihres nichtsnutzigen Ex-Mannes noch merken konnte. Das ärgerte sie irgendwie. Hatte Javier so einen guten Eindruck bei Mutter hinterlassen?

»Natürlich, Mama«, log Gabriela. »Er lässt dich schön grüßen und freut sich darauf, dich wiederzusehen.«

Javier war der absolute Fehlgriff in Gabrielas Leben gewesen und ein Grund dafür, warum ein Lebenspartner nicht mehr auf ihrer Agenda stand. Sie wusste nicht einmal, ob der Kerl noch lebte, schon gar nicht, wo und mit wem. Was sie ihrer Mutter natürlich nie sagen würde. Die Ärzte waren der Meinung, dass die Wahrheit einem Demenzpatienten nicht unbedingt guttat, es komme manches Mal eher auf den guten Zweck einer Lüge an. Das Wichtigste, so der Arzt, sei es, die schönen Dinge, an die sich ihre Mutter erinnerte, noch am Leben zu erhalten, auch wenn Javier und der Bruder nicht mehr existierten.

Candela freute sich wie jeden Morgen, dass es Gabriela so gut ging, und sie betonte noch mal, wie stolz sie auf ihre einzige Tochter sei.

Allmählich kam das Gespräch zum Erliegen, und sie schwiegen sich noch eine Zeit lang an, bis die Mutter sagte, dass es gleich Mittagessen gäbe. Bis dahin würde es zwar zwei Stunden dauern, wusste Gabriela, sagte dies aber nicht, und sie verabschiedeten sich. Bis zum nächsten Morgen.

Gabriela nahm das Headset vom Kopf, setzte die Lesebrille wieder auf und wandte sich ihrem mittleren Monitor zu. Da brummte ihr iPhone. Eine kurze Nachricht: **Heli in zehn Minuten.**

Gabriela antwortete mit einem *Daumen hoch*-Emoji und schaute auf die Uhr am Bildschirm. Eigentlich war der Abflug erst in dreißig Minuten geplant.

Gabriela stand auf, begab sich in den Waschraum auf der Etage und kontrollierte im Spiegel ihr Aussehen. Die langen braunen Haare fielen ihr bis auf die Schultern. Sie trug sie fast immer offen, nur nicht, wenn sie mit dem Helikopter flogen; dann band sie sie hinter dem Kopf zusammen. Ein letzter Blick in den Spiegel, ein Nachziehen des Lippenstifts und sie kehrte in ihr Büro zurück, löschte die Monitore, zog den roten Sommermantel an und hängte ihre Handtasche und die Laptoptasche über die Schultern.

Gabriela stieß die schwere Brandschutztür auf, der kalte Wind blies ihr ins Gesicht und ließ ihren Mantel flattern. Auf dem Dach des Bürogebäudes wehte gefühlt ein mittlerer Sturm.

Sie blieb stehen, schaute sich suchend um. Zu dem Landeplatz führte ein Weg aus Betonplatten über das ansonsten mit kleinen Kieseln bestreute Dach. Der Hubschrauber stand dort, die Türen waren geschlossen, kein Pilot in Sicht. Lediglich die Rotoren bewegten sich im Wind ein wenig auf und ab. Gabriela sah niemanden. Sie schaute auf die Uhr, die zehn Minuten waren verstrichen. Da sah sie einen der Personenschützer hinter dem Betonquader hervortreten, auf dem das Logo des Konzerns prangte. Er winkte ihr zu, dass sie zu ihm kommen sollte.

Meint er das ernst? Um zum Rand des Daches zu gelangen, würde sie den betonierten Weg verlassen müssen. Der Mann winkte energischer. *Ja, er meint es ernst.*

Gabriela machte vorsichtig den ersten Schritt, und ihre Absätze versanken in den Kieselchen, die eine Schicht auf dem Dach bildeten. Sie zog ihre Manolos aus. Mit den Pumps in der Hand schritt sie langsam auf den Personenschützer zu. Die kleinen Steinchen unter ihren Fußsohlen knirschten und zwickten. Die Strumpfhose würde das nicht mitmachen, und sie bekam jetzt schon kalte Füße, obwohl es Spätsommer war. Da erblickte sie ihn, Carl Ludwig Behringer, wie er am Rand des Dachs vor dem hüfthohen Geländer stand und aussah wie der Kapitän des Traumschiffs auf der Kommandobrücke. Die zwei Männer mit Kurzhaarfrisuren und muskulösen Körpern standen rechts und links von ihm. Ihre maßgeschneiderten Anzüge enthielten sogar mehrere Lagen Kevlar, wie Gabriela wusste. Sie hatte mal eines ihrer Jacketts in der Hand gehalten und sich gewundert, wie schwer es war. Nun, dafür aber kugelsicher. Wichtige Wirtschaftslenker gehörten allgemein zu den gefährdeten Personen des Landes.

Behringer starrte stumm vor sich in die Tiefe. Gabriela kam die Situation skurril vor, wieso trafen sie sich hier am Rand des Dachs? Bei gefühlt Windstärke sechs. Ihr Chef blickte beinahe regungslos vor sich auf die Stadt. Die Sonne spiegelte sich auf dem Wasser des Mains. Bei klarem Wetter wie heute konnte man bis zum Flughafen sehen, wo sich gerade ein Jet von der Startbahn in den blauen Himmel erhob. Behringer warf seinen Personenschützern einen Blick zu. Sie wandten sich ab und verschwanden hinter den Betonquadern. Außer Hörweite.

Jetzt schaute er zu Gabriela. Seine Augen wirkten bedrohlich. In so einer Stimmungslage hatte sie ihn bisher nur selten erlebt.

Sie ahnte, warum er vor dem Abflug unter vier Augen mit ihr sprechen wollte.

»Haben Sie mir irgendetwas zu sagen?«, sprach er laut gegen den Wind an.

Gabriela wusste genau, worauf sich die Frage bezog. »Sie meinen bezüglich der Person, die …«

»Was ist letzte Nacht passiert?« Seine Stimme klang erzürnt.

»Ich weiß nur, was in den Online-Medien berichtet wird. Ein Überfall. Der Besitzer des Ladens kam dabei leider zu Tode.«

»Und was ist wirklich geschehen?«

»Das weiß kein Mensch, und so sollte es auch bleiben.«

Der Wind verwehte seine Frisur, aber das schien ihn nicht zu stören. Behringer fiel es schwer, die Fassung zu bewahren, das spürte Gabriela. Sie musste ihre Worte genau wählen.

Er schüttelte den Kopf. »Was haben Sie da nur angerichtet?«

»Sie wollten es so.«

»Weil ich davon ausgegangen bin, dass …« Er zögerte, musste sich erst beruhigen. »Dass Sie etwas mehr Feingefühl bei dieser Operation an den Tag legen.«

»Feingefühl?«, erwiderte Gabriela. »Man kann nicht duschen, ohne sich nass zu machen. *Faktor X* ist das Innovativste, was dieser Konzern je hervorgebracht hat, und diese Technologie würde sich zur Gelddruckmaschine entwickeln, weil wir die Ersten sind, die das machen. Es ist eine Schande, dass wir darauf verzichten wollen.«

»Wollen?«, schrie er sie an. »Von wollen kann keine Rede sein. Sie haben es vermasselt. Sie haben auf ganzer Linie versagt. Und jetzt das!«

Gabriela schluckte.

Behringer beruhigte sich etwas, mäßigte seinen Tonfall und sprach mit sonorer Stimme. »Ich habe mich auf Sie verlassen. Ich habe Sie zu dem gemacht, was Sie heute sind. Und ich bin bitter enttäuscht worden. Es gibt überhaupt nur einen Grund, Sie nicht von diesem Dach zu stoßen, und der Grund lautet, dass ich dann allein mit dem Problem dastünde.« Er hob drohend einen Finger. »Aber nein. So weit kommt es bestimmt nicht. Nein.« Das Zittern des Fingers griff auf die ganze Hand über. »Sie werden das Problem lösen. Sie werden es aus der Welt schaffen.«

»Genau das tue ich gerade.« Gabriela kannte ihren Chef schon sehr lange und wusste, dass Behringer kaum etwas mehr hasste als Menschen, die sich zu leicht einschüchtern ließen. Wendehälse waren ihm zuwider. Aber sie musste dennoch vorsichtig sein. »Ich werde die volle Verantwortung übernehmen.«

»Das ist Quatsch«, schrie er sie an. »Wir sitzen im selben Boot.« Er schaute zu dem Betonquader, auf dem das Logo von *Leontari Insurance* prangte. Mit dem Finger zeigte er auf die Stadt unter sich. »Die einfachen, rechtschaffenen, hart arbeitenden Menschen dort unten haben keine Vorstellung davon, welche Überraschungen die Zukunft für sie bereithält. Kleine Fische, die das Netz nicht kommen sehen, weil sie im trüben Wasser nicht weit genug blicken können. Und wir sorgen dafür, dass es so trüb bleibt. Erst wenn das Netz direkt vor ihnen auftaucht, heißt es ›HUCH‹. Aber dann ist es zu spät. Alle reden von Wohlstandsverlust und glauben, es ginge um eine gewisse Konsumzurückhaltung. Weniger ins Restaurant gehen, seltener in Urlaub fliegen, Billigschaumwein anstatt eines anständigen Sekts. Löslicher Kaffee statt frisch aufgebrühter Espresso.« Er machte wieder eine Pause und seufzte mitfühlend. »Nützliche Idioten, mit denen wir viel Geld verdienen. Aber nur, solange niemand aus dem Dornröschenschlaf erwacht.«

»Es kann niemand erwachen.«

»Oh doch«, hielt er dagegen. »Wie die Medien schreiben, starb letzte Nacht eine Person. *Nur* einer.«

»Was nicht heißt, dass der andere noch frei herumläuft.« Es

war ein Bluff, eine spontane Reaktion, aber es schien zu funktionieren, denn …

… Behringer sah sie mit großen Augen an.

»Es ist besser, wenn Sie so wenig wie möglich darüber wissen.«

Er nickte. »Das sehe ich genauso.«

»Wie Sie von mir verlangt haben, befinden wir uns auf dem strategischen Rückzug und hinterlassen keine Spuren. Nur verbrannte Erde, mit der niemand etwas anzufangen weiß. Danach können wir sehen, wie es weitergeht. Ich würde dieses Projekt nur ungern ad acta legen.«

Behringer beugte sich über das Geländer und sah in die Tiefe. »Es ist gefährlich, sich hier am Rand aufzuhalten, vor allem bei starkem Wind.«

Er trat wieder einen Schritt vom Geländer zurück und sah sie an. »Wenn Sie hier runterfallen, dann reicht eine fristlose Kündigung auf Ihrem Schreibtisch, um den Suizid zu erklären. Sie haben nichts im Leben, meine Liebe, abgesehen von Ihrer Mutter, und die lebt in einer anderen Welt. In einer Welt des Vergessens. Ihre Mutter würde auch Sie vergessen, sehr schnell sogar. Sie *haben* nichts. Sie *sind* nichts ohne mich.« Er hob drohend den Zeigefinger. »Beißen Sie niemals die Hand, die Sie füttert.«

Gabriela durfte sich ihre Emotionen nicht anmerken lassen und nickte nur stumm, dass sie verstanden hatte.

Er wandte sich ab und ging in Richtung Hubschrauber davon. Sie folgte ihm, die Füße schmerzten. »Wo fliegen wir hin?«

Er blieb stehen und drehte sich um. »Ich fliege allein.«

Gabriela schluckte. Sie war sonst immer dabei, wenn er wichtige Termine wahrnahm, und nur bei solchen benutzte er den Helikopter. Behringer verschwand mit knirschenden Schritten hinter dem großen Betonquader.

Gabriela dachte über den Sturz vom Dach nach. Wie ernst diese Drohung wohl gemeint war? Behringer würde sich selbst nie die Finger schmutzig machen, aber in einem Punkt hatte er recht: Eine fristlose Kündigung auf ihrem Schreibtisch würde als Erklärung für einen Selbstmord völlig ausreichen.

Sie hörte, wie die Turbine des Helikopters startete und der Lärm anschwoll, immer lauter wurde, bis ein Windstoß sie erfasste, als der Hubschrauber sich vor ihr in die Luft erhob. Gabriela schaute ihm hinterher, wie er immer kleiner wurde und irgendwann gegen den blauen Himmel nicht mehr zu sehen war.

KAPITEL 6

»Geht es Ihnen nicht gut?«

Paula war für einen Augenblick in Gedanken versunken gewesen und hatte ins Leere geschaut. Nun nahm sie wieder Blickkontakt zu dem Mann auf, der vor ihr hinter seinem Schreibtisch saß. Professor Kleimann war Anfang sechzig, seine kurz geschnittenen grauen Haare bildeten einen lebhaften Kontrast zur sonnengebräunten Haut. Im Gegensatz zu so manch anderem verkopften Wissenschaftler achtete er auf seine äußere Erscheinung, und Paula fiel auf, dass er gepflegte Hände hatte. Kleimann sah Paula prüfend über den Rand seiner schwarzen Brille hinweg an.

»Äh … nein. Also: alles in Ordnung.« Sie mühte sich ein Lächeln ab.

Sein Schreibtisch war antik, mindestens hundert Jahre alt, schätzte Paula, und aus dunklem Holz gefertigt. Darauf stapelten sich Akten und Bücher völlig unsortiert. Paula saß ihm gegenüber auf einem mit dunklem Leder bezogenen Stuhl. Kleimann galt als Koryphäe im Bereich der Neurogenetik. *Das Genie beherrscht das Chaos*, dachte Paula, obwohl Kleimann bereits zweimal in dem Gespräch darauf hingewiesen hatte, dass er kein Genie sei, sondern ein hart arbeitender Wissenschaftler, und das verlange er auch von seinen Studenten und Doktorandinnen.

»Möchten Sie ein Glas Wasser …« Er legte ein leichtes Grinsen auf. »Oder was Stärkeres?«

Paula fühlte sich ertappt. Sah man ihr etwa an, dass sie die halbe Nacht durchgezecht hatte? »Danke, nein«, erwiderte sie.

Anscheinend führte der Professor ihre mangelnde Konzentration auf den gestrigen Abend im *Burrito Rodrigo* zurück. Paula hatte erwähnt, dass sie hin und wieder dort kellnerte, um das Studium zu finanzieren. Jetzt war sie nüchtern, konnte jedoch ihren Gefühlszustand nicht gut verbergen. Seit dem Erlebnis am Morgen ging Eric Naumann ihr nicht mehr aus dem Kopf. War sie womöglich die Letzte, mit der er telefoniert hatte? Wollte er sie deshalb unbedingt sehen, weil er sich vor irgendwem oder irgendetwas fürchtete? So hatte er am Telefon aber nicht geklungen.

»Wo sind Sie gerade mit Ihren Gedanken?«, hakte Kleimann mit fürsorglichem Unterton nach und setzte ein charmantes Grinsen auf. »Oder ist es etwas Persönliches, das mich nichts angeht?«

»Ist wohl besser, wenn ich es Ihnen erzähle.« Paula kramte ihr Smartphone aus der Handtasche, zeigte es ihm. »Das habe ich gestern gekauft. In einem Handyshop, gebraucht. Heute wollte ich noch mal zu dem Laden fahren, und da war überall Polizei. Der Besitzer ist tot. Es sah ganz nach einem Verbrechen aus.«

»Oh Gott.« Kleimann nahm vor Entsetzen die Hand vor den Mund. »Das ist ja furchtbar. Kannten Sie denjenigen gut?«

Sie schüttelte den Kopf. »Nein. Ich hatte nur das Handy dort gekauft, mehr nicht.«

Paula hatte das Gefühl, innerlich zu zittern. Sie schaute auf ihre Hand, die aber ruhig in ihrem Schoß lag. Seit sie an dem Tatort gewesen war, ging ihr der Moment nicht mehr aus dem Kopf, als der Zinksarg herausgetragen wurde, umringt von all den Polizisten. Nicht zu wissen, was wirklich geschehen war, erzeugte ein Gefühl von Ungeduld. Online hatte Paula noch keine Nachrichten gefunden, in denen mehr stand als das, was sie schon durch die Polizistin erfahren hatte.

»Gut, dass Sie mir das gesagt haben«, fuhr der Professor fort. »Ich hätte sonst noch einen völlig falschen Eindruck von Ihnen bekommen. Wenn Sie möchten, können wir unser Gespräch vertagen.«

»Nein«, erwiderte sie sofort. »Bitte nicht. Es geht schon wieder. Ich bin froh, wenn mich jemand auf andere Gedanken bringt.«

Er richtete sich in seinem Stuhl auf. »Na, das dürfte nicht sehr schwer sein.«

Sie sah ihn fragend an.

»Ich freue mich, Sie mit einer guten Nachricht aufheitern zu können.« Er lächelte. »Ich hätte Sie gerne in meinem Team und biete Ihnen eine Stelle als Doktorandin an.«

Paula konnte ihr Glück kaum fassen. »Danke. Oh, das ist … wow!«

»Haben Sie etwa mit einer Absage gerechnet?«

Sie strahlte ihn selbstbewusst an. »Wenn ich ehrlich bin: Nein.«

Beide lachten und fingen an, über das Thema ihrer Arbeit zu reden. Es war nicht ihr erstes Gespräch, aber mit der Zusage wurde es konkreter. Paula würde sich die nächsten Jahre mit dem *Dopaminrezeptor-D4-Gen* beschäftigen, das *DRD-4* abgekürzt wurde. Dopamin war ein Botenstoff, der für die Kommunikation zwischen Nervenzellen mitverantwortlich war. Dopamin vermochte auch Einfluss auf das menschliche Verhalten zu nehmen. Seit den Neunzigerjahren gab es die Hypothese, dass *DRD-4* auch etwas mit ADHS zu tun haben könnte, was die Forschung beflügelt hatte. Das Gen stand dazu noch in Verdacht, mit weiteren Erkrankungen, psychischen Defekten und bestimmten Verhaltensmustern in Zusammenhang zu stehen.

»Ich habe kürzlich etwas Verrücktes gelesen«, sagte Paula, »allerdings nicht in einem seriösen Fachmagazin.«

»Was denn?«, hakte der Professor neugierig nach.

»Es war in einem Artikel in den sozialen Medien, vielleicht war es auch nur ein Witz, ich weiß nicht genau …« Sie ärgerte sich, dass sie ihrem zukünftigen Doktorvater so einen unqualifizierten Unsinn erzählte, und überlegte, wie sie die Kurve kriegen sollte.

Er sah sie neugierig an. »Was wurde denn da behauptet?«

»Es ging darum, woher bei manch einem Menschen die Lust auf Fernreisen kommt, während andere lieber mit dem Campingwagen an die Nordsee fahren. In dem Zusammenhang wurde eine Mutationsform von *DRD-4* erwähnt: *DRD4-7R*. Es triggere angeblich den Belohnungsmechanismus im Hirn, was bei manchen Menschen zu Fernweh führt.«

Der Professor lachte. »Ja. Demnächst gehen wir ins Reisebüro, geben dort zuerst eine Haarprobe ab und bekommen daraufhin die passenden Angebote.«

»Oder eben nicht«, erwiderte Paula und lachte mit. »Ohne *DRD4-7R* werden wir von der Kundenliste gestrichen.« Sie freute sich, dass er Humor bewies, und redete weiter. »Es gibt sogar den Hashtag: *#drd47r,* unter dem posten die Leute ihre Urlaubsbilder.«

Der Professor nickte. »Das ist übrigens alles andere als abwegig, was Sie da erzählen. Ein Kollege aus Münster verfolgt eine interessante These, die er auch in einem Artikel veröffentlicht hat.«

Paula sah ihn verdutzt an. »Zum Thema Reisefieber?«

»Nein. In dem Fall ging es um *German Angst* und wo sie herrühren könnte. Sie wissen schon, diese diffuse Angst der Deutschen vor allem und jedem. Im Ausland macht man sich zum Teil lustig darüber. In dem Artikel, den der Kollege verfasst hat, ging es um die Reaktionen auf den Reaktorunfall in Fukushima. Wie in anderen Ländern auch haben wir Mitgefühl mit den Opfern in Japan gezeigt, aber nirgendwo sonst in der Welt wurden so viele Jodtabletten und Geigerzähler gekauft.«

Paula fiel dazu auch ein Beispiel ein. »Wie mit dem Klopapier während der ersten Coronawelle.«

»Genau!« Er grinste. »Die Franzosen haben sich mit Rotwein und Kondomen eingedeckt, wir hatten Angst, kein Klopapier mehr zu bekommen.«

Sie lachten beide.

»Und was hat die *German Angst* mit Reisefieber zu tun?«, hakte Paula nach.

Der Professor wurde wieder ernst. »Womöglich ist die *German Angst* auf epigenetische Veränderungen der DNA zurückzuführen. Die Traumata zweier Weltkriege und all das damit verbundene Elend könnten Spuren im Erbgut der Deutschen hinterlassen haben und sich auch auf die Nachkommen übertragen. Das ist zumindest die Meinung des Kollegen.«

Paula merkte, dass sie schon ganz gut im Thema war. Das Forschungsfeld der *Epigenetik* befasste sich mit umweltbedingten Einwirkungen auf die Funktion des Genoms. Stress, Ernährung oder Traumata konnten die Eigenschaften einer Zelle und damit den Organismus durch eine chemische Modifikation des Erbmaterials beeinflussen.

Paula hakte nach. »Es ist doch hinlänglich bekannt, dass Kinder von ängstlichen Eltern selbst ängstlich sind.«

»Aus psychologischer Sicht lässt sich das auch leicht erklären. Aber welchen Anteil hat die Biologie daran? Es gibt sehr konkrete Hinweise darauf, dass unsere Eltern und Großeltern Wesensänderungen, die durch ein Trauma entstanden sind, an uns weitergegeben haben. Neueste wissenschaftliche Untersuchungen zeigen, dass sich nicht allein das Verhalten von Traumatisierten ändert, sondern auch ihr Erbgut. Das ist die Bestätigung, dass so fundamentale Ereignisse wie Krieg und Katastrophen sich in unserem Erbgut festsetzen können, die dann zu Veränderungen in unserem Verhalten führen.«

Paula fand das alles hochspannend, aber sie vertagten sich zu dem Thema und machten nur noch ein wenig Small Talk. Kleimann war nicht nur ein guter Wissenschaftler, er hatte auch ein einnehmendes Wesen und war seinen Mitmenschen zugewandt. Paula wusste ein wenig über sein Privatleben, weil er bei ihrem ersten Gespräch davon erzählt hatte. Er lebte in einer Patchworkfamilie und hatte fünf Kinder. Drei eigene und zwei von seiner Partnerin, die ebenfalls Biologin war, aber nicht an seinem Institut arbeitete. Zum Ende des Gesprächs vereinbarten sie einen weiteren Termin.

Bis dahin könnte Paula ein paar Tage chillen. Und sie würde der Frage nachgehen, wer hinter der Spyware auf ihrem Handy stecken mochte. Gegenüber ihrem Professor hatte sie dieses Problem mit keiner Silbe erwähnt. Aus gutem Grund. Unter Wissenschaftlern bestand immer die Sorge, dass jemand geheime oder sensible Forschungsdaten entwenden könnte. Paula mochte sich nicht vorstellen, dass die Spyware etwas mit ihrer bisherigen Arbeit zu tun hatte, denn dazu stand sie noch zu sehr am Anfang ihrer Karriere und es gab nichts auszuspionieren. Noch nicht.

KAPITEL 7

Der Staubsauger dröhnte sehr laut, und ein klapperndes Geräusch deutete an, dass Paula sich wohl bald einen neuen kaufen musste. Wieder eine Investition; sie sollte im Moment mit den Ausgaben ein wenig haushalten. Ihr Vater finanzierte sie zum Teil, weil er auf Absolution hoffte, da er die Familie verlassen hatte, als Paula drei Jahre alt gewesen war. Die nahm die Finanzspritze gerne an, was sie aber nicht daran hinderte, seine alljährliche Weihnachtskarte ungelesen in den Mülleimer zu befördern. Zu ihrer Mutter hatte sie hingegen ein sehr gutes Verhältnis.

Der Staubsauger dröhnte und klapperte. Paula freute sich über die Zusage des Professors. Der Job war zwar nicht sonderlich gut bezahlt, aber zusätzlich zu dem, was sie pflichtmäßig von ihrem Erzeuger bekam und im *Burrito Rodrigo* verdiente, würde sie besser zurechtkommen als bisher, sich vielleicht sogar eine größere Wohnung leisten können.

Die zwei Zimmer auf Vordermann zu bringen und bis in den letzten Winkel zu putzen half ihr, nicht an das schreckliche Ereignis am Morgen zu denken. Im Keller lief noch eine Waschmaschine, die bald fertig wäre. Wenn Paula ehrlich zu sich selbst war, war es nicht so sehr Erics Tod, der sie belastete, es waren mehr die äußeren Umstände und die Ungewissheit, die an ihren Nerven zerrte. Eine wichtige Frage blieb: Hatte sich auf ihrem alten Smartphone tatsächlich eine Spyware befunden? Und wenn ja, war diese beim Datentransfer mit übertragen worden, also jetzt auch auf ihrem neuen Handy installiert? Natürlich könnte sie in einen anderen Handyshop gehen, um danach suchen zu lassen.

Aber dann wüsste sie immer noch nicht, wie die Software auf das Gerät gelangt war. Da schoss ihr ein neuer Gedanke durch den Kopf. Was, wenn die Spyware schon auf dem Smartphone gewesen war, als sie es vor zwei Jahren gekauft hatte? Gebraucht. Von dem Bekannten eines Kommilitonen.

Paula machte den Staubsauger aus, die Stille tat gut. Sie ging zur Ladestation, nahm das Smartphone und fing an, in ihren Kontakten zu suchen. Paula wusste nur noch den Vornamen: Matthäus. Und dass er aus Polen stammte. Sie fand in der Liste niemanden mit diesem Namen. Vielleicht hatte sie den Kontakt irgendwann gelöscht, oder er schrieb sich anders. An den Nachnamen konnte sie sich gar nicht mehr erinnern. Ihren Kommilitonen, ein Freund von Matthäus, fand sie aber schnell unter ihren Kontakten: Benjamin, kurz: Ben. Er hatte sich damals Hoffnungen gemacht, bevor sie Lennard kennenlernte und mit ihm zusammenkam. Danach war die Freundschaft mit ihm am Ende gewesen; er hatte sich als schlechter Verlierer gezeigt.

Egal, dachte Paula, wenn sie Matthäus finden wollte, würde sie über ihren Schatten springen müssen, und tippte auf Bens gespeicherte Nummer. Statt eines Freizeichens ertönte eine elektronische Stimme, dass dieser Anschluss nicht mehr existierte.

Sie beendete die Suche, legte das Smartphone auf die Ladestation und machte den Staubsauger wieder an. Was ihr am meisten Sorgen bereitete, war die Ungewissheit darüber, was genau die Spyware auf ihrem Handy anstellte. Spionierte sie nur ihren Standort aus, ihre Kontakte? Bankgeschäfte machte Paula grundsätzlich nur am Laptop, allerdings war für die Freigabe per Push-TAN das Smartphone nötig. Wenn es sich bei der Spyware um einen Trojaner zum Fischen von Passwörtern handelte, hätte Paula in den letzten zwei Jahren irgendwas merken müssen. Aber nie war ein Konto von ihr gehackt worden, weder auf Facebook noch Instagram. Viel wahrscheinlicher war es daher, dass Lennard dahintersteckte, um zu erfahren, wo sie sich aufhielt, mit wem sie sich traf oder chattete.

Da klingelte es an der Wohnungstür. Paula betätigte mit dem Fuß den Schalter des Staubsaugers, und es kehrte wieder Stille ein. Ihr Blick ging zum weit offen stehenden Fenster. Sie glaubte zu wissen, wer an der Tür war; ihr Nachbar eine Etage tiefer. Er hatte sie bereits zwei Mal ermahnt, wenn die Musik oder der Staubsauger zu laut waren, sie solle doch wenigstens das Fenster schließen. Auf dem Weg zur Tür überlegte Paula, was sie ihm als Entschuldigung vortragen könnte. Ein kurzer Blick in den Spiegel neben der Tür, sie trug ihre rote Jogginghose und ein Tour-Shirt von Rammstein, bevor sie durch den Spion schaute. Es war nicht der Nachbar, sondern zwei Männer standen auf der Treppe, die an Paulas Wohnungstür im obersten Stockwerk endete. Sie wohnte direkt unter dem Dach. Einer der beiden vor der Tür sah aus wie ein Zeuge Jehovas mit seinem schwarzen Anzug und weißen Hemd. Der andere trug Jeans, T-Shirt und eine schwarze Lederjacke; eher kein Zeuge Jehovas.

Paula hatte die Kette eingehakt, öffnete die Tür einen Spalt weit. »Guten Tag.«

Die beiden Männer hielten gleichzeitig ihre Ausweise hoch. Beim Synchronschwimmen hätten sie dafür zehn Punkte bekommen.

Der mit der Lederjacke hatte rotblonde Haare und erinnerte Paula ein wenig an den Teamleiter von *CSI Miami*, gespielt von *David Caruso*.

»Hauptkommissar Schmidt«, stellte sich *Caruso* vor. »Mein Kollege Böttcher. Sind Sie Paula Krüger?«

»Ja.«

»Hätten Sie einen Moment Zeit für uns, und dürften wir vielleicht hereinkommen?«

»Moment.« Sie machte die Tür zu, nahm die Kette weg und

öffnete wieder. Paula platzte vor Neugier, mehr über den Überfall auf den Handyshop zu erfahren, trat einen Schritt zur Seite und ließ die Kommissare herein. Der Zeuge Jehovas mit dem Anzug hatte eine Laptoptasche über der Schulter hängen.

Die beiden gingen durch den schmalen Flur ins Wohnzimmer, wo auch der Esstisch stand und eine kleine Küche angrenzte.

Caruso alias Schmidt drehte sich zu ihr um. »Stören wir gerade beim Hausputz?«

»Ja, aber das ist kein Problem.«

»Es riecht ein bisschen wie im Schwimmbad«, sagte Böttcher, der groß und kräftig war. Sein durchtrainierter Körper zeichnete sich unter dem dunklen Anzug ab.

Paula deutete zum Badezimmer, woher der Geruch kam. »Einmal alle paar Monate muss das sein, der Keime wegen.«

Schmidts Blick schweifte umher, und ihm fiel der Controller der Playstation ins Auge, der auf der Couch lag.

»Was spielen Sie so?«

»*Six Days in Fallujah*«, antwortete Paula.

»Echt jetzt?« Schmidt grinste. Das hatte er wohl nicht erwartet.

»Ja, wieso nicht?«

»Stimmt. Warum nicht?«

»Muss man das kennen?«, fragte Böttcher interessiert.

»Ein Egoshooter«, erklärte der Kollege.

Bei *Six Days in Fallujah* handelte es sich nicht um irgendeinen Egoshooter, Paula war durch einen Zeitungsartikel darauf gestoßen, weil manche es als Kriegspropaganda bezeichneten. Sie konnte sich bei diesem und anderen Spielen perfekt abreagieren und den Alltagsstress hinter sich lassen. Vor allem nach einem harten Tag im Labor, wo ihr Gehirn auf ganz andere Weise gefordert wurde. Während ihrer Beziehung mit Lennard hatte sie die Playstation für sich entdeckt und nicht mehr damit aufgehört.

»Was machen Sie beruflich?«, fragte Schmidt.

»Ich habe einen Master in Molekularbiologie und fange bald mit meiner Doktorarbeit an.«

»Wow. Gratuliere«, sagte Böttcher voller Anerkennung.

Schmidt ergriff wieder das Wort. »Sie wissen, warum wir hier sind?«

»Wegen des Handyladens nehme ich an. Ihre Kollegin vom Tatort hat Ihnen meine Adresse gegeben?«

Böttcher nickte. »Genau.«

»Aber ich kann Ihnen nicht viel sagen. Ich habe dort nur ein Smartphone gekauft. Gestern.«

»Sie kannten das Mordopfer aber?«, hakte Schmidt nach.

Damit war es amtlich, die Kommissare ermittelten in einem Mordfall.

»Nein. Das habe ich schon Ihrer Kollegin gesagt«, antwortete Paula.

»Vergessen wir mal die Kollegin.« Schmidt machte eine wegwerfende Handbewegung. »Sie hat uns nur Ihre Daten gegeben, mehr nicht. Fangen wir also ganz von vorne an. Erzählen Sie uns einfach so kurz und knapp wie möglich, was Sie wissen und woher Sie das Mordopfer kennen.«

Paula fasste den gestrigen Tag zusammen: angefangen beim Kauf des neuen Smartphones, wie sie sich später mit Sophie bei Rodrigo getroffen hatte und Eric Naumann schließlich anrief, um sie zu bitten, dass sie heute Morgen noch einmal vorbeikommen solle.

»Weshalb sollten Sie denn noch mal in den Laden kommen?«, hakte Schmidt weiter nach.

Paula zögerte kurz. »Er hatte die Vermutung, dass auf meinem alten Smartphone, das ich bei ihm gelassen hatte, eine Spyware installiert war.«

Schmidt sah sie verwundert an. »Eine Spyware? Das hat er gesagt?«

Paula nickte. »Ich weiß nicht, ob es stimmt. Vor allem ging es darum, ob diese Spyware beim Datentransfer übertragen wurde. Deshalb wollte ich am Morgen vorbeischauen, damit er das überprüft.« Da kam ihr eine Idee. »Können Sie so etwas überprüfen?«

Wie auf Kommando nahm Böttcher die Laptoptasche von seiner Schulter. Er öffnete sie und holte den Computer heraus, stellte ihn auf den Esstisch, klappte den Monitor hoch, und schon startete das Gerät von selbst.

Er schaute zu dem Smartphone, das auf der Ladestation lag. »Das ist das neue?«

»Ja.«

Paula holte es und gab es ihm. Böttcher suchte in der Laptoptasche nach dem richtigen Kabel und verband das Smartphone mit dem Computer.

»Sie müssen sich damit einverstanden erklären, dass wir Ihr Smartphone überprüfen«, sagte Schmidt.

»Natürlich bin ich einverstanden, ja.« Paula konnte ihr Glück kaum fassen, dass sich jemand darum kümmerte.

»Dann müssten Sie das Gerät noch entsperren«, sagte Böttcher.

Die beiden Kommissare sahen weg, während sie den Code eintippte. Danach begann Böttcher mit der Arbeit, Paula schaute ihm über die Schulter, aber sie durchschaute nicht, was er da machte. Böttcher schien ein Experte zu sein und genau zu wissen, wonach er suchen musste.

»Hat Eric Naumann Ihnen noch irgendwas gesagt?«, fragte der Computerexperte.

»Ja, er sprach von etwas … Verdammt, wie nannte er es noch gleich: Jail irgendwas …«

»Jailbreak?«, hakte Böttcher nach und schien sofort im Bilde zu sein.

»Ja, genau. Er fragte, ob ich mal einen *Jailbreak* gemacht hätte?«

»Er meinte sicher, ob Sie das Handy gerootet haben«, korrigierte Böttcher sie.

»Ja, genau.«

»Haben Sie?«

»Nein, ich weiß nicht mal, wie das geht. Können Sie auch feststellen, ob das Handy gerootet ist?«

»Ist es nicht«, sagte er sofort. »Das habe ich als Erstes überprüft. Bis jetzt sehe ich keine Auffälligkeiten, vor allem keine Spyware.«

Böttcher wandte sich wieder seinem Bildschirm zu, während der Kollege einen Schritt in den Wohnbereich machte und sich umsah. Sein Blick fiel auf die Playstation. »Auf welchem Level sind Sie?«

»Am dritten Tag. Und Sie?«

»So weit habe ich es noch nicht geschafft. Ich spiele nicht sehr häufig.« Er drehte sich zu ihr und lächelte. »Vielleicht können Sie mir mal ein paar Tipps geben.«

Paula hatte den Eindruck, dass er *Six Days* nur vom Hörensagen kannte und eigentlich mit ihr flirten wollte, nach einem Grund suchte, warum er privat mal vorbeischauen könnte.

»Fertig«, sagte Böttcher und trennte das Smartphone vom Laptop. »Es ist alles in Ordnung. Keine Spyware oder sonst was Verdächtiges.«

Paula fiel ein Stein vom Herzen, und sie brachte das durch einen Seufzer zum Ausdruck. »Sie können sich gar nicht vorstellen, wie froh ich darüber bin.«

Böttcher packte den Laptop und die Kabel wieder in seine Tasche. »Na, da hat sich unser Besuch wenigstens für Sie gelohnt.«

Paula verstand nicht ganz. »Wie meinen Sie das?«

Seine Stimme klang beinahe ein wenig vorwurfsvoll. »Wir tappen noch immer im Dunkeln. Es sieht nach einem Raubmord aus. Alle Handys im Schaufenster wurden gestohlen.«

Schmidt ergriff wieder das Wort. »Fällt Ihnen wirklich nichts ein, was Eric Naumann sonst noch zu Ihnen gesagt hat? Jedes kleine Detail könnte von Bedeutung sein.«

Paula schüttelte den Kopf. »Nur was ich schon gesagt habe. Ich sollte kommen, um mein Telefon checken zu lassen.« Sie überlegte. »Er war Fan des 1. FC Köln, trug weiße Socken mit dem Vereinslogo. Und Sandalen. Er meinte, dass er sein Studium abgebrochen hatte, Elektrotechnik. Mehr weiß ich wirklich nicht.«

»Weiße Socken und Sandalen?« Schmidt grinste. »Solche Details fallen natürlich auf.«

Böttcher ergriff das Wort. »Hat außer dem Opfer noch jemand in dem Laden gearbeitet, ein Angestellter?«

Sie schüttelte den Kopf. »Ich hab niemanden gesehen, er war allein.«

Böttcher hatte seine Tasche gepackt. »Vielen Dank, dass Sie sich Zeit für uns genommen haben.«

»Ich danke Ihnen, dass Sie mein Handy gecheckt haben.«

Die beiden waren auf dem Weg zur Tür.

»Passen Sie gut auf sich auf, und bleiben Sie am Leben«, sagte Schmidt.

Paula stutzte. »Wie meinen Sie das jetzt?«

Er drehte sich um und lächelte. »Na, dass Sie die nächsten drei Tage in *Fallujah* auch noch überstehen.«

Paula erwiderte sein Lächeln und seinen Blick. »Ich gebe mir alle Mühe. Das vierte Level soll echt hart sein.«

Böttcher war schon im Treppenhaus, Schmidt blieb noch. »Eine Frage hätte ich da noch. Hat Eric Naumann Ihnen gesagt, woher diese Spyware kommen könnte? Wenn es sie denn gegeben hat. Wir können das nicht mehr überprüfen, weil alle Telefone und sein Computer geraubt wurden.«

Paula schüttelte den Kopf. »Nein, das hat er nicht gesagt. Nur, dass ich unbedingt zu ihm kommen sollte. Gleich am nächsten Morgen.«

Schmidt hakte nach. »Angenommen die Spyware hat existiert. Wer könnte Ihnen so eine Software aufgespielt haben?«

Eine innere Stimme mahnte Paula zur Vorsicht. Wenn sie ihren Verdacht gegen Lennard aussprach, würde er womöglich Schwierigkeiten bekommen. Sie wollte zuerst selbst mit ihm darüber reden und schüttelte den Kopf. »Mir fällt niemand ein. Absolut niemand. Das heißt …«, sie zögerte.

»Das heißt?« Schmidt sah sie mit durchdringendem Blick an.

»Mein altes Handy hatte ich auch schon gebraucht gekauft. Vor zwei Jahren?«

»Kaufen Sie sich immer Gebrauchte?«, hakte Böttcher nach.

»Nein, aber: Ich war unzufrieden mit dem Letzten. Es wurde zu langsam und hing sich immer wieder auf.«

»Und wo haben Sie das Vorherige gekauft?«, fragte Schmidt. »Auch in einem Laden?«

»Nein. Privat. Von einem Bekannten, aber ich kann mich nicht mehr erinnern, wie er hieß.«

Schmidt sah zu Böttcher, dann wieder zu Paula. »Gut. Vielen Dank für Ihre Zeit.«

Da fiel ihr noch etwas ein. »Haben Sie eine Visitenkarte?«

Schmidt schaute zu seinem Kollegen. »Hast du noch eine?«

Böttcher fasste in die Brusttasche seines Jacketts und nahm eine Visitenkarte heraus, reichte sie Paula.

»Wenn Ihnen der Name desjenigen einfällt, bei dem Sie das Handy damals gekauft haben, rufen Sie uns bitte an. Einen schönen Abend noch.«

»Ihnen auch, danke.«

Paula machte die Tür hinter Ihnen zu, ging ins Wohnzimmer zurück und schaute auf die Visitenkarte. Darauf war das Logo der Polizei zu sehen, die Adresse, Rufnummern, aber kein Name eines der Kommissare. Sie notierte sich die der beiden auf der Rückseite.

KAPITEL 8

Sophie hatte frei, und Rodrigo musste selbst die Cocktails mixen. Umso mehr hatte Paula im Service zu tun. Sie wusste nicht, wie sie es Rodrigo beibringen sollte, aber wenn es mit ihrer Doktorarbeit losginge, hätte sie keine Zeit mehr, zwei bis drei Mal die Woche zu kellnern. Einen Tag noch vielleicht, am Wochenende, aber mehr nicht. Rodrigo war der beste Chef, den man sich vorstellen konnte, er hatte ihr sogar mehrmals Geld im Voraus gezahlt, als sie knapp bei Kasse war. Ihn jetzt hängen zu lassen war nicht Paulas Art, doch die Karriere ging vor. Am Eingang hing seit Monaten ein Schild, dass sie dringend Personal suchten, aber es wollte anscheinend niemand mehr arbeiten.

Zum Glück war das Restaurant nur zur Hälfte gefüllt. Allmählich verabschiedeten sich die meisten Gäste, und es wurde merklich ruhiger. Als Paula nach dem Abräumen aus der Küche kam, sah sie Lennard auf einem Barhocker an der Theke sitzen. Er wirkte auf sie wie ein geprügelter Hund, als wolle er Mitleid erregen.

Paula konnte ihn nicht ignorieren, ging zu ihm hin. »Ich hab keine Zeit. Du siehst ja, was los ist.«

»Ich habe Zeit, kann warten.«

Paula ging wieder und erledigte ihre Arbeit. Aus dem Augenwinkel sah sie, wie Rodrigo ihm einen *Frozen Margherita* zubereitete. Drei Cocktails später konnte Paula nicht mehr genug Arbeit vortäuschen, um Lennard aus dem Weg zu gehen. Sie zapfte sich ein großes Kölsch und setzte sich neben ihn auf einen Barhocker, sagte aber nichts, trank einen großen Schluck und setzte das Glas ab.

Lennard brach das Schweigen. »Ich weiß, ich habe einiges falsch gemacht.«

»Was genau würdest du sagen?«

»Soll ich jetzt alle meine Fehler aufzählen?«

»Nein«, sagte sie. »Schau mich nur an.«

Er drehte den Kopf zu ihr, sie sah ihm tief in die Augen. »Eine Frage habe ich. Eine einzige. Und du antwortest nur mit Ja oder Nein.« Sie betonte es noch mal: »Ja oder Nein.«

»Du willst wissen, ob ich fremdgegangen bin?«

Paula wurde aggressiv, und dementsprechend laut war ihr Tonfall. »Hör dir die Frage an. Und antworte: Ja oder Nein.«

Er nickte, und sie hatte seine ungeteilte Aufmerksamkeit. Die beiden sahen einander in die Augen, und sie hoffte, daran zu erkennen, ob er die Wahrheit sagen würde.

»Hast du mir eine Spyware aufs Handy geladen?«

»Eine was?«

»Ja oder Nein«, schrie sie ihn an, dass er zusammenzuckte.

»Nein.« Er schüttelte den Kopf, wich ihrem Blick aber nicht aus. »Nein. So was mache ich nicht. Glaubst du das wirklich?«

Er spielte kein Unschuldslamm, er war eines. Lügen gehörte noch nie zu seinen Stärken.

Paula fragte weiter. »Hast du mein Smartphone irgendwann mal gerootet? Ja oder Nein.«

»Nein. Auch das nicht.«

»Aber du weißt, was das ist?«

Er nickte. »Bei iOS nennt sich das *Jailbreak*. Aber das ist riskant, weil du dir auf dem Weg auch Viren reinziehen kannst. Du hast eine Spyware auf deinem Smartphone?«

Sie nickte. »Hatte.«

»Und du traust mir so was zu?«, sagte er mit weinerlichem Unterton, den sie zur Genüge kannte und der umso schlimmer klang, je mehr Lennard getrunken hatte.

»Weil du notorisch eifersüchtig bist. Hör mir jetzt genau zu!« Sie holte tief Luft. »Ich verzeihe dir das, wenn du es warst. Ehrlich. Ich vergesse es sofort wieder, aber ich muss es wissen und frage deshalb noch ein letztes Mal: Hast du mir eine Spyware aufs Handy geladen?«

Er sah ihr wieder in die Augen und sprach ohne jeden Anflug von Weinerlichkeit. »Nein. No. Niet. Niente.«

Mehr Sprachen fielen ihm nicht ein.

Paula hatte seinen Blick erwidert und glaubte ihm die vierfache Verneinung. Wenn es um wirklich wichtige Dinge ging, hatte er ihr in der Vergangenheit immer die Wahrheit gesagt. Sogar das eine Mal, als er fremdgegangen war.

Insgeheim hatte sie gehofft, dass er mit *Ja* antworten würde, dann wäre das Thema für sie abgeschlossen gewesen. In doppelter Hinsicht. Sie hätte gewusst, woher die Software kam und Lennard nie wieder eine Chance gegeben.

Jetzt saß er vor ihr und wirkte so verletzlich, dass sie ihn am liebsten in den Arm genommen hätte. Aber das verkniff sie sich.

Lennard verfügte über wenig Talente, das wusste er, und es kratzte an seinem Ego. Vom Vater hatte er mehr als einmal den Vorwurf zu hören bekommen, er solle sich mal ein Beispiel an Paula nehmen, die Molekularbiologie studierte. So etwas hörte kein Sohn gerne. Lennard spielte gut Tennis, aber nicht so gut, dass er damit Geld verdienen könnte, abgesehen von ein paar Trainerstunden für die älteren Jahrgänge. Nach dem Abitur war er ein paar Jahre in verschiedenen Urlaubclubs als Animateur unterwegs gewesen, aber dieser Job hatte in den Augen seines Vaters nun mal keine Zukunft, und deshalb hatte er notgedrungen Betriebswirtschaft studiert. An einer privaten Hochschule, die jeden durchschleuste, der genug Geld bezahlte.

Paula war in den ersten Monaten ihrer Beziehung schwer verliebt gewesen, und hätte er sie damals spontan gefragt, ob sie ihn heiraten wollte, sie hätte sofort Ja gesagt. Aber die Euphorie verschwand mit der Zeit, und irgendwann hatte sie keine Liebe mehr verspürt.

»Okay«, sagte sie schließlich. »Ich glaube dir.«

»Von was für einer Spyware redest du? Trojaner, Phishing?«

»Ich weiß es nicht. Ich hab mir ein neues Gebrauchtes gekauft, und auf dem alten Smartphone hat der Händler die Software entdeckt. Das hat er zumindest am Telefon behauptet. Und am nächsten Morgen war er tot.«

»Ach du Scheiße!«, entfuhr es ihm, und er sah sie mit großen Augen an. »Der Überfall auf den Handyladen? Ich hab was darüber gelesen, online.«

Sie nickte. »Zwei Kommissare waren heute bei mir und haben mein Smartphone überprüft. Mit dem Neuen ist zum Glück alles in Ordnung.« Paula schilderte Lennard die Ereignisse, und so kamen sie nicht mehr dazu, über ihre Beziehung zu reden. Schließlich wurde Paula müde und verabschiedete sich von Rodrigo.

Lennard beglich seine Rechnung und folgte ihr nach draußen. Vor der Tür fragte er, ob sie sich denn noch mal treffen könnten, um darüber zu reden, wie es mit ihnen weiterginge. Er hatte die Beziehung noch nicht abgehakt.

Paula wich ihm aus, versprach, sich zu melden, und ging zu Fuß nach Hause. Als sie sich im Gehen umdrehte, stand Lennard immer noch vor dem Eingang des *Burrito Rodrigo* und schaute ihr hinterher.

Fünf Minuten später betrat sie das Treppenhaus, ging die Stufen bis ganz nach oben. Die Treppe endete genau vor ihrer Wohnung. Paula wollte den Schlüssel aus der Handtasche holen, da sah sie Holzsplitter verstreut auf der obersten Stufe liegen.

Die Tür war nur angelehnt. Vorsichtig drückte sie dagegen. Im selben Moment erlosch das Licht im Treppenhaus, und Paula stand in völliger Dunkelheit. Panisch tastete sie nach dem Lichtschalter, der zum Glück im Dunkeln leuchtete.

Es wurde wieder hell.

Die Tür stand einen Spalt weit offen, und etwas Licht aus dem Treppenhaus fiel in den Flur und verlor sich in der Dunkelheit. Paula spürte ihr Herz bis zum Hals schlagen, drehte sich um und rannte die Stufen hinunter.

KAPITEL 9

Sie gähnte, fühlte sich müde, hatte die Nacht höchstens zwei Stunden geschlafen, und selbst das nicht sonderlich gut. Nachdem Paula den Einbruch gemeldet und eine gefühlte Ewigkeit auf die Polizeistreife gewartet hatte, war sie zusammen mit den Beamten in ihre Wohnung gegangen. Die Uniformierten waren der Meinung gewesen, dass es sich um einen klassischen Fall von Beschaffungskriminalität handelte, und dementsprechend motiviert schienen sie auch. Es war kaum etwas gestohlen worden, nur die Playstation und ein paar Spiele. Nachdem die Polizisten weg waren, hatte Paula dann noch mal eine Stunde auf den Schlüsseldienst gewartet, der die Tür nicht auf die Schnelle reparieren konnte, aber ein zusätzliches Schloss angebracht hatte. Selbstverständlich war auch noch der Mieter eine Etage tiefer ins Treppenhaus gekommen, um sich über den Lärm mitten in der Nacht zu beschweren. Paula war richtig laut geworden und hatte ihn angeschrien, dann solle er doch die Polizei wegen Ruhestörung rufen. Daraufhin hatte er sich wieder verzogen.

Sie sah auf die Uhr, saß jetzt schon seit einer halben Stunde auf einem der Besucherstühle im Wartebereich der Polizeiwache und ärgerte sich, dass sie hier ihre Zeit vertrödelte. Die Streifenpolizisten waren anscheinend nicht die hellsten Kerzen auf der Torte gewesen, denn sie hatten noch nicht einmal das Protokoll richtig ausgefüllt. Das hatte sich aber erst am Morgen herausgestellt, als Paula ihre Versicherung von dem Einbruch in Kenntnis setzte. Ein paar wichtige Angaben fehlten, zumindest hatte die Sachbearbeiterin das behauptet. Vielleicht wollte sie auch nur die Zahlung verweigern. Aber um weiteren Stress mit der Versicherung zu vermeiden, hatte Paula sich aufs Fahrrad geschwungen und war zum Präsidium gefahren, wo sich im Erdgeschoss die Polizeiinspektion Sechs befand.

Ein Grund, dass sie so schlecht geschlafen hatte, war der Tatsache geschuldet, dass sie sich in ihren eigenen vier Wänden nicht mehr so sicher fühlte wie vor dem Einbruch. Der Schock saß tief, weil sich ein Fremder in ihrer Wohnung aufgehalten hatte. Ihre düstern Gedanken waren so weit gegangen, dass sie noch in der Nacht ihre Unterwäsche auf Vollständigkeit geprüft hatte, gewaschen wie ungewaschen.

Eine Tür ging auf, und ein junger Polizist in Uniform trat auf den Korridor, kam auf Paula zu.

»Würden Sie mir bitte folgen. Die Kollegen möchten Sie gerne sprechen.«

Sie stand auf. »Wieso? Gibt es ein Problem?«

Er zuckte mit den Schultern, auf denen keine Sternchen zu sehen waren, sondern nur ein weißer Strich. Paula kannte sich nicht mit Dienstgraden aus, aber sie vermutete, dass er ganz weit unten in der Hierarchie stand.

»Das weiß ich nicht. Bitte folgen Sie mir.«

Sie verließen die Polizeiwache durch den Hinterausgang, gingen über einen Parkplatz, auf dem viele Streifenwagen und weitere Dienstfahrzeuge standen. Dann betraten sie das Präsidium durch eine andere Tür, stiegen in einen Lift und fuhren in die dritte Etage hinauf.

»Können Sie mir bitte erklären, was los ist?«, fragte Paula leicht verunsichert.

Der Polizist lächelte freundlich. »Die Kollegen vom KK Elf möchten Sie kennenlernen.«

»KK Elf, was ist das?«

»Kriminalkommissariat Elf. Die bearbeiten Mordfälle.«

Paula verstand. »Hätten Sie das nicht gleich sagen können?«

Die Kommissare von gestern wollten sie anscheinend nochmals sehen. Erst jetzt kam ihr in den Sinn, dass sie die beiden sofort hätte anrufen sollen, aber zu so einer Gedankenleistung war sie früh am Morgen noch nicht fähig gewesen.

Die Fahrstuhltür ging auf, der Polizist schritt voran, Paula folgte ihm durch den Flur, bis er vor einer offenen Bürotür stehenblieb und an den Rahmen klopfte.

»Ich bringe Ihnen Frau Krüger.«

»Vielen Dank. Sie soll reinkommen«, ertönte eine tiefe Männerstimme.

Der uniformierte Polizist verabschiedete sich mit einem Kopfnicken und verschwand in Richtung Fahrstuhl.

Paula betrat das Büro, das sich zwei Kommissare teilten. Sie hatte keinen der beiden je zuvor gesehen. Der eine stand am Fenster und drehte Paula den Rücken zu, während er mit einem Tastschalter die Jalousien etwas herunterließ. Die Sonne schien grell ins Büro und blendete Paula. Der Ältere der beiden saß hinter seinem Schreibtisch, hatte einen grauen Vollbart und etwas Übergewicht. Sie schätzte ihn auf um die fünfzig. Der an der Jalousie nahm wieder an seinem Schreibtisch gegenüber dem Kollegen Platz. Seine breiten, dunklen Koteletten reichten bis zum Kinnansatz, und Paula vermutete, dass er einen Migrationshintergrund hatte. Er sah sportlich aus und hatte eine Tätowierung auf dem Unterarm. Paula konnte das Motiv nicht erkennen.

»Bitte, Frau Krüger, setzen Sie sich«, sagte der Bärtige und deutete auf einen Stuhl.

Sie nahm Platz.

»Hauptkommissar Albrecht«, stellte er sich vor und zeigte zu seinem Kollegen gegenüber. »Mein Kollege Oberkommissar Jurevic.«

Er nickte zur Begrüßung und eröffnete gleich das Gespräch. »Erzählen Sie doch mal, warum Sie heute auf der Polizeiwache erschienen sind.«

Paula berichtete von dem Einbruch in ihre Wohnung und erwähnte auch, dass sie gestern, am Tag, als der Mord geschehen war, Besuch von zwei Kommissaren gehabt hatte.

»Wie hießen die beiden?«

»Schmidt und Böttcher.«

Die beiden Kommissare sahen sich über den Schreibtisch hinweg an. Irgendwas schien nicht zu stimmen.

Albrecht wandte seinen Blick wieder Paula zu. »Und die haben sich Ihnen gegenüber ausgewiesen?«

»Natürlich. Sonst hätte ich sie wohl nicht in meine Wohnung gelassen.«

»Die waren in Ihrer Wohnung?«, hakte der Bärtige nach.

Paula verstand nicht. »Moment mal. Kennen Sie die beiden etwa nicht?«

Albrecht schüttelte den Kopf. »Wir haben hier auf der Etage keinen Schmidt und keinen Böttcher, und wenn Kollegen von uns bei Ihnen gewesen wären, hätten wir davon erfahren. Denn ich leite den Fall.«

Das zog Paula beinahe den Stuhl unter dem Hintern weg. Sie holte einmal Luft, atmete durch. Was hatte das zu bedeuten?

»Wie sahen die beiden denn aus?«, fragte Albrecht weiter.

»Der eine erinnerte mich ein wenig an David Caruso von CSI Miami, kurze rote Haare und eine Lederjacke. Der andere war kräftig, ebenfalls kurzgeschoren und hatte einen Anzug an, als sei er bei den Zeugen Jehovas.«

Die Kommissare schauten sich fragend an. Sie schienen niemanden zu kennen, auf den die Beschreibungen zutrafen.

Jurevic blickte auf den Monitor vor sich. »Sie sind bei uns im System als Zeugin aufgeführt. Wir wären also auch irgendwann auf Sie zugekommen, nur nicht so schnell. Eine Kollegin am Tatort hat Ihre Adresse notiert, ist das richtig?«

»Ja, stimmt. Ich war gestern Morgen bei dem Laden. Die Kommissare, also die, die bei mir waren, haben davon gewusst. Das kann doch nur bedeuten, dass ...«, sie überlegte.

»Was?« Albrecht sah sie fragend an.

»Na, dass sie einen aus dem Präsidium kennen, der denen meinen Namen gegeben hat.«

»Erzählen Sie mal genau, wie das war«, forderte Jurevic. »Die haben sich ausgewiesen, Sie haben die beiden reingelassen?«

Paula nickte. »Genau. Und dann habe ich gefragt, ob sie meinen Namen von der Kollegin hätten.«

»Sie haben die gefragt? Und dann?«

»Die haben es bestätigt.«

Albrecht lächelte. »Da haben Sie es. Eine einfache Taktik: nichts sagen und sein Gegenüber reden lassen.«

Paula begriff, dass sie sich hatte übertölpeln lassen.

»Haben Sie sich die Ausweise genau angeschaut?«, fragte Albrecht weiter.

»Nein. Wieso auch? Ich habe nicht mal eine Ahnung, wie die Dinger in echt aussehen.«

Jurevic zog seine Brieftasche hervor, holte seinen Dienstausweis raus und zeigte ihn ihr. »So.«

Paula nickte. »So sahen die auch aus.«

Jurevic steckte seinen Ausweis wieder ein. Die beiden Kommissare sahen einander über den Tisch hinweg an und schienen nicht zu wissen, was sie davon halten sollten.

Albrecht redete weiter. »Dann erzählen Sie doch mal, was die beiden genau wollten.«

Paula beschrieb alles, woran sie sich erinnern konnte: das Aussehen der beiden, ihr unterschiedliches Auftreten, der Small Talk über *Six Days in Fallujah*, während der andere ihr Smartphone überprüft hatte, mit dem Ergebnis, dass keine Spyware darauf gespeichert war.

Albrecht machte sich Notizen auf einem Blatt, auch wie die beiden ausgesehen hatten. Jurevic hörte nur aufmerksam zu.

»Warum waren Sie gestern am Tatort?«, fragte Albrecht weiter.

»Das hatte ich Ihrer Kollegin doch schon gesagt. Weil Eric Naumann mich am Tag vorher anrief und sagte, ich hätte womöglich eine Spyware auf meinem neuen Gebrauchten.«

»Wie gut kannten Sie das Opfer?«

»Gar nicht. Er hat mir nur ein gebrauchtes Smartphone verkauft. Mehr nicht.«

»Und dann hat er Sie noch mal angerufen und wollte, dass Sie gleich am nächsten Morgen zu ihm kommen?«

Paula nickte. »Genau.«

Jurevic stellte die nächste Frage. »Damit ich das richtig verstanden habe: Die Spyware befand sich auf Ihrem alten Handy?«

Paula nickte wieder. »Ja. Aber Eric Naumann hatte Sorge, dass die Software beim Datentransfer mit übertragen wurde.«

»Haben Sie in letzter Zeit ungewöhnliche Mails bekommen, deren Anhang Sie geöffnet haben?«

»Nein. Ich bin, was so was angeht, sehr vorsichtig. Und ich habe auch nie einen Jailbreak gemacht oder wie das andere heißt … Rooten?«

»Jailbreak, Rooten – Sie kennen sich aus mit so was?«, hakte Jurevic weiter nach.

Sie schüttelte den Kopf. »Nein. Gar nicht. Eric hat diese Begriffe am Telefon benutzt.«

»Haben Sie eine Firewall?«

»Ja, natürlich.«

Jurevic wollte es ganz genau wissen. »Eine für umsonst oder ein Abo?«

»Im Abo. Die aktualisiert sich automatisch.«

»Und Ihnen ist nie etwas aufgefallen, auf Instagram oder so? Dass Ihr Account gehackt wurde?«

»Nein. Es ist nie etwas passiert.«

Jurevic setzte einen kritischen Blick auf. »Wenn Sie so achtsam sind, wie konnte die Spyware dann auf Ihr Handy gelangen?«

Paula zögerte. Ihr Verdacht gegen Lennard hatte sich seit gestern erledigt, sie glaubte ihm und wollte ihn nicht mit hineinziehen. »Ich weiß es nicht.«

Die Kommissare sahen sich erneut über den Tisch hinweg an. Paula fehlte jede Erfahrung im Umgang mit Polizisten. Sie vermochte nicht einzuschätzen, was sie dachten oder ob sie ihr glaubten.

»Ich kann mir das nur schwer vorstellen«, sagte Albrecht. »Gibt es niemanden in Ihrem Bekanntenkreis, absolut niemand, dem so etwas zuzutrauen wäre?«

Die beiden machten den Eindruck, als würden sie sich mit einem Nein nicht zufriedengeben.

»Ich möchte niemanden denunzieren«, sagte sie.

Jetzt warfen die Kommissare sich einen vielsagenden Blick zu, und Paula wurde sich der Dummheit ihrer Antwort bewusst. Es war, als ob man bei einer Alkoholkontrolle antwortete, nur ein paar Bier getrunken zu haben.

Albrecht sah sie an. »Sie haben also einen Verdacht?«

Paula schwieg.

»Jetzt hören Sie mal gut zu«, ermahnte er sie, und sein Ton wurde schärfer. »Wir sind hier nicht in einer Quizshow, nicht bei *Wer weiß denn so was?*. Hier geht es um ein Tötungsdelikt, womöglich sogar um Mord. Ich frage Sie noch einmal, und seien Sie sich über die Konsequenzen im Klaren, wenn Sie uns anlügen.«

»Konsequenzen?« Paula war schon jetzt eingeschüchtert.

»Als Zeugin haben Sie die Pflicht, die Wahrheit zu sagen. Die Pflicht, verstehen Sie?« Albrecht machte eine rhetorische Pause.

»Wir sind diejenigen, die Ihre Aussage am Ende bewerten, wir und im weiteren Verlauf die Staatsanwaltschaft. Also: Haben Sie jemanden in Verdacht, der Ihnen diese Spyware auf das Handy gespielt haben könnte?«

Paula spürte Übelkeit in sich aufsteigen wie nach einer durchzechten Nacht. Vielleicht lag es auch an dem mangelnden Schlaf; die Müdigkeit steckte ihr in den Knochen. »Ja. Ich hatte zuerst meinen Ex-Freund in Verdacht. Bis gestern.«

»Wieso bis gestern?«

»Ich habe ihn gestern Abend, bevor ich nach Hause gegangen bin, ganz gezielt nach dieser Spyware gefragt. Und er hat mir geschworen, dass er es nicht war. Ich glaube ihm. Deshalb wollte ich nichts sagen.«

»Hat Ihr Freund auch einen Namen?«

»Lennard. Lennard Westerhoff.«

»Hat er zufällig etwas mit der Firma Westerhoff zu tun?«, hakte Jurevic nach.

Paula nickte. »Seinem Vater gehört die Firma.«

»Und warum hatten Sie ihn zeitweilig in Verdacht?«, fragte Albrecht.

»Ich habe mit Lennard Schluss gemacht vor vier Monaten.«

»Warum?«, wollte Jurevic wissen.

Die beiden Kommissare schienen Pingpong zu spielen, die Fragen kamen abwechselnd von rechts und links.

»Warum macht man Schluss, Herrgott? Es lief nicht mehr gut zwischen uns. Das Übliche. Ich hatte, als ich meine Masterarbeit in Molekularbiologie geschrieben habe, kaum Zeit für ihn, und es gab nur noch Stress. Reicht das als Begründung?«

Allmählich setzte ihr die Befragung zu. Genau das schien der Plan zu sein, sie aus der Fassung zu bringen.

Jurevic blieb ruhig und sachlich. »War Lennard eifersüchtig?«

»Nein. Und es gab auch keinen Grund dazu. Ich hatte keinen

anderen, wenn Sie darauf anspielen. Für eine neue Beziehung fehlt mir im Moment die Zeit.«

Albrecht war wieder an der Reihe. »Wie hat Ihr Freund reagiert, als sie mit ihm Schluss gemacht haben?«

Paula wollte Lennard nicht noch tiefer mit in diese Sache hineinziehen. »Er hat es akzeptiert. Das musste er auch.«

»Sind Sie sich da sicher?«, fragte Albrecht weiter.

»Wie meinen Sie das?«

»Wie hätte er reagiert, wenn er erfahren hätte, dass Sie einen neuen Freund haben?«

Paula durchschaute das Spiel, die beiden suchten nach einem Verdachtsmoment. »Wollen Sie Lennard irgendwie mit dem Mord in Verbindung bringen? Vergessen Sie es. Außerdem kannte ich diesen Eric Naumann doch gar nicht. Wir haben uns genau ein Mal gesehen.«

Einen Moment lang glaubte Paula, die beiden überzeugt zu haben.

Dann brach Jurevic das Schweigen. »Kannte Lennard das Opfer?«

»Nein«, antwortete Paula sofort. »Wie oft denn noch?«

Albrecht war wieder dran. »Sie sagten aus, dass Eric Naumann Sie angerufen hat, Sie sollen so schnell wie möglich zu ihm kommen. Richtig?«

Paula nickte.

»Warum sind Sie dann nicht sofort zu ihm gefahren? Noch am selben Abend?«

»Ich war mit einer Freundin verabredet. Und er hat später selbst gesagt, es reiche auch aus, wenn ich am nächsten Morgen komme.«

»Anscheinend hat es nicht gereicht«, sagte Jurevic mit einem gewissen Sarkasmus.

»Was wollen Sie damit sagen?«, fuhr Paula ihn an und dachte

im selben Moment, dass es wohl nicht so geschickt war, laut zu werden. Die warteten nur darauf, dass sie etwas Falsches sagte. Und es schien ihr, dass sich der Verdacht gegen Lennard richtete, nicht gegen sie. Wäre das wirklich möglich? Hatte er sie doch ausspioniert?

»Zurück zu dieser Spyware«, fuhr Albrecht fort, und es schien, als könne er ihre Gedanken lesen. »Es wäre doch möglich, dass Ihr Ex-Freund Lennard Ihnen diese Software aufs Handy geladen hat und nur nicht mehr dazu kam, sie zu löschen, weil Sie plötzlich mit ihm Schluss gemacht haben.«

»Nein, das glaube ich nicht.«

»Was Sie glauben, reicht uns nicht«, erwiderte Jurevic sofort.

Dann trat einen Moment lang Stille ein, bis Albrecht fortfuhr. »Vielleicht versetzte ihn die Spyware in die Lage, das Telefonat mit Eric Naumann mitzuhören, und Lennard befürchtete, dass Sie am nächsten Tag erfahren, dass er sie ausspioniert hat. Also fuhr er zu dem Handyshop. Es kam zum Streit, und plötzlich war einer von beiden tot: Eric Naumann.«

Paula schwieg.

»Es muss da nicht mal ein Mordmotiv im Spiel gewesen sein. Vielleicht war's eher eine Art Unfall«, legte der Kommissar nach.

»Und wieso wurden alle Telefone geklaut?«, fragte Paula.

»Woher wissen Sie das?«, fragte Jurevic aufgeschreckt.

»Das haben die falschen Kommissare gesagt.«

Die beiden warfen sich einen vielsagenden Blick zu; es schien zu stimmen.

Paula kombinierte, was das bedeuten könnte. War sie womöglich gestern den Mördern begegnet? Waren sie in ihrer Wohnung gewesen?

Albrecht schaute auf seinen Zettel und las noch mal die Personenbeschreibungen der beiden vor. Paula nickte. »An mehr kann ich mich wirklich nicht erinnern.«

Jurevic sah sie an. »Es wäre sehr wichtig, zu wissen, ob die Spyware wirklich existiert oder nicht.«

»Und mir wäre es sehr wichtig, das herauszufinden.«

»Sie haben also nichts dagegen, dass ein Experte von uns das Smartphone untersucht?«

»Nein«, sagte Paula laut. »Ich möchte endlich Gewissheit haben. Und dass das Ganze für mich ein Ende nimmt.«

Sie holte das Smartphone aus der Handtasche und reichte es Jurevic. In vorauseilendem Gehorsam teilte sie ihm auch gleich den Code zum Entsperren mit. Er stand auf und verschwand mit dem Telefon aus dem Büro.

Albrecht blieb hinter seinem Schreibtisch sitzen. »Sie studieren im Moment?«

»Ich habe meinen Master in Molekularbiologie gemacht und werde bald mit meiner Doktorarbeit beginnen. Am Institut für Neurogenetik von Professor Kleimann hier in Köln.«

»Haben Sie während Ihrer Masterarbeit an geheimen Forschungsprojekten gearbeitet?«

Paula schüttelte den Kopf. Sie musste die Frage unbedingt verneinen, sonst würden die Kommissare den Professor befragen, und Kleimann fände es bestimmt nicht lustig, eine Mitarbeiterin zu haben, die schon einmal ausspioniert worden war. Bisher hatte sie nur eine mündliche Zusage für die Doktorstelle.

»Nein, ausgeschlossen. Ich habe nie an etwas gearbeitet, für das man mich hätte ausspionieren müssen.« Sie wechselte das Thema. »Könnte der Einbruch letzte Nacht was mit den falschen Kommissaren zu tun haben?«

»Was wurde denn gestohlen?«

»Die Playstation«, sagte Paula.

»Und sonst nichts?«

»Die Spiele.«

Albrecht fragte weiter. »Laptop, Fernseher, … alles noch da?«

Sie nickte.

»Das klingt eher nach einem Zufall«, sagte er.

Da kam Jurevic wieder ins Büro, ohne das Smartphone.

»Die Kollegen von der KTU beeilen sich, aber es wird wohl etwa eine Stunde dauern.« Er nahm wieder auf seinem Bürostuhl Platz und sah zu Paula. »Können Sie so lange warten?«

»Ich kann auch in einer Stunde wiederkommen.«

»Besser wäre es, Sie würden in unserer Kantine im Erdgeschoss warten. Vielleicht sind die Kollegen ja schneller. Wir holen Sie dann ab.«

»Okay.« Sie holte das Protokoll von dem Einbruch aus der Handtasche und legte es Albrecht auf den Tisch. »Aber Sie kümmern sich im Gegenzug darum, dass ich ein anständiges Protokoll für meine Versicherung bekomme.«

Er nahm das Papier und lächelte. »Einverstanden.«

Paula stand auf. Sich Gewissheit zu verschaffen, ob mit ihrem Smartphone alles stimmte, war ihr wichtiger als der ganze Rest. Wenn sie hierbliebe und wartete, würden die Kommissare sich vielleicht besonders beeilen.

KAPITEL 10

Sie hatte drei Tassen Kaffee getrunken und ein Stück Kuchen gegessen. Paula war innerlich angespannt. In der Kantine lagen verschiedene Kölner Tageszeitungen herum sowie Illustrierte. Anscheinend kam es öfter vor, dass Zeugen hier warten mussten. Sie hatte versucht zu lesen, konnte sich aber nicht konzentrieren. Die letzten zwei Tage forderten ihren Tribut: die Ungewissheit wegen der Spyware, der Mord, der Einbruch. Sie hoffte so sehr, dass sich bald alles klären würde und sie endlich sicher sein konnte, dass ihr neues Gebrauchtes sauber war. Wenn die Spyware noch existierte, würden die Kommissare ihr bestimmt helfen, herauszufinden, wer dahintersteckte.

Paula musste an Lennard denken und verspürte ein schlechtes Gewissen, denn sie glaubte an seine Unschuld, hatte den Kommissaren aber eine Tür geöffnet, durch die sie mit Sicherheit hindurchgehen würden. Lennard erschien den Ermittlern als eifersüchtiger Ex-Freund, der womöglich hatte verhindern wollen, dass Eric Naumann, der die Spyware entdeckt hatte, Paula davon berichtete. Ihre Gedanken spielten einen Moment lang verrückt. War sie eventuell zu naiv? Könnte Lennard es getan haben? Was, wenn es zum Streit zwischen den beiden Männern gekommen war? Ein unglücklicher Schlag und das war's. Lennard hatte jahrelang Kickboxen betrieben, der konnte zuhauen. Da fiel ihr ein, dass sie ja noch nicht einmal die Todesursache wusste, die Kommissare hatten kein Wort darüber verloren. Trotzdem blieb die Frage, ob Lennard so eine Tat grundsätzlich zuzutrauen war.

Beinahe jede Minute sah sie auf die Uhr, aber die Zeiger waren unbestechlich und schienen fast stillzustehen. Da schwang die Tür auf, und der junge Polizist, der sie schon einmal in die dritte Etage begleitet hatte, kam herein und ging auf sie zu. Paula stand auf und nahm ihre Handtasche.

»Ich komme, um Sie abzuholen.«

»Danke.« Paula folgte ihm. Sie platzte vor Neugier. »Haben Ihre Kollegen was herausgefunden?«

»Tut mir leid, darüber weiß ich nichts.«

Sie fuhren wieder mit dem Fahrstuhl in die dritte Etage und gingen den Flur entlang. Diesmal aber blieben sie nicht vor der Bürotür der Kommissare stehen, sondern liefen bis zum Ende des Korridors. An dem Schild neben der letzten Tür stand: »*KK-11 Vernehmungsraum*«.

»Bitte«, der Polizist blieb stehen und bat sie mit einer Geste, einzutreten.

Paula fühlte sich schlagartig unwohl. Albrecht und Jurevic waren schon da. Sie saßen auf der einen Seite eines länglichen Tisches. Der Stuhl gegenüber wartete auf Paula. Die Tür wurde von außen geschlossen.

Paula fühlte sich wie eingesperrt und spürte sofort, dass sich die Situation verändert hatte. Jurevic sah sie schweigend an. Paulas Smartphone lag in der Mitte des Tischs, und Albrecht blätterte stumm in einer Akte.

Sie nahm auf dem Stuhl Platz.

Endlich lächelte Jurevic sie an. »Danke, dass Sie so lange gewartet haben. Vor allem, weil Sie ja nichts falsch gemacht haben, oder?«

Wie er das *oder* betonte klang in Paulas Ohren so, als wolle er Zweifel anmelden.

»Auch wenn Sie nichts falsch gemacht haben«, fuhr Jurevic fort, »muss ich Sie formal darauf hinweisen, dass ... sollten Sie im folgenden Gespräch irgendetwas sagen, durch das Sie sich selbst wegen einer Straftat belasten würden, wir berechtigt sind, das weiterzuverfolgen.«

Paula sah ihn irritiert an. »Ich verstehe nicht.«

Albrecht schaute von der Akte auf, in der er geblättert hatte. »Mein Kollege meint damit, dass, sollten wir in dem Gespräch an einen Punkt kommen, wo Sie das Gefühl haben, Sie könnten sich durch Ihre Aussage selbst belasten, Sie nicht weiter mit uns reden müssen. Dann dürfen Sie die Aussage verweigern. Das ist Ihr gutes Recht, auf das wir Sie hiermit ausdrücklich hinweisen.«

Paula war entsetzt. »Sie lesen mir jetzt meine Rechte vor?«

»Nein, tun wir nicht«, erwiderte Jurevic forsch. »Wir sind hier nicht in den USA. Aber wir halten uns an die Regeln. Im Moment handelt es sich nur um eine Befragung, und wir stufen Sie als Zeugin ein.«

Albrecht setzte nach. »Als Zeugin sind Sie der Wahrheit verpflichtet und dürfen uns nichts verschweigen. Wenn Sie aber den Status einer Beschuldigten einnehmen, dürfen Sie schweigen. Und manchmal sind Zeugen eben auch an einer Straftat beteiligt. Haben Sie das verstanden?«

Paula schüttelte den Kopf, und sie spürte wieder dieses innerliche Zittern. »Nein. Wo liegt das Problem? Was ist mit meinem Smartphone? Haben Sie etwas gefunden?«

Jurevic nickte. »Die gute Nachricht: Auf Ihrem Telefon war keine Spyware oder irgendeine andere Schadsoftware installiert. Da besteht kein Zweifel, sagen unsere Experten. Da war nix.«

Paula fiel eine tonnenschwere Last von den Schultern, die sie beinahe erdrückt hätte. Sie musste erst mal tief durchatmen. Das komplizierte Geschwätz der Kommissare war mit einem Mal vergessen.

Jurevic legte sein eigenes Smartphone auf den Tisch. Paula sah, dass er die Aufnahmefunktion gestartet hatte.

»Wir nehmen das Gespräch auf. Vernehmung von Paula Krüger durch Hauptkommissar Albrecht und Oberkommissar Jurevic vom Kriminalkommissariat Elf in Köln am siebzehnten August, beginnend um 12.50 Uhr.« Er stellte die erste Frage. »Nochmal zu dem, was Sie uns eben gesagt haben, Frau Krüger. Sie hatten keinen engeren Kontakt zu dem Mordopfer?«

Paula nickte. »Ja. Das stimmt. Daran hat sich in der letzten Stunde auch nichts geändert.«

»Wirklich?« Jurevic wollte es anscheinend noch mal hören. »Sie sind verpflichtet, uns die Wahrheit zu sagen.«

»Nein, wie oft denn noch? Ich habe nur ein Smartphone bei Eric Naumann gekauft. Vor zwei Tagen. Er hat mich danach noch mal angerufen, weil ich vorbeikommen sollte. Und als ich ihn aufsuchen wollte, da war er tot.«

Albrecht holte einen Computerausdruck aus der vor ihm liegenden Akte. Paula sah sofort, dass es der Ausdruck eines Chatprotokolls war: Grüne und blaue Kästchen versetzt untereinander, in denen etwas mit weißer Schrift geschrieben stand.

Albrecht legte das Papier auf den Tisch und drehte das Blatt herum. »Dieses Chatprotokoll haben wir auf Ihrem Smartphone gefunden. Der Chat war gelöscht worden, aber unsere Experten haben ihn wiederhergestellt. Lesen Sie selbst.«

Paula traf der Schlag. Über den blauen Kästchen stand jedes Mal ihr Vorname und über allen grünen der Erics. Bereits aus der einen Seite ging hervor, dass eine gewisse Vertrautheit zwischen ihnen herrschte und Eric an einem engeren Kontakt mit Paula interessiert war.

»Bleiben Sie immer noch bei Ihrer Version der Geschichte, dass Sie keine engere Beziehung zu dem Mordopfer unterhielten?«

Paula spürte, wie ihr Mund austrocknete. »Kann ich einen Schluck Wasser haben?«

Hinter ihr befand sich ein Beistelltisch, auf dem eine Plastikflasche mit Wasser und Becher standen. Jurevic erhob sich in gemächlichem Tempo von seinem Platz, ging zu dem Tisch, schenkte einen Becher ein und brachte ihn Paula. Sie trank ihn in einem Zug leer. Jurevic schenkte ihr nach und stellte die Flasche auf den Tisch, bevor er sich wieder auf seinen Platz begab.

Albrecht sprach weiter. »Ihre Aussage, dass Sie Eric Naumann kaum kannten, deckt sich nicht mit dem Chatprotokoll, das unsere Experten sichergestellt haben, obwohl es gelöscht worden war. Deshalb weise ich Sie nochmals darauf hin, dass Sie als Beschuldigte das Recht haben zu schweigen. Sie dürfen auch einen Anwalt hinzuziehen.«

Dieser Albtraum nahm eine Dimension an, wie Paula es sich niemals hätte vorstellen können. Ihre Stimme zitterte. »Sie beschuldigen mich? Wegen was?«

»Sie haben uns angelogen. Aus den Chatprotokollen geht eine engere Beziehung zu dem Opfer hervor.«

»Moment«, hielt sie dagegen. »Wenn ich etwas vertuschen wollte, wieso bin ich dann zu Ihnen gekommen?«

»Wegen der Hausratversicherung«, erwiderte Albrecht trocken und hielt das Papier hoch, das sie ihm dagelassen hatte.

Bevor sie etwas sagen konnte, setzte Jurevic nach. »Wir haben mit der Polizistin vom Tatort telefoniert, und sie war der Meinung, dass Sie sich sehr seltsam verhalten hätten.«

»Seltsam?« Paula wurde laut. »Ich hatte gerade erfahren, dass jemand getötet wurde, den ich kannte.«

»Sie kannten ihn also doch?«, hakte Albrecht nach.

»Wie oft denn noch?« Paula wurde ungehalten. »Ich habe ein gebrauchtes Smartphone bei ihm gekauft. Einen Tag vorher. Und nein, ich wäre nicht so blöd, hierherzukommen, wenn ich etwas verbrochen hätte. Darum brauche ich auch keinen Anwalt. So!«

Albrecht reagierte mit einem dünnen Grinsen. »Wissen Sie, Frau Krüger. Ich bin jetzt seit über dreißig Jahren im Polizeidienst, und ich habe in dieser Zeit einiges erlebt. Als ich noch Streife fuhr, wurde ich mal zu einem Einbruch gerufen. Mein damaliger Kollege und ich sahen uns die Tür an.« Jetzt fing er an zu lachen. »Die Wohnungstür war von innen aufgebrochen worden. Von innen! Und dann hat der Kerl die Polizei gerufen, weil er die Versicherung betrügen wollte.«

Jurevic lachte mit, Paula nicht. Sie verstand, was er damit sagen wollte: Ihr Verhalten besaß in dieser Situation kaum Aussagekraft, allein die Fakten zählten. Und ihre Behauptung, dass sie Eric Naumann kaum kannte, deckte sich nicht mit dem, was man gerade eben im hintersten Speicher ihres Smartphones gefunden hatte. Paula wusste, dass sie die Wahrheit sagte, sie fühlte sich trotzdem extrem verunsichert.

Albrecht holte ein weiteres Blatt aus der Akte und legte es ihr vor.

Paula las, was da geschrieben stand: *Schade, dass du mich gestern kaum beachtet hast.*

Sie traf fast der Schlag. Angeblich sollte Eric das getextet haben. War er irgendwann im *Burrito* gewesen, und sie hatte ihn nicht bemerkt? Nein. Wieso hatte er nichts gesagt, als sie in seinen Laden gekommen war? Paula fühlte sich wie in einem Albtraum und hoffte, dass jede Sekunde der Wecker klingelte.

Aber die Stille im Raum blieb erdrückend.

Da schoss ihr die einzig plausible Erklärung in den Sinn. Warum war sie da vorher nicht draufgekommen? »Der Chat wurde mir auf mein Smartphone kopiert.«

Albrecht mimte den Interessierten. »Aha? Wer hat das gemacht und wann?«

»Die falschen Kommissare natürlich. Als sie gestern in meiner Wohnung waren.«

»Die falschen Kommissare«, wiederholte Albrecht und schaute zu seinem jüngeren Kollegen. »Das wäre natürlich eine Erklärung. Zwei falsche Kommissare fälschen Ausweise, um in die Wohnung von Paula Krüger zu gelangen und um Ihr Smartphone zu manipulieren, damit wir Sie mit diesem Fall in Verbindung bringen.« Die beiden nickten, bevor Albrecht noch eine weitere Frage stellte. »Klingt plausibel, wenn Sie mir zum Schluss noch eine weitere Frage gestatten: Warum?«

Paula verstand nicht. »Warum?«

Albrecht nickte. »*Cui bono*, so sagt man bei uns. Wer hat einen Nutzen davon? Warum sollte jemand versuchen, Ihnen den Mord an Eric Naumann anzuhängen? So etwas funktioniert nur im Film und auch da meistens nicht. Die falschen Kommissare konnten ja nicht wissen, welche Beweise wir am Tatort sichergestellt haben. Die Spurenlage hat ergeben, dass der oder die Täter nicht gewaltsam in den Laden eingedrungen waren. Eric Naumann hat seinem Mörder oder der Mörderin die Tür geöffnet, er muss sie also gekannt haben.«

Paula hatte das Gefühl, dass der Stuhl unter ihr sich bewegte. Aber es war nur der Gleichgewichtssinn, der ihr einen Streich spielte.

Albrecht fuhr fort, während Jurevic sie unverwandt anstarrte. »Genau da fängt Ihre Geschichte an zu haken. Die Erfahrung hat mich gelehrt: Je komplizierter eine Geschichte wird, desto weniger entspricht sie der Wahrheit. Das Leben ist meist sehr viel einfacher, als wir glauben. Und die einfachste Geschichte lautet: Sie kannten Eric Naumann besser, als Sie ausgesagt haben. Sie sind an dem Morgen am Tatort erschienen, weil … Vielleicht nur, um mal zu schauen. So etwas kommt ebenfalls häufiger vor. Deshalb war unsere Kollegin vor Ort auch so aufmerksam. Sie sind ihr aufgefallen. Und wenn Sie nicht zu uns gekommen wären, wären wir irgendwann bei Ihnen erschienen. Ihr Name tauchte bereits zuvor in unserem System auf.«

Paula schluckte. »Und der Einbruch in meine Wohnung? Soll ich das auch selbst inszeniert haben?«

»Auch das können wir nicht ausschließen«, sagte jetzt Jurevic.

»Oder es war wirklich nur ein ganz gewöhnlicher Einbruch, wie er jeden Tag geschieht. Sagen Sie es uns.«

Paula schwieg. Egal, was sie erwiderte, die beiden konnten ihr jedes Wort im Mund herumdrehen und falsch auslegen.

Albrecht fragte weiter. »Kennen Sie die Familie von Eric Naumann? Seinen Bruder oder …«

»Nein«, schnitt sie ihm das Wort ab. »Ich kenne keinen Bruder, keine Freunde. Nicht seine Mutter, auch nicht seine Katze, wenn er eine hatte. Er war Fan des 1. FC Köln, und das weiß ich auch nur, weil er Socken mit dem Logo anhatte. Bringt Sie das vielleicht weiter?«

Paula spürte, wie die Emotionen in ihr hochkochten. Sie konnte ihre Gefühle nicht mehr verbergen, fing an zu heulen und hielt sich die Hände vors Gesicht. Tränen tropften auf das Papier, und die Tinte des Druckers verschmierte.

Die Kommissare blieben gänzlich unbeeindruckt. Sie erlebten so etwas bestimmt nicht zum ersten Mal. Meistens wahrscheinlich kurz vor einem Geständnis. Aber was sollte sie gestehen? Sie hatte die Wahrheit gesagt, und diese beiden falschen Kommissare waren in ihrer Wohnung gewesen. Das hatte sie nicht geträumt. Die hatten das Smartphone manipuliert. Aber warum? Auf diese Frage gab es wirklich keine plausible Antwort.

Paula beruhigte sich etwas, wischte sich die Tränen aus dem Gesicht. Jurevic reichte ihr stumm ein Taschentuch, sie lehnte ab. »Einer von ihnen hieß Schmidt«, fuhr sie mit zittriger Stimme fort. »Er war interessiert an dem, was ich so mache, während der andere, dieser Böttcher, mein Smartphone gecheckt hat. Mit Schmidt habe ich mich über *Six Days in Fallujah* unterhalten.«

Albrecht verstand nicht, was sie meinte. Das verriet sein Gesichtsausdruck.

»Ein Computerspiel«, erklärte Jurevic seinem Kollegen. »Ein Egoshooter.«

Paula nickte. »Bei dem Einbruch in meine Wohnung ist nur meine Playstation gestohlen worden mit allen Spielen und dem Kabel.«

Jurevic blieb äußerlich ganz ruhig, seine Stimme klang sachlich, ohne einen Anflug von Sarkasmus. »Sie meinen, die falschen Kommissare haben Ihre Wohnung ausgekundschaftet, um dann einen Tag später die Playstation zu klauen?«

»Mit allen Spielen«, fügte Albrecht hinzu. »Wie viele waren das noch gleich?«

Paula verfiel in Schweigemodus. Sie hatte keine Chance, die beiden von ihrer Version der Geschichte zu überzeugen.

»Wir können die Sache abkürzen«, sagte Albrecht in ruhigem Ton. »Sagen Sie uns die Wahrheit. Als Erinnerungsstütze lassen wir Ihnen den Ausdruck des gesamten Chatprotokolls hier, und Sie lesen das in aller Ruhe durch. Dann unterhalten wir uns weiter.«

»Nein«, blaffte Paula die beiden an und war selbst ein wenig erstaunt über die wiedererwachte Selbstsicherheit. »Die Zeit können wir uns sparen. Die Chatprotokolle sind nicht von mir, auch wenn sie auf meinem Smartphone waren. Ich habe nichts mehr zu sagen. Bin ich festgenommen, oder darf ich gehen?«

Die Kommissare sahen sich an.

Paula wiederholte die Frage. »Bin ich festgenommen? Andernfalls möchte ich das Gespräch jetzt beenden und gehen. Ich habe alles gesagt, was ich weiß.«

Albrecht schob das Smartphone über den Tisch. »Gut. Sie dürfen gehen, aber wir brauchen noch Ihre Fingerabdrücke.«

»Wozu?«

»Sie waren am Tatort.«

»Das weiß ich. Der Tatort war ein Handyladen.«

»Sie können sich dadurch entlasten«, mischte sich Jurevic ein. »Wenn wir Ihre Fingerabdrücke im Verkaufsraum finden, hat das nichts zu bedeuten. Wenn Ihre Fingerabdrücke aber in der Küche, an der Kaffeemaschine oder in der Werkstatt auftauchen, dann wäre das ein Indiz. Umgekehrt gilt: Wenn wir im privaten Bereich nichts finden, entlastet Sie das.«

»Aber es beweist nicht meine Unschuld?«

Albrecht seufzte. »Jetzt machen Sie es nicht komplizierter, als es ist. Wir wollen nur Ihre Fingerabdrücke zum Abgleich, weil Sie am Tatort waren. Wenn Sie sich weigern, werden wir einen richterlichen Beschluss erwirken. Sobald der Fall abgeschlossen ist, löschen wir die Fingerabdrücke natürlich wieder.«

»Okay«, willigte Paula ein.

Jurevic holte einen Scanner, der die Größe eines Tabletts hatte, und schaltete das Gerät ein. Danach legte Paula erst ihre linke, dann die rechte Hand auf den Scanner.

Albrecht schob ihr das Smartphone über den Tisch. »Wir werden das Gespräch irgendwann fortsetzen. Sollten wir Sie nicht erreichen, Sie sich also einer weiteren Befragung entziehen, werden wir nach Ihnen suchen. Sollte sich der Tatverdacht dadurch erhärten, werden wir einen Haftbefehl beantragen, der zu einer Festnahme führen wird. Haben Sie das verstanden?«

»Einen Haftbefehl?«

»Wenn Sie nicht kooperieren, ja. Es geht hier immerhin um ein Tötungsdelikt. Stellen Sie sicher, dass wir Sie immer erreichen können.«

Paula nahm ihr Smartphone an sich und ließ es in der Handtasche verschwinden. Jurevic beendete die Aufnahme auf seinem Telefon.

Paula stand auf und verließ den Raum, ohne ein Wort des Abschieds. Auf dem Korridor wartete der junge Polizist, um sie zum Ausgang zu geleiten.

KAPITEL 11

Die Finnische Sauna war wahrscheinlich der heißeste Ort, der um diese Jahreszeit in Köln zu finden wäre, an dem sich Menschen freiwillig aufhielten. Das Thermometer zeigte knapp einhundert Grad Celsius an. Der Saunameister hatte ihnen allen mächtig eingeheizt, und kaum war der Aufguss beendet gewesen, hatten die Insassen die Holzhütte fluchtartig verlassen. Nur Paula und ein junger Mann waren noch da und quälten sich über die Zeit. Es schien, als wolle er sich nicht die Blöße geben, der Vorletzte zu sein, und ihr den Vortritt lassen.

Paula dachte nicht dran. Sie brauchte das jetzt, die maximale Abreibung. Die Hitze und der Schweiß halfen aber auch nicht wirklich, ihr Gehirn auszutrocknen und auf andere Gedanken zu kommen. Sie leistete sich die Sauna höchstens einmal im Monat, weil der Eintritt für vier Stunden nicht billig war, aber heute musste es sein. Zu tief saß der Schock dieses unheimlichen Tages. Sie fühlte sich ausgelaugt, beinahe traumatisiert von dem Gefühl der Hilflosigkeit, weil die zwei Kommissare ihr nicht glaubten und sie verdächtigten, mit dem Mord an Eric Naumann zu tun zu haben.

Das Holz knirschte, als der andere Saunagast sich erhob und zur Tür schritt. Bevor er sie aufstieß, drehte er sich noch mal um. »Gewonnen. Ich kann nicht mehr.«

Paula sprach so laut, dass er es hören konnte. »Loser.«

Sie zählte schwer atmend die Sekunden und wartete eine weitere Minute, bevor sie ihm nach draußen folgte.

Der junge Mann schwamm bereits in dem eiskalten Pool. Paula

gönnte sich erst ein paar Atemzüge frischer Luft und duschte sich dann den Schweiß ab, bevor sie über die Treppe in den Pool stieg. Das Wasser war klirrend kalt, und sie ruderte wild mit den Armen.

Ihr entging der Blick des jungen Mannes nicht, der wieder aus dem Pool stieg und an einer Kontaktaufnahme interessiert zu sein schien. Paula war nicht nach einem Flirt zumute. Sie verließ das Wasser und fing an, darüber nachzudenken, was sie heute Abend essen sollte, ob sie dafür erst einkaufen musste und wen sie noch anrufen wollte.

Anrufen?

Sie hatte ihr Smartphone zwar zurückbekommen, ging aber davon aus, dass es die Kommissare nicht bei dieser einen Befragung belassen würden. Wahrscheinlich hatten sie längst eine Telefonüberwachung beantragt und würden ihre Gespräche von nun an mithören. Paula musste vorsichtig sein, was sie sagte, nicht nur während eines Telefonats. Handys konnten Ton auch aufzeichnen, wenn sie scheinbar ausgeschaltet auf dem Tisch lagen. Das hatte sie in einem True-Crime-Podcast gehört.

Sie trocknete sich ab, bevor sie den Bademantel überstreifte und das Handtuch in einen Korb warf. Ihr Kontrahent rubbelte sich immer noch die schulterlangen dunklen Haare trocken, während er ihr seinen gut trainierten Körper zeigte. Er hatte zum Glück keinen Waschbrettbauch, darauf stand Paula gar nicht. Ein Kennenlernen in der Sauna hatte den entscheidenden Vorteil, dass man später keine allzu großen Überraschungen erlebte. Er nahm das Handtuch vom Kopf und lächelte sie an.

»Bekomme ich eine Revanche?«

»Eine Revanche?«

»Der nächste Aufguss ist in einer Stunde. Wer länger durchhält.«

»Tut mir leid, heute nicht.«

»Schade. Einen Kaffee vielleicht?«

Er stand immer noch entblößt vor ihr. Sein Penis war beschnitten, und sie fragte sich, ob das religiöse Gründe hatte.

»Warum nicht?« Sie lächelte. »Aber nur, wenn du dir was anziehst.«

Er streifte sich den Bademantel mit dem aufgestickten Logo der Therme über, und sie gingen zusammen ins Bistro. Paula hatte heute schon genug Kaffee gehabt und ließ sich zu einem Fitness-Cocktail ohne Alkohol einladen. Zwar hatte sie keine Lust zu reden, aber der Höflichkeit halber hielt sie die Konversation aufrecht. Er hieß Steffen und war eigentlich ganz nett. Irgendwann kam die Frage, die kommen musste.

»Was machst du beruflich?«

»Ich fange bald meine Doktorarbeit an. In Molekularbiologie.«

»Wow.« Die Anerkennung war nicht gespielt, sondern kam von Herzen.

»Und du?«

»Ich bin in einer Unternehmensberatung. Wir machen vor allem PR für große Unternehmen, manchmal auch Katastrophenmanagement.«

»Katastrophenmanagement?«

Er nickte. »Wenn ein Flugzeug wegen des Piloten abstürzt, beraten wir die Fluggesellschaft, wie sie sich verhalten soll. Was man sagt oder besser nicht sagt.«

»Hast du studiert?«

Er nickte. »Jura.«

Was für ein Zufall, dachte Paula. Eben noch hätte sie einen Anwalt an ihrer Seite brauchen können.

Er interpretierte ihren Gesichtsausdruck falsch. »So schlimm?«

Sie grinste. »Hab ich komisch geguckt?«

»Allerdings.«

»Aus einem anderen Grund. Hat nichts mit dir zu tun.«

»Bist du Single?«

»Glücklicher Single«, erwiderte sie sofort. »Nicht interessiert an einer Beziehung.«

Er nahm es stumm zur Kenntnis.

Paula trank ihren Cocktail aus, schlürfte die letzten Tropfen durch den Strohhalm. Dann ging ihr Blick zur Uhr an der Wand. »Ich habe genug für heute. Danke für den Cocktail.«

»Sehen wir uns wieder?« Steffen blickte ihr in die Augen.

Paula diktierte ihm ihre Telefonnummer, nachdem er sich einen Block und Stift organisiert hatte. Einen Juristen zu kennen war in der aktuellen Situation sicher kein Fehler. Auch wenn er kein Strafrecht machte, so kannte er bestimmt einige Anwälte, sollte Paula doch mal Rechtsbeistand benötigen. Sie verabschiedeten sich mit einem Kuss auf die Wange, und Paula verschwand in der Umkleide.

Sie nahm den Bus von der Claudius-Therme nach Hause und ging in den Supermarkt. Während sie durch die Regalreihen schlenderte und darüber nachdachte, was sie kochen sollte, fiel ihr ein Mann auf, der ebenfalls im Bus gesessen hatte. Er stand am Ende der Regalreihe, etwa zehn Meter entfernt, und hatte lange dunkle Haare, die fast bis zu seinen Schultern reichten. Er trug eine Brille mit eckigen Gläsern, die ein wenig zu groß waren für sein rundes Gesicht. Der hervorstehende Bauch und sein ungepflegter Bart ließen ihn nicht gerade attraktiv erscheinen. Als Paula zu ihm sah, drehte er ihr den Rücken zu. Er benutzte keinen Einkaufswagen, sondern nur einen Plastikkorb, und jeden Artikel prüfte der Mann genauestens, bevor er ihn zu den anderen Sachen legte.

Paula beobachtete ihn einen Moment lang; er schien sie nicht zu bemerken. Sie ging zur Kasse, stellte sich in die Reihe. Normalerweise hasste sie es zu warten, aber heute war es ihr egal. Kurz bevor sie dran war, ihre Sachen aufs Band zu legen, fiel ihr ein, dass sie etwas vergessen hatte. Sie drehte sich um, die Schlange war ziemlich lang. Paula sprach die Frau an, die hinter ihr stand.

»Ich hab meinen Kaffee vergessen.«

»Gehen Sie schnell«, sagte die Frau.

Paula ließ ihren Einkaufswagen stehen, rannte zu der Regalreihe, wo der Kaffee stand, und schnappte sich das Paket, das sie brauchte.

In dem Moment entdeckte sie den Plastikkorb, der dort auf dem Boden herumstand. Er war mit Artikeln gefüllt, die der Mann mit der großen Brille eben noch ausgesucht hatte. Sie schaute nach rechts und links, sah ihn nirgendwo. Ihr blieb keine Zeit, sie musste zurück an die Kasse, wo die nette Frau bereits Paulas Sachen aus dem Einkaufswagen aufs Band legte.

Als sie mit zwei Einkaufsbeuteln vor den Supermarkt trat, wanderte ihr Blick umher. Der beleibte Mann mit der Brille, der seinen Warenkorb so einfach hatte stehen lassen, ging ihr nicht aus dem Sinn.

Wurde sie observiert?

Oder hatte er auch nur etwas vergessen und war noch mal in eine andere Regalreihe gerannt? Gut möglich. Nein, eher nicht. Einen Einkaufswagen ließ man stehen, aber einen Korb trug man doch bei sich. Oder?

Paula ging die Straße entlang zu ihrer Wohnung, blieb plötzlich stehen und drehte sich abrupt um. In der Erwartung, dass der Mann aus dem Supermarkt zu sehen wäre – oder eine andere auffällige Person. Weder noch. Sie wiederholte die Taktik noch zwei weitere Male mit demselben Ergebnis. *Jetzt bloß nicht paranoid werden*, dachte sie. Was sollte ein Verfolger schon beobachtet haben? Wie sie in die Sauna ging? Was sie einkaufte?

War dieser Steffen vielleicht kein Unternehmensberater, sondern Polizist? Hatte er sie observiert? Unter Extrembedingungen? So ein Aufguss in der Finnischen Sauna war schließlich nicht ohne. Paula wusste nicht mehr, was sie glauben sollte. Sie erreichte ihre Haustür, schloss auf und wollte gerade eintreten, als sie hinter sich etwas hörte.

Paula fuhr herum.

Es war Lennard. Jetzt sah sie auch sein Auto, ein rotes Smart Cabrio, das in einer der Parktaschen stand. Es war sein Stadtmobil; er besaß mehrere Wagen.

»Warum gehst du nicht mehr ans Telefon?« Er war wütend. »Blockierst du mich etwa?«

Paula nahm ihr Handy aus der Handtasche und sah auf dem Display, dass er tatsächlich mehrfach versucht hatte, sie anzurufen. Paula hatte das Telefon lautlos gestellt.

»Nein«, sagte sie. »Ich habe es nicht gehört.«

»Die Polizei war bei mir«, fauchte er sie an. »Zwei Kommissare von der Kripo. Du hast denen meinen Namen genannt, und die haben gefragt, ob ich einen Eric Naumann kenne, den Besitzer des Handyladens.«

Das ging schnell, dachte Paula. Und es bedeutete, dass Lennard tatsächlich zu den Verdächtigen zählte. »Was haben die gewollt?«

»Was hast du denen gesagt?«, antwortete er mit einer Gegenfrage.

»Haben die dich verhört?«

»Sie nannten es eine Befragung. Ich habe denen nur meinen Namen gesagt und mein Geburtsdatum mitgeteilt. Die sollen mir einen Anhörungsbogen schicken, den mein Anwalt ausfüllen kann. Daraufhin haben Sie ein wenig über dich geredet.«

»Komm mit rauf, und erzähl mir davon.«

»Nein. Du kommst mit zu mir.«

»Ich habe eingekauft.« Sie hob die Beutel hoch.

»Dann kochen wir bei mir.«

Lennard wandte sich ab und ging zu seinem Smart. Paula wollte unbedingt erfahren, was die Kommissare gesagt hatten. Sie folgte ihrem Ex zum Auto.

KAPITEL 12

Paula stand mit einem Glas Lugana in der Hand an der Fensterfront und schaute auf den hellerleuchteten Dom zu Köln. Eine über der Stadt thronende Kathedrale, an der seit achthundert Jahren gebaut wurde. Das Loft gehörte Lennards Vater, einhundertzehn Quadratmeter, Warmmiete: null Euro, inklusive zwei Tiefgaragenstellplätzen. Paula überließ Lennard das Kochen. Eines der Dinge, die er wirklich gut konnte. Als Liebhaber war er auch zu gebrauchen. Sie trank den letzten Schluck, wandte sich vom Fenster ab und ging zur Küchenzeile, die sich ohne Trennung neben dem Essbereich befand. Alles in Weiß gehalten. Selbst bei geringer Beleuchtung war es daher immer hell. Paula hatte während ihrer Beziehung stets eine eigene Wohnung behalten, obwohl Lennard darauf gedrängt hatte, dass sie bei ihm einziehen sollte. Mit einem luxuriösen Lebensstil, schönen Urlauben, Geld bis zum Abwinken und einer sorgenfreien Zukunft hatte er versucht, sie an sich zu binden. Aber das alles half nichts, weil ihre Gefühle ihm gegenüber zu wechselhaft waren. Zum Ende ihrer Beziehung hatte sie ihn nicht mehr geliebt. Oder zu selten, könnte man sagen. Lennard konnte ein guter Freund sein, aber auch das reichte nicht für eine feste Bindung. *Freundschaft plus* entsprach heute dem Zeitgeist, was bedeutete, hin und wieder ins Bett zu steigen, wenn man Lust aufeinander hatte. Aber Paula fehlte das dringende Bedürfnis, das zu tun.

Ein Grund für das Abebben ihrer Gefühle und schließlich die Trennung war seine Eifersucht. Weniger auf andere Männer als auf ihren Lebensstil und die Leidenschaft, mit der sie ihre Ziele verfolgte. Wenn sie zurückdachte, hatte es mal eine Phase gegeben, in der sie das Studium abbrechen wollte. Lennard hatte sie sogar darin bestärkt. Paula erinnerte sich an das Gespräch mit ihrem damaligen Professor und wie mit einem Mal die Motivation wiedergekommen war. Sie hatte die Erkenntnis gewonnen, dass ihr Leben in die falsche Richtung lief, wenn sie sich abhängig machte von Lennard. Genau das hatte ihren Ehrgeiz entfacht. Beinahe von einem Tag auf den nächsten verzeichnete sie wieder Erfolge im Studium, und der Einzige, der sich nicht darüber freute, war ihr Freund gewesen. Er hatte schnell gespürt, wie Paula sich seinem Einfluss entzog und andere Ziele verfolgte als er.

Lennard bereitete in der Küche das frische Gemüse zu, das Paula im Supermarkt gekauft hatte, dazu drei große Steaks vom Kobe-Rind, die er im Kühlschrank gehabt hatte.

Paula kam in die Küche, die Flasche Lugana stand in einem Weinkühler mit Eis, sie schenkte sich noch ein Glas nach. »Du auch?«

»Danke. Ich steige auf Rotwein um, das passt besser zu den Steaks. Solltest du auch.«

Lennard trank heute auffällig langsam, und Paula fragte sich, ob er sie damit beeindrucken wollte, denn zeitweilig hatte sich sein Konsum am Rand des Alkoholismus bewegt oder schon darüber hinaus.

Lennard überließ das Gemüse sich selbst und verschwand im Nebenzimmer, wo der Computer stand. Er kehrte mit zwei iPhones zurück und hielt sie hoch. »Welches möchtest du?«

Sie sahen beide wie neu aus.

Paula sah ihn fragend an. »Wieso soll ich eines von denen nehmen?«

»Vielleicht weil die nicht bei einem IT-Experten der Polizei waren. Wer weiß, was die dir alles draufgespielt haben.«

Paula nickte. »Das Rechte.«

Sie ging zu ihrer Handtasche und holte das eigene Smartphone heraus und sah, dass zwei Nachrichten eingegangen waren. Steffen aus der Sauna hatte seine Kontaktdaten gesendet. Die andere war eine Sprachnachricht von einer Nummer, die sie nicht kannte. Paula hörte sie sofort ab. Kleimanns Sekretärin Frau Merseberg teilte ihr mit, dass der Professor sie unbedingt morgen sehen wolle. Paula sah auf die Uhr, es war zu spät für einen Rückruf. Sie schaltete das Smartphone aus, um die SIM-Karte zu entnehmen.

»Stopp.« Lennard schüttelte den Kopf. »Ich kann dir eine Karte von mir geben. Tu deine in das Ding zurück, und schalte es aus.«

»Die Kommissare haben gesagt, ich muss erreichbar bleiben.«

»Du kannst deine Nachrichten ja regelmäßig abhören, aber wenn du überwacht wirst, geht das über deine SIM-Karte. Meine ist auf die Firma registriert.«

Paula steckte die eigene Karte wieder in ihr Smartphone, ließ es ausgeschaltet und legte es in ihre Handtasche zurück.

Im Auto auf dem Weg zu Lennard hatten sie bereits ein paar Informationen ausgetauscht. Mittlerweile war Paula noch etwas eingefallen. »Was hattest du für einen Eindruck von den Kommissaren, was die über mich denken?«

Begleitet von einem lauten Zischen legte Lennard die Steaks in die heiße Pfanne. »Die glauben, dass du Eric Naumann besser kanntest, als du zugeben willst.«

»Das weiß ich. Was haben Sie dich gefragt?«

»Ob ich was über die Spyware weiß, und ob ich welche auf dein Telefon geladen habe.«

»Hast du geantwortet?«

»Die Frage habe ich beantwortet. Ich war es nicht. Das musst du mir glauben.«

Paula nickte, so weit war sie schon längst.

Lennard drehte die Steaks um und schaltete die Kochplatte ab. Von nun an würde die Resthitze der Pfanne das Fleisch noch ein wenig durchgaren. Lennard verstand, wie man Steaks zubereitete, sodass sie auf den Punkt genau gegart waren. Er prahlte auch gerne mit dieser Fähigkeit. Manchmal so sehr, dass es peinlich geworden war, wenn sie bei Freunden eingeladen waren. Denn er hatte stets etwas zu kritisieren gehabt. Seinetwegen hatte Paula sich mehr als einmal geschämt, wenn er mit der Nörgelei übers Essen anfing.

Lennard ging zum Weinkühlschrank und holte eine Flasche Roten heraus. Paula sah am Etikett, dass es mal wieder was ganz Besonderes war. Lennard entkorkte die Flasche so elegant wie ein Kellner im Sternerestaurant, roch an dem Kork, bevor er einen kleinen Schluck in ein großes Glas einschenkte und probierte.

»Auch den Roten?«

Paula nickte und leerte ihr Weißweinglas in einem Zug.

»Ich weiß nicht, was du den Kommissaren erzählt hast«, sagte Lennard. »Aber sie scheinen dir nicht zu glauben. War zumindest mein Eindruck.«

Er deckte den Tisch, und auch dabei entpuppte er sich wieder als Meister des stilvollen Ambientes.

Paula setzte sich, er brachte die Teller, nahm ebenfalls Platz, und sie stießen an. Es fühlte sich beinahe wie ein Rendezvous an, nur dass die Umstände besondere waren.

Sie begann zu essen. Lennard wartete noch.

»Sagst du mir, was zwischen dir und diesem Eric Naumann war?«

»Da war nichts. Ich habe nur ein gebrauchtes Smartphone bei ihm gekauft. Und dann rief er an und sagte, ich solle am kommenden Morgen vorbeikommen, wegen dieser Spyware, die auf dem Handy, das ich vorher hatte, installiert war. Und als ich am nächsten Tag dort ankam, war er tot.«

Die Geschichte von den falschen Kommissaren behielt Paula für sich, ebenso den Einbruch in ihre Wohnung.

»Jetzt verstehe ich«, sagte Lennard.

»Was verstehst du?«

»Die denken, ich hätte dir die Spyware verpasst und sei eifersüchtig gewesen. Deshalb bin ich zu dem Handyshop gefahren und hab den Kerl verprügelt.«

»Hast du ihn verprügelt?«

»Nein«, sagte er kopfschüttelnd. »Ich habe zum ersten Mal aus der Zeitung von dem erfahren. Und dann als die Kommissare bei mir vor der Tür standen. Außerdem habe ich ein Alibi.«

»Das da wäre?«

»Riech mal am Bettlaken.«

Paula fand die Antwort unappetitlich. Lennard fing an zu essen.

Gleich nachdem Paula weg war, hatte er keine Gelegenheit ausgelassen, sich irgendwelche Betthäschen zu suchen, um auf Instagram mit ihnen anzugeben. Paula ließ das nicht nur kalt, sie hatte sich sogar gefreut, dass er ein Ventil gefunden hatte, um über die Trennung hinwegzukommen. Dem war aber nicht so. Lennard schien selbst gemerkt zu haben, dass er auf diese Weise nicht mit seinem Beziehungsproblem fertig wurde.

Das Steak schmeckte einmalig gut, und das dritte Stück Fleisch teilten sie sich. Paula ließ nichts verkommen. Und sie brauchte auch keine Saucen, lediglich ein paar Körner Meersalz und groben Pfeffer.

»Möchtest du zu einem Anwalt gehen?«, fragte Lennard. »Ich bezahl dir den auch.«

»Nein, danke. Ich weiß, dass ich nichts getan habe, und das werden die Bullen ebenfalls bald merken.«

Er nickte, hob erneut das Glas, und die beiden sahen einander tief in die Augen, als sie anstießen.

»Danke, dass du mir hilfst«, sagte Paula.

»Du weißt, warum ich das tue.«

Paula ging über die Bemerkung hinweg. Sie tranken beide, setzten die Gläser wieder ab.

Jetzt wurde sie sehr ernst. »Es tut mir leid, aber ich liebe dich nicht mehr. Also ist es nur fair, dass ich dich gehen lasse.«

»Das ist fair, ja.«

»Aber?«

»Es ist unfair, mir keine zweite Chance zu geben. Ich hab's verbockt, sicher. Aber auch ich kann mich ändern.«

Paula nickte. »Der Zeitpunkt ist nur gerade denkbar ungünstig. Siehst du das nicht ein?«

Er lächelte. »Wir sind noch jung. Ich kann warten.«

Mit einem Mal lief ihr ein Schauer den Rücken herunter, wie er sie ansah. Erinnerungen wurden wach. Es war sein Lächeln, das sie in diesem Moment verzauberte, und seine glasklaren blauen Augen.

Paula schob ihren Teller von sich, lehnte sich zurück.

Er grinste, als ob er ihre Gedanken lesen könnte.

»Du kannst heute Nacht hierbleiben«, sagte er. »Ich hab auch noch ein frisches Bettlaken übrig.«

»Das Sofa reicht mir«, sagte sie sofort.

»Auch gut.« Er hob das Glas.

Paula tat es ihm nach, und sie stießen an.

KAPITEL 13

Sie hatte nicht die Absicht gehabt, mit Lennard in einem Bett zu schlafen. Aber es war dann doch so gekommen. Nach und nach hatten sie sich gegenseitig hochgeschaukelt. Paula konnte nicht einmal dem Alkohol die Schuld geben, sondern war bei klarem Verstand gewesen. Mehr als je zuvor hatte Lennard sich bemüht, sie zu verwöhnen. Als ob er glaubte, sie auf diese Weise zurückgewinnen zu können. Dem war nicht so. Am Morgen hatte sie ihm gesagt, dass dies ein einmaliges Erlebnis gewesen war und dass *Freundschaft Plus* nicht ihr Ding sei. Er hatte es stumm zur Kenntnis genommen. Insgeheim hoffte er wohl darauf, dass sie ihre Meinung doch noch änderte.

Paula stieg aus dem Bus, der direkt vor dem Institut für Neurogenetik hielt. Sie betrat das Gebäude, meldete sich bei den Sicherheitsleuten an, die sie durchließen. Paula passierte eine Schiebetür aus Glas, die zum Treppenhaus führte. Sie ging die Stufen in den zweiten Stock hinauf, an den Labortüren vorbei bis zum Ende des Flurs, wo sich das Büro Professor Kleimanns befand.

Sie klopfte an die Tür des Vorzimmers und trat ein. Frau Merseberg saß hinter ihrem Schreibtisch und hob den Blick. Sie wirkte fast ein wenig erschrocken, Paula zu sehen, obwohl die beiden einen Termin vereinbart und die Pförtner sie angemeldet hatten.

»Guten Morgen«, sagte Paula.

»Guten Morgen.« Sie wirkte leicht verstört und griff zum Telefonhörer. »Ich sage dem Professor Bescheid.« Kurz darauf sprach sie in den Hörer. »Frau Krüger ist jetzt da. Gut.«

Sie legte den Hörer wieder auf, deutete zur Tür. »Bitte, Sie können reingehen.«

Paula trat ein. Professor Kleimann saß hinter seinem Schreibtisch, schaute über den Rand seiner Brille hinweg und deutete auf einen der Stühle für Besucher. »Bitte, Frau Krüger, setzen Sie sich.«

Paula kam der Aufforderung nach und sah ihn erwartungsvoll an.

Er lehnte sich zurück in seinem Stuhl, nahm die Brille ab und schaute auf seine Hände, während er mit dem Gestell herumspielte. Es war eine Verlegenheitsgeste, irgendwas lag ihm auf dem Herzen, denn er vermied den Blickkontakt.

»Tja«, seufzte er. »Wie soll ich anfangen? Ich habe leider keine guten Nachrichten.«

Paula schluckte. »Was ist passiert?«

»Ich muss Ihnen leider absagen. Die Gründe sind etwas komplex.«

Zum zweiten Mal innerhalb von vierundzwanzig Stunden fühlte es sich an, als ob der Boden sich unter ihr auftat und sie in einen dunklen Abgrund stürzte. Ihr Verstand realisierte noch nicht, was der Professor gerade gesagt hatte.

»Komplex? Was für Gründe?«, stammelte sie.

»Es ist schwer zu erklären. Wir sind von Geldern abhängig, Drittmitteln. Ohne die kann ich die ganzen Projekte nicht finanzieren und muss Stellen streichen. Und es wurde gerade ein Projekt abgesagt. Tut mir leid.«

Paula stotterte. »Das Projekt, an dem ich arbeiten sollte?«

Der Professor nickte. »Es sind Umstände eingetreten, dass wir die nötigen Gelder für die Forschung nicht bekommen. Ich muss Ihnen leider absagen«, wiederholte er sich.

»Die Erforschung von *DRD-4* wird eingestellt?« Das konnte sie nicht glauben.

Kleimann schwieg einen Moment zu lange. »Ja. So in der Art.«

»In welcher Art?« Paula hatte das Gefühl, um ihre Zukunft betrogen zu werden. Irgendetwas an seinem heutigen Verhalten war auf einmal völlig anders. Der Versuch, ihrem Blick auszuweichen, war nur ein Indiz.

»Sagen Sie mir, was wirklich los ist. Ich habe ein Recht darauf.«

Er schaute auf, sah ihr in die Augen und legte seine Brille auf den Schreibtisch vor sich. »Ich habe einen Anruf von der Polizei erhalten. Wie Sie wissen, verlangt die Uni ein polizeiliches Führungszeugnis von allen, die hier eine Doktorandenstelle annehmen.«

»Mein Führungszeugnis habe ich bereits eingereicht, und es ist tadellos.«

»Schon, ja. Aber die neuen Umstände ...«

»Welche neuen Umstände?«, fiel sie ihm ins Wort. »Was haben Ihnen die Kommissare erzählt?«

»Nichts. Nicht viel. Sie haben sich nur nach Ihnen erkundigt.«

Paula wurde laut. »Sehen Sie? Da ist nichts. Sie sagen es selbst. Ich habe lediglich mein neues Smartphone im falschen Laden gekauft. Mehr nicht. Ja, am nächsten Tag wurde der Besitzer ermordet, aber ich habe nichts damit zu tun.«

»Das klang bei dem Gespräch mit den Kommissaren etwas anders.«

»Was haben die Ihnen erzählt?« So leicht würde sie ihn nicht davonkommen lassen.

Kleimann ließ sich Zeit, wich ihrem Blick aus.

»Haben die vielleicht behauptet, ich werde ausspioniert?«

Er hob den Kopf. »Ausspioniert?«

Paula hätte sich am liebsten selbst geohrfeigt. Jetzt hatte sie ihm ein Argument geliefert, das Stellenangebot zurückzuziehen.

»Was meinen Sie mit ausspionieren?«, fragte Kleimann, und jetzt schaute er sie an.

»Die Kommissare tun so, als ob mit diesem Smartphone etwas nicht in Ordnung gewesen wäre und ich irgendeine Software darauf gehabt hätte, die schädlich ist. Aber das hat sich alles als falsch herausgestellt.«

Kleimann interessierte sich nicht weiter dafür. »Es tut mir leid, Frau Krüger. Mir sind die Hände gebunden. Der Dekan würde nicht zulassen, dass Sie unter diesen Umständen bei uns anfangen.«

»Dann verschieben wir den Beginn meiner Arbeit, bis alles geklärt ist.«

Er schüttelte den Kopf. »Die Forschung kann nicht warten. Das Thema ist zu wichtig.«

Damit hatte er sich eindeutig widersprochen. Seine Mittel waren nicht gekürzt worden, das Projekt existierte noch, nur ohne sie: Paula Krüger war aus dem Rennen.

»Es tut mir wirklich sehr leid, aber ich kann Sie nicht in meinem Institut arbeiten lassen. Vielleicht sprechen wir uns irgendwann später wieder, wenn Sie bis dahin nichts anderes gefunden haben.«

»Etwas anderes gefunden?«

Er nickte stumm. Sie wusste, was das hieß: Sie würde nie wieder von ihm hören. Paula fühlte sich hilflos, bleischwer, sie sackte in sich zusammen und wollte nicht aufstehen.

»Man muss keinen Doktortitel tragen, um erfolgreich zu sein. Und wenn Ihnen so viel daran liegt, werde ich mich umhören und …«

Sie schnitt ihm das Wort ab. »Sie wollen sich umhören? Was wollen Sie den Kollegen denn sagen? Ich habe da noch eine auf der Resterampe?«

»Es war ein Angebot.« In seiner Stimme klang Enttäuschung mit, als müsste sie sich bei ihm entschuldigen, dass sie sein Angebot ablehnte. Er sah ihr in die Augen. »Nun gut. Ich möchte Sie bitten, jetzt zu gehen.«

Das war das Stichwort. Was, wenn sie sitzenbliebe? Was sollte er dann machen?

»Ich gehe nicht«, erwiderte sie. »Ich warte nicht, bis sich irgendwelche Dinge geklärt haben. Sondern wir klären das jetzt. Sofort.« Paula hörte selbst, wie schrill ihre Stimme klang.

»Da gibt es nichts mehr zu klären. Es kommt kein Vertrag zwischen uns zustande. Gehen Sie bitte, und machen Sie nicht noch alles schlimmer.«

Paula spürte, wie die Wut in ihr hochkochte, ihr ganzer Körper fing an zu zittern. Der Professor schien zu merken, dass sie jeden Moment explodieren würde. Paula glaubte sogar, Angst in seinen Augen zu erkennen.

»Jetzt, bitte ... beruhigen Sie sich erst mal. Das hat doch keinen Sinn, was Sie hier machen.«

»Doch«, schrie sie und sprang vom Stuhl auf. »Doch, das hat Sinn. Denn hier geht es um mein Leben, um meine Zukunft.« Sie wurde noch lauter, und ihre Stimme überschlug sich. »Ich habe nur ein scheiß gebrauchtes Handy gekauft, mehr nicht. Um ein paar Euro zu sparen. Ich habe nichts mit irgendeiner Straftat zu tun, und Sie haben nicht das Recht, mich vor die Tür zu setzen.«

»Dies ist immer noch mein Institut«, erwiderte er.

Da ging in ihrem Rücken die Tür auf, und Frau Merseberg schaute herein. Kleimann stand hinter seinem Schreibtisch auf, streckte Daumen und kleinen Finger seiner rechten Hand aus, hielt sie sich wie einen Telefonhörer ans Ohr. Frau Merseberg verstand sofort und trat den Rückzug an.

»Bitte, setzen Sie sich wieder«, sagte der Professor und versuchte, die Situation zu beruhigen, hob beschwichtigend die Hände. »Bitte, Frau Krüger.«

Ja, in seinem Blick lag Angst. Angst, die Kontrolle zu verlieren und nicht mehr zu wissen, wie er reagieren sollte, wenn eine Studentin in seinem Büro die Nerven verliert, völlig anders reagiert, als er dies gewohnt war. Dass sie anderen Furcht einflößen konnte, hatte sie gar nicht gewusst. Seine beschwichtigenden Worte führten nur dazu, dass ihr Zittern noch schlimmer wurde. Jedes Schamgefühl war verflogen, ihr Leben lang hatte sie sich anständig benommen, diesmal nicht. Wenn andere unanständig zu ihr waren, hatte sie das Recht, rumzuschreien. Paula brauchte Bewegung, marschierte auf und ab, hyperventilierte. Ihre Stimme klang schrill und brüchig, das merkte sie selbst. »Ich … i-, ich habe das ni-, nicht verdient. Daa … das habe ich nicht verdient! Warum? Sagen Sie mir, warum?«

»Wir werden das alles klären, Frau Krüger. Das verspreche ich Ihnen. Das wird sich alles aufklären.«

In dem Moment ging hinter ihr wieder die Tür auf, diesmal war es nicht Frau Merseberg, sondern zwei Männer vom Sicherheitsdienst, die hereinkamen. Paula erkannte die Gesichter, die beiden hatten an der Pforte gesessen. Jetzt wirkten sie nicht so freundlich wie eben.

Paula schaute zu Kleimann. »Sie haben den Sicherheitsdienst gerufen? Meinetwegen?«

Er wich ihrem Blick wieder aus, die Männer kamen auf sie zu.

»Bitte, kommen Sie mit uns«, sagte der ältere der beiden und wollte sie am Arm fassen, aber Paula zog ihn reflexartig weg und wich mit einem Schritt nach vorne aus. Dabei stieß sie gegen einen Tisch, und ein Stapel Akten fiel polternd zu Boden. Paula drehte sich zu den Männern um, die auf sie zukamen und sie an den Armen fassten.

»Lasst mich los. Ihr sollt mich loslassen.« Sie wehrte sich, aber die beiden Männer übten massiven Druck aus, geleiteten sie gegen ihren Willen und unter erheblichem Widerstand zur Tür. Dort drehte sie sich noch mal um, der Professor war vollkommen entsetzt. So etwas hatte er sicher noch nie erlebt.

Die Männer schoben Paula vor sich her durch das Büro von

Frau Merseberg, die hinter ihrem Schreibtisch stand und ebenso geschockt wie der Professor nicht fassen konnte, was gerade geschah.

Die Männer beförderten Paula auf den Korridor. Dort warteten Schaulustige. Denn das Geschrei war bis auf den Flur gedrungen. Die Labortüren standen offen, junge Männer und Frauen in weißen Kitteln gafften. Keiner wandte den Blick ab, niemand sah verschämt zur Seite. Alle starrten sie an, gierten regelrecht nach der Sensation. Manche hatten ihre Handys parat, machten Fotos, vielleicht sogar Videos.

In dem Moment kehrte es zurück: das Schamgefühl. Paulas Verstand schaltete sich wieder ein, und sie sah die Konsequenzen ihres Wutausbruchs vor dem inneren Auge. Es fühlte sich an, als stünde sie neben sich, wäre selbst eine der Schaulustigen und könnte zusehen, wie sie von den Männern durch den Korridor abgeführt wurde. Es war einfach nur erniedrigend. Paula fühlte sich schlecht, sie hatte sich für alle Zeiten lächerlich gemacht. Nicht nur in diesem Institut, dafür würden die sozialen Medien schon sorgen.

Alles, was sie bisher erreicht hatte, würde weit hinter das zurücktreten, was gerade geschah. In wenigen Minuten hatte sie ihre Karriere zerstört. Dies wurde ihr in dieser Sekunde bewusst. Und im nächsten Moment versagten ihre Beine, so plötzlich, dass die Männer nicht schnell genug reagierten.

Der Aufprall auf dem harten Steinboden war das Letzte, was sie spürte.

KAPITEL 14

Von draußen schien die Sonne ins Zimmer. Paula lag auf der rechten Seite und schaute zu den Bäumen hinaus, deren Blätter raschelten, als sie sich leicht im Wind bewegten. Ihr Bett stand direkt am Fenster, das Zimmer hatte sie für sich allein. Wie lange sie geschlafen hatte, wusste Paula nicht. Es gab keine Uhr im Zimmer, und ihr Handy hatte sie auch nicht mehr. Alle persönlichen Sachen waren einbehalten worden: Gürtel, Schuhe, Klamotten. Sogar BH und Slip. Man unterstellte ihr anscheinend Selbstmordgefahr. Abgesehen von einem Nachthemd war sie nackt. Und am Kopf hatte sie ein Pflaster über einer Platzwunde, die hatte genäht werden müssen.

Paula spürte die Nebenwirkung vom Diazepam und was man ihr sonst noch verabreicht hatte. Der Kopf fühlte sich an, als sei er mit Watte bepackt. Sie konnte nicht klar denken. Ihre Erinnerung an den gestrigen Tag war nur bruchstückhaft. Das Gespräch mit dem Professor, sein Gesichtsausdruck, die schockierte Frau Merseberg hinter ihrem Schreibtisch. Sie erinnerte sich auch noch vage, dass bei der Einlieferung im Krankenhaus vom Verdacht einer Gehirnerschütterung die Rede gewesen war.

Paula schämte sich so sehr für das, was passiert war, dafür, wie sie sich aufgeführt hatte. Daran erinnerte sie sich nur zu gut: an die Gesichter der Studenten und Studentinnen, die sie angestarrt hatten, während sie von den Sicherheitsleuten durch den Flur geführt worden war.

Sie dachte daran, die Stadt zu verlassen, das Land, am besten den Kontinent und irgendwo anders neu anzufangen. Sie würde ihr Leben neu ordnen müssen, überdenken, was sie als Nächstes tat, und ihre Ansprüche herunterschrauben. Dabei konnte ihr vielleicht Sophie helfen. Sie hatte diese Erfahrung schon hinter sich mit ihrem wohlhabenden Elternhaus, das sie doch nicht weiter gebracht hatte als dazu, Barmixerin in einem mexikanischen Restaurant zu werden.

Paula dachte an ihre Mutter, die so stolz gewesen war, als sie den Bachelor geschafft hatte und dann noch den Master hinterher machte. Es herrschte eine sehr enge Bindung zwischen ihnen, gerade weil der Vater die Familie verlassen hatte. Seitdem sie achtzehn Jahre alt war, meinte er, sich wieder in ihr Leben drängen zu müssen. Er wollte, dass sie ihm verzieh, aber Paula sah keinen Grund dazu. Abgesehen vom Unterhalt, zu dem er ja auch verpflichtet war, hatte sie nichts von ihm gewollt. Bis jetzt. Nun war ihre Ausbildung abgeschlossen. Würde er sie auch weiterhin unterstützen, und was würde er dafür verlangen? Dankbarkeit?

Paula verdrängte den Gedanken an ihren Erzeuger. Sie schämte sich so sehr. Was würde ihre Mutter zu alldem sagen? Natürlich hielt sie zu ihrer Tochter, das stand außer Frage – aber gerade das machte es noch schlimmer. Noch nie in ihrem Leben hatte Paula so die Kontrolle über sich verloren, auch nicht unter Alkoholeinfluss. Sie war nie ausgeflippt oder neben einem Unbekannten im Bett aufgewacht. So fühlte sich also ein Nervenzusammenbruch an. Oder steckte mehr dahinter? Tickte sie nicht mehr ganz richtig?

Ihr Mund fühlte sich so trocken an, dass die Schleimhäute sich zusammenzogen. Die Flasche Wasser auf dem Nachtschränkchen war leer. Paula richtete sich auf, setzte sich auf die Bettkante. Sollte sie klingeln oder selbst auf den Korridor gehen? Sie hatte nur ein Nachthemd an, sonst nichts. Also betätigte sie den Drücker und schaute weiter aus dem Fenster. Das Klinikgebäude grenzte an ein Waldstück. Die Rotoren eines Hubschraubers ertönten, wurden lauter, und dann sah sie, wie der dazugehörige Helikopter sich am blauen Himmel der Klinik näherte. Paula stieg aus dem Bett, kam ans Fenster, sah ihn über die Baumwipfel hinwegfliegen und aus ihrem Sichtfeld verschwinden. Das Geräusch der Rotoren wurde leiser, da ging hinter Paula die Tür auf. Eine Krankenschwester und eine junge Ärztin kamen herein. Die Schwester hatte einen Plastiksack dabei, in dem Paulas Kleidung war.

»Guten Morgen«, sagte die Ärztin, die höchstens ein paar Jahr älter als Paula war und glatte blonde Haare hatte. »Wie geht es Ihnen?«

»Ich habe Durst.«

Die Krankenschwester ließ den Plastiksack zurück und verließ das Zimmer wieder.

»Bitte, setzen Sie sich oder legen sich hin.« Die Ärztin deutete auf das Bett, auf ihrem Namensschild stand *Dr. Schneefeld.*

Paula betätigte die Fernbedienung, damit die Rückenlehne hochfuhr. Frau Dr. Schneefeld stand am Fußende und schaute in die Akte.

»Wissen Sie, warum Sie hier sind?«

Paula nickte. »Verdacht auf Gehirnerschütterung.«

»Das auch. Sie hatten vor allem einen Nervenzusammenbruch. Wir haben Sie über Nacht zur Beobachtung hierbehalten. Ausgelöst wurde der Zusammenbruch wahrscheinlich durch Stress. Nehmen Sie Drogen?«

Paula nickte. »Gestern Abend. Drei Gläser Lugana und eine halbe Flasche Roten.«

Die Ärztin lächelte. »Wow. Solche Drogen nehme ich auch. Und sonst? Cannabis oder Stärkeres?«

»Nein. Ich rauche auch nicht, außer gelegentlich.«

Die Ärztin vermerkte das in der Akte.

»Das Gesetz schreibt vor, dass wir beide ein Gespräch führen müssen, bevor wir Sie entlassen dürfen. Sind Sie bereit dazu?«

»Wenn es sein muss.«

Die Krankenschwester kehrte mit einer Wasserflasche ins Zimmer zurück. Paula nahm sie entgegen und trank direkt aus der Flasche, bis sie halb leer war.

Dr. Schneefeld deutete auf den Kleidersack. »Ziehen Sie sich am besten erst mal wieder an, und dann erwarte ich Sie im Arztzimmer.«

Die beiden verschwanden wieder.

Nachdem Paula ihre Klamotten angezogen hatte, trat sie auf den Korridor. Dort waren einige Patienten unterwegs, denen es augenscheinlich viel schlechter ging als ihr. Eine Frau um die fünfzig hatte Zuckungen, und ihr Gesicht wurde von einem schiefen Grinsen verformt. Paula wich dem Blick der Frau aus und ging schnell weiter, an einem jungen Mann vorbei, der Löcher in die Wand starrte. Er war vom Drogenkonsum gezeichnet, sah viel älter aus, als er wahrscheinlich war, und litt womöglich an den Folgen einer Psychose. Paula ignorierte die anderen Patienten und fand schließlich die Tür zum Arztzimmer, klopfte an und trat ein.

Das Gespräch zog sich etwa eine halbe Stunde lang hin. Paula erzählte, was in den letzten drei Tagen, seitdem sie das Smartphone gekauft hatte, alles passiert war. Auch die Begegnung in der Sauna oder im Supermarkt verschwieg sie nicht. Ebenso wenig die Nacht mit ihrem Ex-Freund. Am Morgen, als sie den Professor aufgesucht hatte, war Paula eigentlich tiefenentspannt gewesen.

Die Ärztin hörte aufmerksam zu und machte sich Notizen.

»Und, bin ich verrückt?«, fragte Paula.

»Nein. Außerdem würde ich das nicht so nennen.«

»Wie nennen Sie es?«

»Es deutet einiges darauf hin, dass Sie an einem akuten Stresssyndrom leiden. Das erklärt zumindest Ihre Reaktion im Büro des Professors, die ja der Grund war, weshalb man Sie hergebracht hat.«

»Wie schlimm war es? Ich kann mich nicht mehr an alles erinnern.«

»Im Krankenwagen hat man Ihnen ein starkes Beruhigungsmittel verabreicht. Das hat gewirkt, und Sie haben die Nacht ruhig durchgeschlafen. Die Kopfverletzung ist nicht der Rede wert; mit zwei Stichen genäht war's das schon.«

Paula erinnerte sich wieder etwas besser. Auf dem Weg zum Rettungswagen hatte sie eine gute Show abgeliefert.

»Ich schäme mich.«

Dr. Schneefeld nickte. »Das verstehe ich gut, auch wenn es eigentlich nicht so schlimm ist.«

»Nicht so schlimm? Sie waren nicht dabei.«

»Sie haben niemanden verletzt, es ist nichts zu Bruch gegangen, und Sie wurden auch nicht in Handschellen eingeliefert.«

»Trotzdem«, erwiderte Paula. »Es fühlt sich so beschissen an.«

»Ich empfehle Ihnen eine Kurzzeittherapie. Es ist einiges passiert, und Sie dürfen sich da nicht selbst überschätzen.«

»Wie meinen Sie das?«

»Ich hatte mal einen Patienten, der hatte auch nichts verbrochen. Als sein Motorrad geklaut worden war, hat er Anzeige erstattet bei der Polizei. Zusammen mit seinem Freund, mit dem er in der Nacht davor unterwegs gewesen war. Die Polizei hat beide getrennt befragt, und die Geschichten der jungen Männer wichen ein wenig voneinander ab. Die Polizei glaubte, dass die beiden die Versicherung betrügen wollten, und begannen, sie richtig zu verhören. Zehn Stunden lang, bis sich herausstellte, dass in der Nacht zuvor einer der beiden betrunken Auto gefahren war und beide Männer wegen dieser Sache unterschiedliche Geschichten erzählt hatten.«

»Und warum erzählen Sie mir davon?«

»Der Besitzer des Motorrads war danach reif für eine Therapie. Das Erlebnis, von jetzt auf gleich beschuldigt und wie ein Verbrecher behandelt zu werden, hatte den jungen Mann völlig aus der Bahn geworfen.« Sie machte eine kurze Pause. »Wir überschätzen uns manchmal. Glauben fälschlicherweise, dass wir alles wegstecken können.«

Paula nickte zum Zeichen, dass sie verstanden hatte. »Ich werde es mir überlegen.«

»Es gibt da noch einen Aspekt, über den ich gerne mehr wissen möchte. Der Mann im Supermarkt. Glauben Sie, er hat Sie verfolgt, oder war das nur ein Zufall?«

»Ich weiß es nicht.«

»Wie haben Sie sich gefühlt?«

»Wie ich mich gefühlt habe?«

Die Ärztin nickte. »Hatten Sie Angst vor ihm? Fühlten Sie sich bedroht?«

»Es hat sich auf jeden Fall seltsam angefühlt. Auch ein bisschen bedrohlich, aber eigentlich eher wie ein *Déjà vu*. Es kam mir wie ein komischer Zufall vor, dass er an der Claudius-Therme in denselben Bus eingestiegen ist und dann im Supermarkt aufkreuzte. Ich glaube, er war ein Kommissar.«

»Warum glauben Sie das?«

»Na ja, weil ich gerade vorher im Präsidium verhört worden war. Ich bin von da aus zur Sauna gefahren, um wieder runterzukommen. Die Polizei glaubt, dass ich etwas mit einem Mord zu tun habe, deshalb haben die mich observiert.«

»Wie viel Zeit ist denn vergangen zwischen dem Polizeipräsidium und als Sie dem Mann im Bus begegnet sind?«

»Fünf Stunden vielleicht?«

Die Ärztin machte sich eine Notiz.

»Und der Mann, den Sie in der Sauna getroffen haben. Glauben Sie, dass auch er ein Polizist war?«

Paula zuckte die Schultern. »Ich weiß es nicht. Aber ausschließen würde ich das nicht.«

»Ich schon«, erwiderte die Ärztin.

Paula verstand nicht. »Sie schon?«

»In Fällen wie dem Ihren versuchen wir Mediziner, herauszufinden, was die Auslöser für den Nervenzusammenbruch sind. Was würden Sie sagen, wenn die Polizei mir versichert hat, dass keine Observation gegen Sie läuft?«

»Warum sollten die Ihnen die Wahrheit sagen?«

Die Ärztin machte sich eine Notiz, schaute wieder zu Paula und wurde sehr ernst. »Sie fühlen sich also verfolgt?«

In dem Moment schaltete sich Paulas Verstand ein. Sie war geistig wieder auf der Höhe, die Watte im Kopf hatte sich aufgelöst. Ihr kamen die Patienten auf dem Korridor in den Sinn, auf keinen Fall wollte sie auch nur einen Tag länger hierbleiben.

»Nein«, sagte sie entschlossen. »Da haben Sie mich falsch verstanden.«

»Was habe ich falsch verstanden?«

Paula durfte nicht den Eindruck erwecken, dass etwas mit ihrer Psyche nicht stimmte. Sie konzentrierte sich. »Es kam mir lediglich seltsam vor, den Mann aus dem Bus im Supermarkt wiederzusehen. Und der Mann aus der Sauna ist Unternehmensberater. Ich kenne seinen Namen, hab seine Adresse und kann das überprüfen. Ich bin nicht paranoid oder leide an Verfolgungswahn. Darauf wollen Sie doch hinaus, oder?«

»Ich möchte auf gar nichts hinaus. Wir reden hier nur. Ich möchte Ihnen helfen.«

»Dann lassen Sie mich bitte gehen. Ich fühle mich gesund und möchte nicht länger hierbleiben.«

Dr. Schneefeld nahm es zur Kenntnis, machte sich eine Notiz. »Ich werde einen Arztbrief verfassen, der sehr zu Ihren Gunsten ausfällt. Es handelte sich in Ihrem Fall um einen Nervenzusammenbruch, an dem die ermittelnden Kommissare nicht unschuldig waren. Was nicht zuletzt daran lag, dass die Polizei

Informationen über Sie verbreitet hat, die möglicherweise zu Ihrer Kündigung führten. Es wäre ratsam, da mal mit einem Anwalt drüber zu sprechen, um den entstandenen Schaden wiedergutzumachen.«

Paula sah wieder Licht am Ende des Tunnels. Vielleicht würde sich doch noch alles zum Guten wenden. Die Ärztin händigte ihr Lennards iPhone aus.

»Ich schreibe eben den Brief. Gibt es jemand, der Sie abholen kann?«

Sie nickte. »Ich kümmere mich selbst darum.«

Sophies Nummer kannte Paula auswendig.

KAPITEL 15

Gabriela Moreno saß breitbeinig über dem Wasserstrahl, der alle Körperflüssigkeiten in den Abfluss spülte. Sie dachte darüber nach, sich in ihrem Bad zu Hause auch ein Bidet einbauen zu lassen. Jetzt fühlte sie sich zumindest wieder sauber, rein äußerlich. Gabriela drehte den Wasserhahn ab und blieb noch sitzen, einen Moment lang genoss sie das Körpergefühl, die kühlende Luft zwischen ihren nackten Beinen. Sie dachte daran, was gleich geschehen würde, dass der Mann, der im Zimmer nebenan auf dem Bett lag, eine herbe Enttäuschung erleben würde. Eigentlich hatte er niemandem etwas getan und so eine miese Behandlung nicht verdient, aber Skrupel konnte Gabriela sich im Moment nicht leisten.

Sie erhob sich von dem Bidet, nahm ein frisches kleines Handtuch vom Haken und rieb sich zwischen den Beinen trocken. Von Intimrasur hielt sie wenig. Ihr Blick ging zum Spiegel. Das Alter, die ungesunde Ernährung und der berufliche Stress zollten ihren Tribut. Hinzu kamen die Gene ihrer Mutter, der Gabriela ihre breiten ausladenden Hüften und die üppige Oberweite zu verdanken hatte. Von Jahr zu Jahr wurden ihre Brüste immer unterschiedlicher, die rechte hing deutlich tiefer herab als die linke.

Gabriela band sich ein großes weißes Handtuch um und trat aus dem Bad. Johannes lag breitbeinig auf dem Bett, die Decke hatte er zur Seite geschlagen und präsentierte stolz sein Gemächt, von dem nur nicht mehr viel zu sehen war. Wie so oft war er außer Atem, für Männer in seinem Alter nicht ungewöhnlich. Außerdem trieb er keinen Sport. Gabriela warf ihm im Vorbeigehen ein Kissen zwischen die Beine, auf den Anblick seines schrumpeligen

Penis verzichtete sie gern. Dann hob sie ihren BH und den Slip vom Boden auf, setzte sich auf die Bettkante und legte das Handtuch ab. Zuerst schlüpfte sie in den Slip, und als sie den BH hinter dem Rücken zumachte, spürte Gabriela seine Finger an ihrem Rücken.

»War's das etwa schon?«

»Hör dich mal an, wie du schnaufst. Du bist nicht mehr der Jüngste.«

»Gib mir eine halbe Stunde. Dann kann ich wieder.«

Schweigend streifte sie die Nylonstrümpfe über die Beine, erst rechts, dann links.

»Es war wieder mal unglaublich«, sagte er. »Ich hoffe auch für dich.«

Er richtete sich im Bett auf, seine Hand kam von hinten und fing an, ihre rechte Brust zu kneten. Gabriela blieb unberührt davon, wirkliche Lust konnte er sowieso nicht bei ihr entfachen. Sie beugte sich vor, griff nach dem Smartphone, das auf dem Nachttisch lag, aktivierte die Fotofunktion, streckte den Arm aus und machte ein Selfie von sich und ihrem Lover. Dann sah sie sich das Ergebnis an. Johannes wirkte etwas verdutzt auf dem Foto.

»Bitte lösch das wieder.«

Gabriela stand auf, betätigte die Videotaste und filmte das Zimmer, drehte sich um, und die Kamera erfasste das Bett, auf dem ein nackter Mann saß, der sie fragend anstarrte.

»Was machst du da?«

Gabriela stoppte die Aufnahme, ging zu dem kleinen Tisch, wo ihre Handtasche stand, und ließ das Smartphone darin verschwinden. Dann hob sie ihr Kostüm vom Boden auf und stieg hinein, zog es hoch und machte den Reißverschluss am Rücken zu.

»Warum hast du ein Foto gemacht?« Jetzt klang seine Stimme besorgt.

»Ein Foto und ein Video«, erwiderte sie. »Sollte jemals die Frage gestellt werden, in welcher Beziehung wir beide zueinander standen, werde ich sagen, dass wir nur Sex hatten. Es gab und es gibt keine geschäftliche Verbindung zwischen uns.«

Sein Gesichtsausdruck ließ erkennen, dass er ihre Worte zwar wahrnahm, aber nicht verstand, was sie damit meinte. »Was ist los mit dir?«

Gabriela schaute auf ihn hinab. »Was ist daran so schwer zu verstehen? Wir haben keine Geschäftsbeziehung, hatten nie eine.«

Er begriff noch immer nicht.

»Wir haben uns zufällig in einer Hotelbar kennengelernt, und dann ist eine Affäre daraus geworden. Über Monate. Das erklärt, warum wir öfter miteinander telefoniert und uns Mails geschrieben haben. Sollte jemand versuchen, eine Verbindung zwischen uns herzustellen, dann war unsere Beziehung rein sexuell. Und Foto plus Video beweisen das.«

Er schüttelte entgeistert den Kopf.

»Es dürfte auch in deinem Interesse sein, dass ich nie nach unserer Beziehung gefragt werde. Sonst müsste ich das Video vorzeigen, und deine Familie würde die ganze Wahrheit erfahren. Die ganzen schmutzigen Details, auch solche, die nie stattgefunden haben.«

Er sah sie entgeistert an. »Was für Details?«

»All die Geschmacklosigkeiten, für die deine Frau nie zu haben war. Du hast mich geschlagen, ausgepeitscht, mir so fest in den Arsch gefickt, dass ich sogar zum Proktologen musste. Erinnerst du dich nicht?« Sie grinste.

Er sprang aus dem Bett, stand vor ihr. »Was habe ich dir denn getan?«

Sein Penis sah noch kleiner aus als sonst, als würde er im wahrsten Sinne des Wortes den Schwanz einziehen, obwohl er sich vor ihr aufbaute. Dr. Johannes Gräber war ein ehrbarer Mann, der lediglich seine Frau hin und wieder betrog.

»Nimm es nicht persönlich. Aber hör mir jetzt genau zu.« Sie kam einen Schritt näher, fasste seine Hoden an und drückte leicht. Johannes wollte zurückweichen, sie folgte ihm, bis er die Bettkante hinter sich spürte und begriff, dass er ihr nicht entkommen konnte.

»Das Projekt ist gestorben. *Faktor X* hat nie existiert. Ein reines Hirngespinst, sollte jemand danach fragen. Ich kriege von dir alle Daten, die du bekommen hast. Alle.«

Er schüttelte den Kopf. »Das geht aber nicht. Wir haben eine Abmachung.«

Sie drückte etwas fester zu. »Ich kann mich an keine Abmachung erinnern. Wir haben uns schließlich nur zum Vögeln im Hotel getroffen. Mehr nicht.«

»Aber ...«, er fing an zu stammeln. »Meine ganze Arbeit beruht darauf. Meine Forschung. Wie soll ich ...?«

Sie ließ seine Eier los und verpasste ihm eine schallende Ohrfeige. Er wich zurück und ließ sich aufs Bett fallen.

»Gar nicht«, schrie sie. »Du sagst niemandem auch nur ein einziges Wort! Weil es nämlich nichts zu sagen gibt. Die Daten, die du bekommen hast, haben nie existiert.«

»Aber ... wir waren doch auf einem guten Weg.«

»Der genau hier endet. Hier und jetzt.« Sie machte eine Pause. »Vorerst.«

Sie wandte sich ab und schritt zur Tür, wo ihr Mantel hing. Gabriela zog ihn an, kam noch mal zurück, nahm ihre Handtasche, holte das Smartphone heraus, hielt es hoch.

»Wenn du dich nicht an meine Anweisung hältst und ich nicht alle Daten bekomme, bekommt deine Frau das Video zu sehen. Und ich werde einen Proktologen finden, der mir ein Attest schreibt.« Sie lächelte. »Was du bisher erreicht hast in deinem Leben, wird zur Nebensache werden. Die Leute interessieren sich dann nur noch dafür, was dein kleiner schrumpeliger Freund sich so alles geleistet hat. Ich verzichte natürlich auf eine Anzeige wegen Vergewaltigung, weil es von mir verlangt wird und mein Chef das so möchte. Wir leben nun mal in einer Welt, die immer noch von Männern dominiert wird. Aber dein Ruf wird zerstört sein. Für alle Zeiten. Jeder, der dir in die Augen sieht, wird nur noch eines in dir sehen: den Arschficker, den Vergewaltiger! Auch deine Kinder. Was werden die dann wohl von ihrem Vater denken? Ekelhaft!«

Er schnaufte wieder, aber nicht vor Erregung.

»Ich kriege alles von dir. Alle Daten, alles, was mit dem Projekt zu tun hat.«

Da brach jeglicher Widerstand zusammen, und er nickte. »Holst du es ab?«

»Nein. Du bringst es beim nächsten Mal mit.«

»Beim nächsten Mal?«

Sie nickte. »Übermorgen. Wir ficken weiter, wie gehabt. Wir haben ja sonst keine Beziehung, hatten nie eine. Glaub bloß nicht, dass ich dich vom Haken lasse. Du stehst unter Beobachtung, und ich rate dir, keinen Versuch zu unternehmen, irgendwas zu tun, das mir missfallen könnte.«

Sie hielt das Smartphone noch einmal hoch, dann ließ sie es in der Handtasche verschwinden und ging zur Tür. Dort drehte sie sich noch mal um.

»Wenn du ganz lieb bist, ganz lieb. Dann kommst du beim nächsten Mal vielleicht doch in den Genuss … Du weißt schon, das Hintertürchen. Davon träumst du doch insgeheim, oder?«

Sie lächelte, machte die Tür auf und verschwand.

KAPITEL 16

Paula hatte es eigentlich gerne, wenn im Hintergrund das Radio lief. Leider hatte es gerade ein blöder Partysong, eine Mischung aus hohlem Schlager mit Beatrhythmen, in die Charts geschafft, sodass das Lied jeden Tag mindestens fünf Mal gespielt wurde. Der Text war so einfallsreich wie die Musik; »*Chaka Chaka Olé*« lautete der Refrain.

Sie drehte das Radio ganz aus und tötete weiter Feinde. Lennard hatte ihr nicht nur ein iPhone geliehen, sondern auch eine Playstation, an der sie sich prima abreagieren konnte. Die Kommissare hatten sich nicht mehr gemeldet, weder bei ihr noch bei ihrem Ex-Freund. Das konnte nur bedeuten, dass sie keinen von Paulas Fingerabdrücken in der Werkstatt oder der Küche Naumanns gefunden hatten.

Die Nacht mit Lennard war ein Fehler gewesen, das musste Paula sich eingestehen. Er ließ nicht locker, rief täglich an, um sich nach ihr zu erkundigen, bis sie ihm mehr als deutlich gesagt hatte, er solle sie vorübergehend in Ruhe lassen.

Die *Sechs Tage in Fallujah* hatte Paula erfolgreich hinter sich gebracht. Jetzt hatte sie einen neuen Auftrag und agierte als Scharfschützin. Dabei stellte sie sich die Kommissare und den Professor als Opfer vor, dazu die Schaulustigen auf dem Korridor. Das half zumindest ein bisschen, um die erniedrigende Situation zu verarbeiten. Egal, wie es mit ihrer Karriere weiterging, in dem Institut von Professor Kleimann konnte sie nie mehr arbeiten. Dazu war ihr Auftritt zu einschneidend gewesen; den Nimbus einer Verrückten hatte sie sicher. Paula schämte sich deswegen. Die entsetzten Blicke der Schaulustigen auf dem Laborkorridor gingen ihr nicht mehr aus dem Sinn.

Zwei Tage waren vergangen, seitdem sie das Krankenhaus verlassen hatte. Zwei Tage, in denen sie dahinvegetierte. Mutlos, ohne jeden Antrieb. Wenigstens Sophie verhielt sich wie eine beste Freundin und stand ihr zur Seite. Sie war da, wenn man sie brauchte, und verschwand, wenn Paula ihre Ruhe haben wollte. Die Nacht mit Lennard hatte sie ihr verschwiegen. War nur zu klar, was Sophie dazu sagen würde.

Das gebrauchte Smartphone, in dem ihre eigene SIM-Karte steckte, war die meiste Zeit eingeschaltet. Die Kommissare hatten ihr schließlich angedroht, einen Haftbefehl zu erwirken, wenn sie nicht erreichbar wäre. Für persönliche Gespräche benutzte Paula aber nur noch Lennards iPhone.

Nun stand die Frage im Raum, wie es weitergehen sollte. Wo könnte sie ihre Doktorarbeit schreiben? Oder sollte sie sich nach einem normalen Job außerhalb des akademischen Betriebs umsehen? Die Wissenschaftswelt war eher klein und gut vernetzt. Womöglich hatte sich ihr Auftritt bei Professor Kleimann längst herumgesprochen, und sei es über die (a-)sozialen Netzwerke. Paula würde nicht so schnell aufgeben, sich ihre Karriere nicht ohne zu kämpfen von so einem Vorfall kaputtmachen lassen. Vor allem, weil es nicht ihre Schuld gewesen war. Sie war Opfer, nicht Täterin.

Nach neun gezielten Abschüssen in Folge legte sie den Controller der Spielekonsole weg und ging zum Kühlschrank. Es war kaum noch was drin: ein Joghurt, etwas Milch, zwei Dosen Whiskey-Cola. Stellte sich also die Frage, ob sie in Jogginghose und seit zwei Tagen ungewaschen zum Supermarkt gehen sollte oder sich doch eine Dusche gönnte. Zähneputzen wäre auch noch mal angesagt.

Paula zog sich aus, genoss das warme Wasser der Dusche,

shampoonierte die Haare gleich zwei Mal und benutzte nach dem Abtrocknen auch wieder ihr Lieblingsparfüm. Als sie aus dem Bad kam, sah sie auf das Display ihres geliehenen iPhones. Sophie hatte angerufen, und Paula meldete sich bei ihr zurück. Die Freundin wollte wissen, wie es ihr ging und was Paula so machte. Spontan entschieden sie, sich im Supermarkt zu treffen, um danach zusammen zu kochen.

Paula nahm zwei Einkaufstaschen und ihr gebrauchtes Smartphone mit, um der Abhörabteilung der Polizei zu signalisieren, dass sie es bei sich hatte. Sie ging auf direktem Wege zum Supermarkt und musste an einer roten Ampel warten, obwohl keine Autos kamen. Das erlebte sie in dieser Stadt öfter, die Ampelschaltung für Fußgänger war die pure Verschwendung von Lebenszeit. Paula sah sich um, ob Kinder oder Polizei in der Nähe waren.

Da entdeckte sie ihn.

Das runde Gesicht. Er trug diesmal eine neue Brille und andere Kleidung, seine Haare hatte er hinten zusammengebunden, und er stand etwa fünfzehn Meter entfernt an einer weiteren Ampel derselben Kreuzung. Sie waren durch eine Querstraße voneinander getrennt. Die Autos in dieser Straße bekamen Grün, ebenso Paula. Neben ihr fuhr ein Lieferwagen los, stoppte auf der Kreuzung, um die Fußgänger vorbeizulassen, und verdeckte Paula dadurch die Sicht. Sie ging weiter in der Erwartung, dass der Mann parallel zu ihr ebenfalls die Hauptstraße überquerte. Aber anscheinend war er an der Ampel stehengeblieben. Der Lieferwagen fuhr weiter und gab die Sicht frei. Der Verfolger stand nicht mehr an der Ampel. Er war verschwunden, als hätte er sich in Luft aufgelöst.

Das war keine Sinnestäuschung, kein Zufall. Paula fühlte sich verfolgt. Das erklärte auch, warum die Polizei sich nicht bei ihr meldete. Sie hatten wahrscheinlich die Taktik geändert. Anstatt Paula erneut zu verhören, wurde sie beobachtet, und man wartete darauf, dass sie einen Fehler machte. Sie konnte aber gar nichts falsch machen, weil sie unschuldig war. Es hatte kein Kontakt zwischen ihr und Eric Naumann bestanden.

Trotzdem fühlte es sich mehr als unangenehm an, im Visier der Mordkommission zu stehen. Sie spürte ihr Herz bis zum Hals schlagen. Die Kommissare wollten anscheinend herausfinden, mit wem Paula sich traf und in engerem Kontakt stand. Hätte das Konsequenzen für Sophie? Sollte Paula sie besser warnen? Nicht, dass ihre beste Freundin auch in Verdacht geriet.

Nein.

Sie durfte jetzt nicht paranoid werden. Wenn sie sich genauso verhielt, wie die Kommissare es von ihr erwarteten, würde daraus noch eine sich selbst erfüllende Prophezeiung werden. Sie musste sich auch weiterhin wie eine normale Studentin geben. Also ging sie weiter zum Supermarkt und drehte sich nicht mehr um. Sie nahm einen Einkaufswagen und ließ sich Zeit, während sie durch die Gänge zwischen den Regalen schlurfte, als ob sie sich nicht entscheiden könne, was sie kaufen wollte.

»Hi«, ertönte plötzlich eine Stimme neben ihr.

Paula zuckte zusammen, ihre beste Freundin stand neben ihr. Die beiden umarmten sich.

»Was bist du so schreckhaft?«, fragte Sophie.

Paula flüsterte ihr ins Ohr. »Ich werde verfolgt.«

»Echt jetzt?« Sophie sprach auch sehr leise. »Derselbe Typ, der dir von der Sauna gefolgt ist?«

Paula nickte. Die beste Freundin kannte alle Geschichten der letzten Tage, ausgenommen die Nacht mit Lennard.

Sophie sah sich suchend um.

»Bitte! Nicht so auffällig«, ermahnte Paula sie.

»Ich habe eine Idee«, sagte Sophie. »Wir trennen uns wieder und treffen uns in zwanzig Minuten bei dir zu Hause.«

Paula verstand nicht, sah sie fragend an.

»Ich werde dich nicht mehr aus den Augen lassen und mal sehen, ob dir wirklich jemand folgt.«

»Gute Idee. Bis gleich.«

Paula setzte ihren Einkauf fort, während Sophie den Supermarkt wieder verließ. Schließlich hatte Paula ihre Einkaufsliste abgearbeitet, bezahlte an der Kasse und ging in gemächlichem Tempo nach Hause. Auf dem Weg drehte sie sich kein einziges Mal um und sah weder den Mann noch ihre beste Freundin. In der Wohnung angekommen, legte Paula zuerst die Sachen in den Kühlschrank. Kurz darauf klingelte es an der Tür. Sie ging hin, sah vorsichtshalber durch den Spion und machte auf. Sophie wirbelte herein.

»Eine gute und eine schlechte Nachricht.«

»Was?!«

»Die Gute zuerst. Dir folgt niemand. Ich habe wirklich keinen Menschen gesehen, der sich auffällig verhielt. Vor allem nicht so ein Typ, wie du ihn beschrieben hast.«

Paula fiel eine Last von der Schulter. »Und die schlechte?«

»Rodrigo hat gerade angerufen. Elke ist krank, und ich muss leider einspringen. Gleich schon, in einer Stunde.«

»Kein Problem«, sagte Paula und umarmte Sophie. »Ich danke dir, dass du mir glaubst.«

Sophie löste sich, sah sie fragend an. »Was sollte ich dir denn nicht glauben?«

»Dass ich mich verfolgt fühle.«

»Natürlich glaube ich dir das, aber ...«

»Aber was?«

»Vielleicht ist es eben nur ein Gefühl. Nach dem, was du in den letzten Tagen erlebt hast, kann ich das gut verstehen. Der Mord, die Polizei, der Einbruch, da würde jeder von uns am Rad drehen.«

»Du meinst also, ich drehe am Rad?«

»Nein, Schatz. So war das nicht gemeint.« Sophie nahm sie wieder in den Arm. »Du bist gestresst. Und du hast allen Grund dazu. Wenn man gestresst ist, sieht man manchmal Dinge nicht ganz klar.«

»Wahrscheinlich hast du recht.«

Sie lösten sich wieder voneinander, gingen in die Küche und tranken jeder ein Glas Wein. Sie vermieden es, dabei über Probleme zu reden. Schließlich musste Sophie gehen und stellte das Glas ab.

»Was machst du jetzt?«

»Weiß noch nicht«, sagte Paula.

»Komm doch mit zu Rodrigo.«

»Vielleicht komme ich später nach.«

»Du solltest mehr unter Leute gehen.« Sie schaute zu der Spielekonsole. »Das Alleinsein und fiese Typen abknallen tut dir nicht gut.«

Paula lachte, brachte Sophie noch zur Tür, und sie umarmten einander zum Abschied. Dann kehrte Paula zum Esstisch zurück. Dort lag der Zettel mit der Telefonnummer von Steffen, dem Unternehmensberater, den sie bereits nackt gesehen hatte.

Sie hielt den richtigen Zeitpunkt für gekommen, ihn anzurufen.

KAPITEL 17

Er hieß mit vollem Namen Dr. Steffen Köhler und hatte darauf bestanden, Paula zum Essen einzuladen, wobei sie das Restaurant aussuchen sollte. Jetzt saßen sie in einem originären Brauhaus. Dort gab es weder Schweinshaxe noch Bratwürste mit Sauerkraut; die Speisekarte legte den Fokus auf deutsche Küche mit einem gewissen Etwas. Das Kölsch wurde vor Ort gebraut und hatte einen besonderen Geschmack, nicht jedermanns Sache, aber Paula mochte es. Sie vermutete, dass Steffen sehr gut verdiente, aber sie hatte gerade erst einen reichen Freund gehabt. Das brauchte sie nicht gleich wieder. Steffen schien das zu spüren und stapelte tief, wenn er von seinen Urlauben, seinem Leben, seinem Auto erzählte, bei dem es sich natürlich nur um einen Firmenwagen handelte; privat hätte er sich keinen hochmotorisierten SUV zugelegt. Und dass er in einer Eigentumswohnung lebte, versuchte er, unter den Tisch fallen zu lassen.

»Wann geht es los mit deiner Doktorarbeit?«, fragte er unvermittelt.

Es fühlte sich wie ein Stich ins Herz an, und Paula musste sich spontan die Hände vors Gesicht halten, um die Tränen zu verbergen. Eigentlich hätte sie mit der Frage rechnen müssen.

»Oje. Habe ich was Falsches gesagt?«

»Nein. Alles gut.«

»Ist irgendwas passiert?«

Sie nahm die Hände vom Gesicht. Sollte er ruhig sehen, dass sie eine kurze Heulattacke gehabt hatte. »Der Professor hat mir gekündigt.«

»Wieso das?«

»Als wir uns in der Sauna getroffen haben, da war ich kurz vorher im Polizeipräsidium gewesen. Die haben mich vier Stunden dabehalten und verhört.«

»Weswegen?«

»Der Handyladenbesitzer, der ermordet wurde ... Vielleicht hast du in der Zeitung darüber gelesen. Ich kannte den.«

Steffen nickte. »Ja, hab ich von gelesen. Und wie nah standet ihr euch?«

Paula musste an die Frage der Ärztin denken, ob Steffen womöglich auch ein Kommissar war? Nein, das erschien absurd. Einen solchen Aufwand wäre Paula nicht wert, und selbst wenn, sie musste ja nur bei der Wahrheit bleiben.

»Nur flüchtig«, sagte sie. »Aber die Bullen haben mir das nicht geglaubt und nach einer Verbindung zwischen mir und dem Opfer gesucht.«

Er verstand sofort. »Eine ganz billige Taktik. Wenn die nichts in der Hand haben, und das bei einem Mordfall, wenden die jeden miesen Trick an.«

Paula verschwieg ihm, dass auf ihrem Smartphone ein Chatprotokoll gefunden wurde. Sie wollte das Thema nicht ausweiten.

»Möchtest du mal mit einem Strafverteidiger darüber reden?«

Sie schüttelte den Kopf. »Für so was habe ich kein Geld. Außerdem bin ich unschuldig.«

Ihr gebrauchtes Smartphone hatte sie eingeschaltet in der Handtasche dabei. Für den Fall, dass das Gespräch abgehört wurde, sollten die Kommissare ruhig ihre Unschuldsbekundung hören.

»Ein Studienkollege von mir, der macht Strafrecht. Es lohnt sich, da mal einen Experten zu fragen, und er schuldet mir einen Gefallen.«

»Danke, aber ...«

Er schnitt ihr das Wort ab. »Er kann Akteneinsicht nehmen.«
»Was heißt das?«

»Die Polizei muss ihm die Akte schicken. Alles, was sie gegen dich in der Hand haben – das Verhörprotokoll und und und.« Er hob die rechte Hand zum Schwur. »Und ich, das garantiere ich dir, werde nichts davon erfahren. Du musst dir keine Sorgen machen, dass das uns beide irgendwie tangiert.«

Sie schauten sich an, und Paula sah die Hoffnung in seinen Augen, dass etwas aus ihnen werden könnte. Ihr aber war nicht nach einer neuen Beziehung zumute, auch deshalb wollte sie nicht mehr als ein Abendessen als Geschenk annehmen.

»Ich überleg es mir. Versprochen!«

Die Biergläser waren leer, und der Kellner bewegte sich in ihre Nähe.

»Noch eins?«, fragte Steffen.

Paula sah auf die Uhr. Es war gerade mal halb zehn, aber sie hatte das Bedürfnis, doch noch zu Rodrigo zu gehen. Allein.

»Ich muss leider los.«

Die Enttäuschung war Steffen anzusehen.

Sie lächelte ihn an. »Nein, es wartet niemand auf mich, außer meiner lesbischen Freundin Sophie, die aber schon vergeben ist. Sie mixt Cocktails in einer Mexican Bar.«

»Und du möchtest allein dahin?«

Paula nickte. »Beim nächsten Mal gehen wir zusammen, okay?«

Er lächelte voller Hoffnung, dass es ein nächstes Mal gab.

»Dann kriegst du auch deine Revanche«, sagte Paula.

Er verstand nicht sofort.

»Beim Aufguss. Und diesmal lasse ich dich gewinnen.«

Beide lachten.

»Okay. Das nächste Date wieder nackt. Klingt gut.«

»Hast du viel zu tun im Moment?«, fragte Paula.

»Nein. Ich kann mir meine Zeit einteilen. Wann sollen wir?«

»Ich rufe dich an.«

Steffen bezahlte die Rechnung und schlug vor, sie zu Rodrigo zu fahren. Paula zog es jedoch vor, ein paar Schritte zu Fuß zu gehen. Auch wenn Sophie Entwarnung gegeben hatte, wollte sie selbst überprüfen, ob ihr nicht doch jemand folgte.

Steffen stieg in seinen SUV und fuhr davon, hupte zum Abschied. Es war ungefähr eine Viertelstunde zu Fuß zum *Burrito Rodrigo*, und Paula ging zügig, nahm Ampeln bei Rot und nutzte die Gelegenheit, sich umzuschauen. Bei der vierten Ampel geschah es: Sie entdeckte ihn wieder. Unverkennbar. Er stand hinter einem Glascontainer, und sein Kopf wich zurück, als sie sich zu ihm umdrehte.

Paulas Herz schlug schon wieder bis zum Hals. Sie ging weiter, als ob sie ihn nicht bemerkt hätte. Was nun? Sollte sie ihn auffliegen lassen, ihn zur Rede stellen? Oder auf einen Streifenwagen zugehen und sagen, dass sie verfolgt werde. Wenn die Beamten nicht reagierten, wussten sie schon Bescheid, und es war ein Kollege von ihnen.

Paula hatte eine bessere Idee. Sie würde ihrem Verfolger eine Falle stellen und wusste auch schon wie und wo. Nach wenigen Hundert Metern kam sie an einer kleinen Passage vorbei, in der ein halbes Dutzend Geschäfte angesiedelt waren, die längst alle geschlossen hatten. Man konnte die Passage durchqueren, und am Ende gab es einen Zugang zu einem Parkhaus. Kaum war Paula in die Passage eingebogen, rannte sie los, erreichte die Tür zur Tiefgarage, riss sie auf und verschwand. Durch ein kleines verschmutztes Fenster neben der Tür konnte sie sehen, was draußen geschah. Es dauerte etwa eine halbe Minute, die Paula wie eine Ewigkeit vorkam, in der ihr Herz pochte und das Adrenalin kreuz und quer durch die Adern schoss. Sie sah mehrere Passanten vorbeigehen, und dann kam er: das runde Gesicht und diesmal eine randlose Brille, er trug eine Baseballkappe auf dem Kopf. *Wie originell*, dachte Paula. *Die Polizei gibt sich ja echt Mühe beim Verkleiden: neue Kopfbedeckung, neue Brille.* Er blieb kurz am Ende der Passage stehen, hielt Ausschau nach Paula, dann verschwand er nach links, ging den Bürgersteig entlang. Paula zählte die Sekunden bis zehn, bevor sie aus dem Eingang zur Tiefgarage kam und um die Ecke schaute. Sie sah ihn, wie er mit etwa hundert Metern Vorsprung gerade den Bürgersteig verließ und in die nächste Querstraße einbog. Paula folgte ihm schnellen Schrittes, blieb an der Ecke zur Querstraße stehen und schaute hinein. Er war in gemächlichem Tempo unterwegs, drehte sich auch nicht suchend um, und verschwand in der nächsten Seitenstraße. Paula hinterher, sie kam zu der Kreuzung, wo sie ihn zuletzt gesehen hatte, und lugte vorsichtig um die Hausecke in die Straße.

Er war weg, spurlos verschwunden.

Am Ende der Straße befand sich ein Ladenlokal, in dem Licht brannte, und an der Hauswand befand sich ein altes Schild mit der Aufschrift *Kiosk*. War er da hineingegangen?

Paula schritt die Straße entlang und erkannte beim Näherkommen, dass es sich nicht um einen typischen Kiosk handelte, sondern um eine italienische Bar, wie es sie in manchen Stadtteilen Kölns zuhauf gab. Die Neonreklame sagte: *Café Crotone*.

Paula näherte sich dem Eingang und schaute durchs Fenster ins Café hinein. Durch die offene Tür drangen italienische Töne, sowohl aus den Lautsprecherboxen wie auch vom Gerede der Männer. Ausschließlich Männer. Und andere Nationen schienen hier weniger willkommen zu sein, Paula hörte zumindest kein Wort Deutsch. Der, den sie verfolgt hatte, war nirgendwo zu sehen. Paula blieb an der Eingangstür stehen und schaute noch mal hinein. Die Einrichtung der Bar war spartanisch, einfache Tische und Klappstühle, ein paar gefüllte Kühlschränke standen an den Wänden. Es gab Zigaretten, Chips, Süßigkeiten. Paula kannte diese Art von Bar und wäre nicht auf die Idee gekommen, reinzugehen. Die Männer schauten Fußball ohne Ton auf einem großen Flachbildschirm oder spielten Karten. Eine Espressomaschine dröhnte laut, gefolgt vom Zischen des Aufschäumens der Milch.

Paula ging weiter bis zur Kreuzung, sah um die Ecke in die Seitenstraße. Nichts. Der Mann, der sie verfolgt hatte, war weg. Entweder hatte er sie bemerkt und sich versteckt, um wieder in die Rolle des Beschatters zu wechseln, oder er wohnte in einem der Häuser und war darin verschwunden.

Paula überlegte noch, was sie tun sollte, als eine Stimme ganz nah ertönte. »Guten Abend, Signorina.«

Neben ihr stand ein Italiener aus der Bar. »Möchten Sie vielleicht einen Espresso trinken?« Sein Akzent war gepaart mit einem leicht kölsch klingenden Singsang.

Paula schüttelte den Kopf. »Nein, danke.«

Er kam einen Schritt näher und sprach leise. »Er wartet drinnen auf Sie.«

Paula sah ihn verdutzt an. »Wer wartet?«

»Der, den Sie suchen.«

Paula spürte wieder ihr Herz schlagen. »Wie, er wartet …?« Sie verstand nicht.

Der Italiener nickte stumm, legte den Zeigefinger über seine Lippen.

Paula sah ihn fragend an. Der Italiener griff nach ihrer Handtasche und deutete ihr mit Zeichensprache an, dass er hineinsehen wollte, während er laut sprach. »Sie möchten also keinen Espresso? Schade!«

Völlig verblüfft ließ Paula ihn in ihre Handtasche schauen, sie fühlte sich überrumpelt. Er fischte das Smartphone heraus und legte wieder einen Finger auf seine Lippen. Paula verstand, was er meinte. Der Italiener ging anscheinend davon aus, dass jemand mithörte.

In dem Moment kam ein junger Italiener aus der Bar, der Mann neben Paula sprach ihn an. »Fai una piccola passeggiata.«

Er kam näher, der Ältere gab ihm Paulas Smartphone, und der junge Mann ging damit weg.

»Wo geht er hin?«, fragte sie entsetzt.

»Bitte vertrauen Sie mir. Haben Sie noch ein Telefon?«

Sie schüttelte den Kopf, obwohl es nicht stimmte. »Was bitte soll das?«

Der Italiener sprach leise. »Wir mögen keine *Polizia*. Vertrauen Sie uns, bitte. Wir kennen uns mit so was aus.«

Er machte eine einladende Geste und deutete zum Eingang der Bar.

Paula fühlte sich nicht wohl in ihrer Haut, aber ihre Neugier siegte. Sie gab sich einen Ruck und betrat das Café. Ihr dröhnte schallendes Gelächter entgegen. Die Italiener prosteten sich zu, sie verstand nicht, warum? Über wen lachten die Männer, über sie vielleicht? Weil sie so dumm gewesen war, der Einladung zu folgen? Da hörte sie, wie der Mann, der ihr von der Straße gefolgt war, die Tür hinter ihr zuknallte und den Schlüssel umdrehte.

Paula wäre am liebsten schreiend losgerannt, aber wohin? Sie war eingesperrt, allein mit einer ganzen Gruppe von Männern, die alles andere als vertrauenswürdig aussahen. Sie drehte sich zu dem Barbesitzer um. »Was soll das? Ich möchte wieder gehen und mein Handy zurückhaben.«

»Ganz ruhig, Signorina.«

Paula nahm alle Kraft zusammen, nicht in Panik zu geraten. Der Barbesitzer deutete zu einer Tür, die in einen schmalen Korridor führte, wo leere Bierkisten gestapelt waren. »Gehen Sie da lang.«

»Was ist da?«

»Passen Sie auf, dass Sie nicht über die Kisten stolpern.«

Paula schluckte. Was würde passieren, wenn sie in den Korridor ging? Würde ihr jemand folgen, sie in einen Keller zerren, dort vergewaltigen oder Schlimmeres?

»Keine Angst. Gehen Sie nur«, sagte der Barchef und rief einem anderen, der hinter dem Tresen bei der Espressomaschine stand, etwas zu. Der betätigte einen Schalter, und eine schwache Lampe ging an, die den Flur ein wenig erhellte.

Paula kam sich wie in einem schlechten Horrorfilm vor. Da sagten die schlimmsten Typen auch immer, man solle keine Angst haben. Die Knie schienen ihr weich wie Gelee zu sein. Fest stand nur eins: Der Unbekannte, dem sie gefolgt war und der angeblich auf sie wartete, gehörte nicht zur Polizei. Paula ging auf die gestapelten Bierkisten zu, die den Durchgang zusätzlich verengten. Die einzige Glühbirne hing lose an einem Stromkabel.

Paula schritt durch den Korridor und erwartete, in einen Hinterhof zu gelangen. Was sie aber vorfand, war ein kleiner Garten mit einer kleinen grünen Rasenfläche, umringt von einer Brandmauer aus dunkelrotem Backstein. Das Licht der schwachen Glühbirne verlor sich in der Dunkelheit. Paula konnte eine Schaukel erkennen, und von dort drang eine unbekannte Stimme an ihr Ohr und nannte ihren Namen. »Paula?«

»Wer ist da?«

Sie entdeckte schemenhaft jemanden, der auf sie zukam. Mit jedem Schritt sah Paula ein wenig mehr von ihm, bis schließlich sein Gesicht in den Lichtkegel der Glühbirne geriet.

Der Anblick traf Paula wie ein Schlag. Er hatte die Baseballkappe, Brille und den falschen Bart abgelegt.

Es war Eric Naumann.

KAPITEL 18

Paula erinnerte sich an das Verhör im Präsidium, daran, dass einer der Kommissare sie nach Erics Familie gefragt hatte und ob sie seinen Bruder kenne. »Nein«, hatte sie den Polizisten geantwortet.

Jetzt stand er vor ihr. Er hieß Emil und sah seinem Zwillingsbruder zum Verwechseln ähnlich, zumindest im Gesicht. Sein Körper war dicker, er hatte im Vergleich zu seinem Bruder eindeutig Übergewicht, man konnte ihn aber noch nicht als fett bezeichnen. Und seine langen Haare machten aus ihm einen ganz anderen Typ, weshalb Paula ihn vorher nicht als Zwilling erkannt hatte. Die Namen Eric und Emil passten gut zusammen, so hatten die beiden auch die gleichen Initialen.

Paula folgte ihm zum Ende des Gartens, wo ein kleines Holzhäuschen stand; eine Art Schuppen, der Emil als Versteck und Schlafplatz diente. Außer einer Pritsche mit einer dünnen Matratze darauf befanden sich nur ein kleiner Tisch und ein Stuhl in dem Raum. Der unangenehme Geruch von Schweiß lag in der Luft, und Emils Haare sahen aus, als ob sie seit Tagen nicht mehr gewaschen worden wären.

»Der Italiener ist mit meinem Handy weggegangen, wieso?«

»Das Smartphone, das du bei meinem Bruder gekauft hast?«

Sie nickte.

»Er geht damit in die nächste U-Bahn und schaltet es dort ab. Wenn die Bullen oder irgendwer anders das Smartphone catchen, sieht es auf einem Bewegungsprofil so aus, als wärst du weitergegangen bis in die U-Bahn, und dort verliert sich der Kontakt. Er bringt es gleich zurück, aber du solltest dein Smartphone ab sofort ausgeschaltet lassen.«

»Das geht nicht. Die Polizei muss mich erreichen können, andernfalls wollen die mich sofort festnehmen lassen.«

»Glaubst du jeden Unsinn, den man dir erzählt?«

Sein Tonfall war alles andere als vertrauensbildend. Und nicht nur das. Es war beinahe unmöglich, Blickkontakt mit ihm aufzunehmen. Er wollte ihr nicht in die Augen sehen, drehte immer den Kopf weg und starrte am liebsten auf den Boden, als ob dort ein spannender Film liefe.

»Hast du noch ein anderes Telefon?«, fragte er.

»Ja.« Sie holte das iPhone von Lennard aus der Hosentasche. »Es ist von meinem Ex-Freund, die Nummer kennt keiner.«

»Wir müssen vorsichtig sein«, sagte er. »Wenn du Angst vor den Bullen hast, dann schalte das Smartphone, das du bei meinem Bruder gekauft hast, hin und wieder an.« Er schrie plötzlich. »Aber nicht hier. Hörst du?«

Sie rieb sich demonstrativ das rechte Ohr. »Ich höre sehr gut, auch wenn du nicht schreist.«

Paula kam ein Verdacht. Affektive Reaktionen, wie er sie zeigte, deuteten nicht selten auf eine irgendwie geartete psychische Störung hin. Da passte es auch zu seinem Verhalten, dass er andauernd ihrem Blick auswich.

Paula steckte das iPhone wieder in die Hosentasche. »Jetzt klär mich mal bitte auf. Was läuft hier eigentlich?«

Er hob kurz den Blick. Seine Augäpfel zuckten von links nach rechts. Dann schaute er wieder woanders hin. Paula musste spontan an das Asperger-Syndrom denken, weil sie mal jemanden mit dieser Verhaltensstörung gekannt hatte. Viel wusste sie nicht darüber, nur dass die Betroffenen den Umgang mit anderen Menschen und den Aufbau von Beziehungen als kompliziert und anstrengend empfanden. Gleichzeitig verfügten sie sehr oft über Spezialbegabungen.

Emil sprach leise, während er auf den Boden starrte. »Es geht bei der ganzen Sache eigentlich um mich. Ich habe meinen Bruder in Gefahr gebracht. Aber ...«, er suchte nach Worten, »... ich hätte nie gedacht, dass die so weit gehen würden.«

»Wer sind die?«

»Ich weiß es nicht. Sie wollten mich umbringen oder entführen. Aber ich bin ihnen entkommen.«

Jetzt blinzelte er auf einmal extrem häufig. Paula hatte einen neuen Verdacht. *Nimmt der Typ Medikamente?* Vielleicht hatte sein Verhalten nichts mit Asperger zu tun, es könnte sich auch um etwas anderes handeln. Zumindest wirkte er nicht ganz normal. Er hätte sich gut mit den Patienten auf dem Krankenhauskorridor verstanden.

»Wenn du etwas über die Täter weißt, sollten wir zur Polizei gehen«, schlug Paula vor.

Er lachte laut auf, so laut, dass Paula erschrak. Ihm schien gar nicht aufzufallen, dass er sie mit seinem Verhalten verunsicherte.

»Zur Polizei gehen, super Vorschlag. Und dann? Die verdächtigen mich. Ich war bei meinem Bruder. Meine Prints sind überall, ich habe kein, wie sagt man ... verdammt, wie heißt das noch ... kein Alibi. Glaubst du, die Polizei liegt immer richtig?«

Mit der Frage rannte er bei Paula offene Türen ein. Vor ein paar Tagen hatte sie selbst miterleben müssen, wie schnell man unter Verdacht geraten konnte.

»Okay. Das verstehe ich. Aber wer hat ein Interesse daran, dich und deinen Bruder zu töten?«

»Die Leute, denen wir auf die Spur gekommen sind. Mit der Spyware.«

»Und was sind das für Leute?«, fragte Paula genervt. »Geheimdienste oder so was?«

»Quatsch Geheimdienste. Die hätten mich längst aufgespürt. Ich denk da eher an Söldner.«

»Söldner?« Allmählich wurde ihr der Kerl immer suspekter, und sie stellte sich vor, wie Emil jeden Tag an der Playstation saß, genau wie sie, nur dass er nicht mehr zwischen Realität und Fantasie unterscheiden konnte. Diese Krankheit nannte sich Schizophrenie.

»Ja. Leute, die im Auftrag von irgendwem arbeiten. Eine Firma oder ein Konzern, der von der Spyware profitiert und nicht entdeckt werden will.«

»Was genau macht denn diese Spyware?«

»Daten sammeln und versenden. Nur leider kann ich dir nicht sagen, wohin die Daten gehen. Weder an wen noch was dann damit geschieht.«

Paula hatte ein ernstes Problem. Er konnte ihr viel erzählen, den ganzen Tag lang. Aber sie hatte keine Möglichkeit, den Wahrheitsgehalt seiner Geschichten zu überprüfen. Emil war eindeutig verhaltensauffällig, er hatte womöglich psychische Probleme, stand vielleicht unter Schock, weil sein Bruder ermordet wurde. Hinzu kamen eine gewisse Paranoia, die Nervosität in seiner Stimme und die Wortfindungsstörungen.

Was, wenn nichts davon stimmte und Emil an einer Psychose litt, wenn sein Gehirn Realität und Wahnvorstellungen nicht mehr voneinander trennen konnte?

Das Einzige, worauf Paula sich jetzt verlassen konnte, war ihr eigener Verstand und das, was sie selbst in den letzten Tagen erlebt hatte.

»Es war ziemlich blöd, dich anzurufen«, sagte er unvermittelt. »Mein Fehler, sorry.«

Paula verstand nicht. »Was meinst du mit: *dein Fehler*?«

»Ich habe Eric gesagt, dass er dich anrufen soll, damit du an dem Abend noch vorbeikommst. Ich war neugierig, ob sich die Spyware beim Datentransfer mitübertragen hat.«

»Und wenn er nicht angerufen hätte, was dann?«

Emil schwieg.

Paula wurde laut. »Was, wenn er nicht angerufen hätte? Hätte ich dann mit alldem hier nichts zu tun?«

Er zuckte mit den Schultern. »Vielleicht.«

Für Paula fühlte es sich wie ein Schlag vor den Kopf an. War es dieser eine Anruf gewesen, der ihr Leben so verändert hatte? War sie bloß im falschen Laden gewesen, um ein Smartphone zu kaufen? Diesen Gedanken musste sie erst einmal verkraften. Sie spürte ihr Herz schneller schlagen und ballte unbewusst die Faust. Die Wut kochte in ihr hoch. Was sollte sie jetzt machen? *Am besten die Polizei rufen*, dachte sie, *diesen Kerl verpfeifen.*

Ihr Verstand meldete sich zurück. Was konnte sie der Polizei erzählen? Wo Emil sich aufhielt. Und dann? Womöglich würde man sie beide verdächtigen. Bei allen Emotionen durfte Paula ihr Ziel nicht aus den Augen verlieren: Sie wollte den Schlamassel hinter sich lassen. Dazu musste sie denjenigen in die Pflicht nehmen, der ihr das alles eingebrockt hatte.

»Die Polizei hat keine Spyware auf dem Smartphone gefunden, das ich bei Eric gekauft habe.«

»Verständlich«, sagte er. »Die beiden Männer, die bei dir waren, haben sie gelöscht.«

»Woher weißt du von ihnen?«

»Ich beobachte dich schon seit ein paar Tagen. Als was haben die sich ausgegeben?«

»Polizei. Sagten, sie seien Kommissare. Aber sie waren keine, das weiß ich jetzt. In meine Wohnung wurde eingebrochen, waren die das auch?«

»Ja und nein.«

Sie sah ihn fragend an. »Wie meinst du das?«

»Die falschen Kommissare sind noch mal zurückgekommen, als du nicht da warst. Das sind Profis, die haben keine Spuren hinterlassen. Genau wie bei meinem Bruder.«

Paula verstand nicht. »Wie soll das gehen? Die Experten der Polizei haben keine Einbruchspuren bei deinem Bruder gefunden und gehen davon aus, dass Eric ihnen die Tür geöffnet hat.«

»Experten!«, schrie er laut. »Die Mörder sind bei Eric eingebrochen, als ich kurz weg war, um uns Pizza zu holen.«

»Und wie bist du ihnen entkommen?«

»Die Fußmatte lag schief.«

Paula wurde wütend. »Kannst du mal aufhören, in winzig kleinen Puzzleteilen zu sprechen?«

Er schaute wieder auf den Boden. »Ich war Pizza holen und kam zurück. Da lungerte ein Obdachloser auf der Straße rum, der war vorher noch nicht da. Das kam mir verdächtig vor. Ich bin ins Treppenhaus, der Laden hat einen Seiteneingang. Ich wollte die Tür aufschließen, aber die Fußmatte, die war verschoben. Vorher hatte die noch gerade gelegen. Ich hab die Pizzakartons fallen lassen und bin nach hinten raus in den Garten abgehauen. Da wurde die Tür geöffnet, zuerst nur einen Spalt weit, dann ganz. Da hab ich einen von denen gesehen, bevor ich weggelaufen bin.«

Wenn er in ganzen Sätzen sprach und nicht laut wurde, klang seine Geschichte recht glaubwürdig. Aber sie ließ sich genauso schwer nachprüfen wie alles andere, was er bisher von sich gegeben hatte.

Paula blieb misstrauisch. »Die Kommissare im Präsidium meinten, dass dein Bruder die Täter reingelassen hat.«

»Da siehst du mal, wie blöd die sind. Die verdächtigen dich und mich, weil sie nicht in der Lage sind, sich das Türschloss mal genauer anzusehen. Profis hinterlassen keine offensichtlichen Spuren.«

»Und wer hat meine Tür aufgebrochen, wenn das auch so unauffällig geht?«

»Das war ich.«

Sie sah ihn mit großen Augen an.

»Ich bin kein Profi, zumindest nicht als Einbrecher.« Er begab sich auf die Knie und holte etwas unter der Pritsche hervor. Paula traute ihren Augen nicht, als er die Spielekonsole auf den kleinen Tisch stellte und dann geschickt das Gehäuse öffnete. »Schau mal.«

Paula verstand nicht. »Was ist da?«

Emil zeigte mit dem Finger auf eine kleine Platine, die mit elektronischen Bauteilen bestückt war. »Das gehört da nicht hin. Es dient der Raumüberwachung. Sie konnten auf diese Weise alles hören und sehen, was in deiner Wohnung geschah. Dazu versteckte Knopfkameras überall, sogar im Schlafzimmer. Habe ich alle entfernt. Die Kameras und Mikros sendeten an die Konsole und die leitete das Signal weiter durchs Netz. Ich hatte gehofft, dass ich auf diese Weise den Adressaten herauskriege. Wenn ich sehe, wohin die Daten fließen. Aber leider Fehlanzeige. Derjenige, der das programmiert hat, war richtig gut. Aber ich glaube, er ist auch tot.«

»Wie kommst du darauf?«

»Ich habe eine Todesanzeige in einschlägigen Kreisen im Netz gefunden. In Frankfurt ist ein Hacker gestorben, angeblich weil er die Hauptsicherung im Keller seines Hauses auswechseln wollte und dabei einen Stromschlag abbekommen hat. Da gibt es nur einen Haken, sein Vater war Elektriker, und Freunde sagen, er kannte sich mit dem Hausstrom aus.«

»Du glaubst, der Typ hat diese Spyware programmiert und ist jetzt tot?«

Emil nickte. »Genau wie mein Bruder.«

Er warf die Konsole in die Ecke des Raumes. Sollte sie ruhig kaputtgehen.

Paula ließ sich alles durch den Kopf gehen, und ihr lief ein kalter Schauder den Rücken herunter. »Glaubst du, dass die falschen Kommissare die Mörder waren?«

Er nickte. »Da gehe ich mal von aus.«

»Wie sah der Mann aus, den du an der Tür gesehen hast?«

»Er trug eine Sturmhaube und hatte so ein Ding auf dem Kopf, ein Nachtsichtgerät oder so was.«

Paula setzte sich auf den einzigen Stuhl im Raum. »Kann ich ein Bier haben? Am besten gleich zwei.«

Emil verließ die Hütte. Durch die offene Tür strömte frische Luft herein und verdrängte den Mief. Während Paula darüber nachdachte, was Erics Bruder ihr gerade erzählt hatte, wanderte ihr Blick durch den Raum. Ein kleiner Rucksack stand am Fuß der Pritsche, Klamotten lagen auf dem Boden verstreut. Emil reiste mit leichtem Gepäck.

Er kam mit zwei Bierflaschen und einer Cola zurück, stellte eine Flasche auf dem kleinen Tisch ab, reichte Paula die andere und drehte sich wieder zur Tür, um sie zu schließen.

»Nein, lass bitte offen.«

Sie stießen an und nahmen jeder einen großen Schluck.

»Trinkst du keinen Alkohol?«

»Nur selten.«

»Nimmst du Medikamente?«

Er setzte sich aufs Bett und starrte wieder auf den Boden. »Nein.«

Paula fand das verdächtig. Sie wusste, dass bei Einnahme bestimmter Neuroleptika Alkohol strikt verboten war. Sein Verhalten deutete an, dass er irgendwas nahm, es aber nicht zugeben wollte.

»Erzähl mir von dir und deinem Bruder.«

»Was willst du wissen?«

»Alles.«

Er fing an zu berichten. Die Zwillinge waren getrennt voneinander aufgewachsen. Die ersten drei Jahre lebten sie noch gemeinsam in ihrer Geburtsstadt Hildesheim, aber dann erkrankte Emil am sogenannten *Guillain-Barré-Syndrom*, einer Nervenkrankheit, die unter anderem zu Lähmungen bei ihm führte. Emil wurde bettlägerig und zog alle Aufmerksamkeit seiner Eltern auf sich. Sein Bruder wurde so zu einem *Schattenkind*, wie man Geschwister von kleinen Patienten mitunter bezeichnet, die von ihren Eltern vernachlässigt werden, weil sich alles nur noch um das kranke Kind dreht. Eric fing deshalb an, wieder in die Hose zu machen. Die Eltern begriffen sofort und teilten sich von da an auf. Der Vater kümmerte sich mehr um den gesunden Jungen, die Mutter um das kranke Kind. Als die Ehe der beiden zerbrach, war es logisch, dass Eric bei seinem Vater bleiben wollte. So kam es zur räumlichen Trennung, die noch größer wurde, als der Vater einen neuen Job in Köln annahm. Die Krankheit kurierte Emil nur langsam aus, was dazu führte, dass er kaum Freunde hatte und viel Zeit im Bett oder im Rollstuhl verbringen musste. Emils Tor zur Außenwelt wurde der Computer. Während andere in seinem Alter Fußball spielten oder ins Freibad gingen, saß er zu Hause und programmierte. Und so entwickelte sich im Laufe der Zeit eine Spezialbegabung heraus, auf die Emil seinen ganzen Fokus legte.

Paula unterbrach ihn kurz. »Ist dieses Barré-Syndrom ganz ausgeheilt?«

Er nickte. »Ja. Aber es hat sehr lange gedauert, und meine Nerven haben was zurückbehalten. Ich kann zum Beispiel keinen Sport treiben, und das erklärt wohl mein Übergewicht. Eric und ich, wir lebten getrennt, unsere Eltern hatten beide wieder geheiratet. Und dann, wie soll ich sagen, kam der Neid dazu.«

»Wer war neidisch auf wen?«

»Eric auf mich. Wir hatten, wie so oft bei Zwillingen, dieselben Interessen, aber es konnte nur ein Genie in der Familie geben. Eric war nicht untalentiert, aber wenig zielstrebig. Er hat nicht einmal sein Studium abgeschlossen. Ich war immer der Bessere von uns beiden. Was wohl auch daran lag, dass ich eben keine normale Kindheit hatte.«

»Was hast du aus deinem Talent gemacht?«

»Studiert. An der ETH Zürich. Mathematik und später Neuroinformatik. Ein Spezialgebiet, das letztlich auf die Entwicklung von Künstlicher Intelligenz hinausläuft.«

»Hast du promoviert?«

Er schüttelte den Kopf. »Nein, das hat sich nicht ergeben, ich war zu sehr mit anderen Dingen beschäftigt. Ich hatte aber eine Stelle an der ETH.«

»Du hattest?«, hakte Paula nach.

»Ich ... wie soll ich sagen. Die haben mich gefeuert.«

Paula wurde hellhörig. »Warum?«

»Okay, ich erzähle es dir, aber der Grund, den sie nannten, der stimmt nicht. Was ich dir jetzt sage, ist deren Lüge. Die wollen mich fertigmachen.«

»Raus damit«, befahl sie ihm.

»Eine Frau, eine Journalistin, die einen Beitrag über die Hochschule machen wollte, sie hat behauptet ... Na ja, wie soll ich sagen ...«

»Du hast sie angefasst?«, formulierte es Paula galant.

Er nickte verschämt.

»Hast du?«

Er nickte wieder. »Ja. Aber mit ihrem Einverständnis. Ehrlich. Ich ... ich habe nicht allzu viel Erfahrung mit Frauen, musst du wissen.«

»Sie war die Erste, mit der du geschlafen hast?«

Er nickte wieder verschämt. »Ich habe damals auch nicht verstanden, was diese Frau an mir fand. Aber es war sehr schmeichelhaft. Und so unkompliziert. Sie hat die Initiative ergriffen. Aber dann stellte sich heraus, sie wollte mich fertigmachen.«

Paula dachte nach. Was, wenn an dem Vorwurf der Journalistin etwas dran war und sie einem Vergewaltiger gegenübersaß?

Emil, dem es schon die ganze Zeit an Empathie gefehlt hatte, schien ihr Unwohlsein jetzt trotzdem zu spüren. »Ich habe ihr nichts getan, ehrlich. Nichts, was sie nicht wollte.«

»Was geschah dann?«

»Sie hat mich angezeigt. Ich hab natürlich sofort meine Stelle an der Hochschule verloren.« Er schien Paulas Gedanken zu lesen und rechtfertigte sich. »Ich kann dir versichern, dass ich nie eine Frau vergewaltigt habe und so etwas auch nicht vorhabe. Da war nichts. Die wollten mich loswerden.«

»Hattest du die Spyware denn zu dem Zeitpunkt schon entdeckt?«

Er nickte. »Auf einem Handy. Ein Gebrauchtes, genau wie deins. Ich bin der Sache nachgegangen und hab meinem Bruder davon erzählt, weil er mit gebrauchten Smartphones handelt. Er hat sich auf die Suche gemacht und ist auch auf ein Gerät gestoßen.«

»Und daraufhin tauchte die Journalistin bei dir auf?«

Emil nickte.

»Klingt wie eine Verschwörungstheorie.«

Er wurde schlagartig laut. »Du bist doch Wissenschaftlerin, oder?«

Paula zuckte zusammen, wusste nicht, was sie falsch gemacht hatte. »Jetzt beruhige dich erst mal. Ja, ich bin Wissenschaftlerin, wieso?«

Er sah sie kurz an, wich ihrem fragenden Blick dann schnell wieder aus. »Dann solltest du nicht so inflationär mit dem Begriff Verschwörung umgehen. Vor allem nicht, wenn du selbst davon betroffen bist.«

»Was ist los mit dir? Ich habe nur gesagt ...«

Er schnitt ihr das Wort ab. »Eine Theorie ist eine durch spekulatives Denken gewonnene Vorstellung oder ein System von Leitsätzen, aus denen sich unter Umständen Erkenntnisse ableiten lassen.«

Paula konnte sehen, dass seine Augäpfel wieder hin- und herwanderten, während er sich in Rage redete. »Über Theorien kann man streiten. Worüber wir nicht streiten können sind Tatsachen. Nämlich die, dass mein Bruder tot ist und ich ihn nicht ermordet habe. Ebenso wenig wie du. Oder?«

»Ich habe sogar ein Alibi«, erwiderte Paula. »Was willst du mir damit sagen?«

Er wischte sich Schweißperlen von der Stirn. Das Gespräch erregte ihn offensichtlich sehr. »Wenn wir versuchen, uns auf sachlicher Beweisebene diesem Problem zu nähern und immer darum bemüht sind, die Kausalität zwischen den Ereignissen sofort zu begreifen, werden wir scheitern. Willst du das?«

»Nein. Was schlägst du also vor?«

»Wir müssen durch spekulatives Denken die richtigen Erkenntnisse gewinnen. Die Abwesenheit von Beweisen beweist noch nicht, dass kein Zusammenhang besteht.«

Paula musste ihm recht geben. Die Geschehnisse der letzten Tage waren nicht mehr als Zufälle abzutun. Es musste da einen Zusammenhang geben, den sie nur noch nicht sah. Aber das Problem bestand nach wie vor darin, dass Paula keine Möglichkeit hatte, seine Aussagen zu überprüfen.

Ihr Blick schweifte durch den Raum. »Wie bist du hier gelandet?«

»Giovanni, der Besitzer der Bar, war ein Freund meines Bruders. Eric hat ihm eine Telefonanlage verkauft, die ... wie soll man sagen ... Der Router verschleiert jeden Anruf. Ziemlich gut gemacht. Hier kannst du bedenkenlos telefonieren und surfen, und es wird nie jemand wissen, wo du gerade bist.«

»Wozu braucht ein Barbesitzer so eine Telefonanlage?«

Er zuckte mit den Schultern. »Keine Ahnung, was Giovanni vielleicht sonst noch so treibt. Aber für uns ist das von Vorteil.«

»Wieso?«

»Die Bar ist wie eine Firewall. Sollten Erics Mörder hier aufkreuzen, kriegen sie Probleme. Ich fühle mich hier auf jeden Fall sicher.«

Paula trank ihre Flasche leer und nahm die nächste vom Boden.

»Hast du viel zu tun in den nächsten Tagen?«, fragte er. »Oder könntest du mich etwas unterstützen?«

Sie seufzte. »Ich habe viel Zeit, leider. Der Professor, bei dem ich meine Doktorarbeit schreiben wollte, hat mir gekündigt.«

Jetzt hob er den Kopf und sah ihr kurz in die Augen. »Wieso das?«

»Die Kommissare haben sich bei ihm gemeldet, und das hat ihn aufgeschreckt. Er wolle erst mal die weitere Entwicklung abwarten, sagte er.«

Sie merkte Emil an, dass es in seinem Kopf arbeitete.

»Was ist?«

Er dachte laut. »Dir ist etwas Ähnliches passiert wie mir. Dein Professor hätte doch zunächst abwarten können, was die Ermittlungen ergeben, bevor er dich rausschmeißt. Wollte er dich loswerden?«

Paula war schlagartig verunsichert. Sie hatte sich mit der Kündigung abgefunden gehabt, aber jetzt kamen ihr Zweifel. Aufgrund ihres Zusammenbruchs und der damit verbundenen Scham war sie nicht in der Lage gewesen, die Dinge nüchtern zu betrachten.

Emil hakte nach. »Kannst du herausfinden, warum dein Professor dir gekündigt hat?«

»Ich hab doch schon gesagt …«

Emil unterbrach sie. »Nicht, was er dir erzählt hat. Kennst du jemanden am Institut, der sich für dich umhören könnte?«

Paula blieb sachlich. »Du glaubst, er hat mich angelogen? Warum?«

Sein Blick wanderte umher, bis er wieder vor sich auf den Boden starrte. »Das weiß ich nicht. Aber ich finde es seltsam, dass ich meinen Job verliere und du auch. Vergiss nie: Spekulatives Denken! Nur das bringt uns weiter.«

»Aber wir sollten aufpassen, dabei nicht paranoid zu werden.«

»Paranoid?«, schrie er wieder so laut, dass Paula zusammenzuckte. »Mein Bruder ist tot. Er wurde ermordet. Ich habe verdammt noch mal das Recht, paranoid zu sein.«

Sie schwiegen einen Moment, bevor Paula das Wort ergriff. »Der Professor würde kein Wort mehr mit mir reden. Und nein, ich kenne auch niemanden am Institut, weil ich da noch gar nicht zu arbeiten angefangen hatte. Und der Rausschmiss war …«, sie zögerte, »… einfach nur peinlich. Der Professor hat sogar den Sicherheitsdienst gerufen.«

»Schade«, sagte er. »Ich glaube, du musst herausfinden, was der wahre Grund für deine Kündigung war. Ansonsten ist deine Karriere genauso im Arsch wie meine. Wenn du dein altes Leben zurückhaben willst, musst du wissen, wer dein Freund und wer dein Feind ist. Und vor allem: Warum das alles?«

Paula erinnerte sich schmerzhaft an das Gespräch mit dem Professor, das noch lange Auswirkungen auf ihr mentales Wohlbefinden haben würde. Sie spürte wieder die gleiche Wut in sich aufsteigen. Paula wünschte sich nichts mehr, als ihr altes Leben zurückzubekommen. Das Studium durfte nicht umsonst gewesen sein. Schuld an dem ganzen Schlamassel hatte aber vor allem der, mit dem sie hier saß. Emil hatte ja schon zugegeben, dass der Anruf an jenem Abend ein Fehler war.

Sie empfand auf einmal großes Unbehagen in seiner Gegenwart. Außerdem müffelte er und müsste dringend unter die Dusche. Paula konnte Menschen nicht leiden, die einen unangenehmen Körpergeruch verbreiteten. Sie hielt es nicht mehr aus in dem Kabuff, und die Art, wie Emil redete und ihr nie in die Augen sah, machte sie aggressiv.

Paula nahm ihre Handtasche vom Boden und verließ fluchtartig das Gartenhäuschen.

Er rief ihr hinterher. »Wo gehst du hin?«

»Ich melde mich«, antwortete Paula und hatte mit einem Mal das Bedürfnis, loszurennen.

KAPITEL 19

Erst als sie die Leuchtreklame des *Burrito Rodrigo* vor sich sah, schaltete Paula ihr Smartphone ein, das der Barbesitzer Giovanni ihr zurückgegeben hatte. Paula tippte den vierstelligen Code für die SIM-Karte und war Sekunden später wieder online. Zu ihrer Freude war keine Nachricht eingegangen, und niemand hatte versucht, sie zu sprechen. Auch nicht die Kommissare, was sie als gutes Zeichen wertete. Vielleicht hatten sie schon eine neue Spur und interessierten sich nicht mehr für sie.

Paula betrat die Mexican Bar. Es waren um diese Uhrzeit kaum noch Gäste da. An der Theke saßen vier junge Männer, die versuchten, mit Sophie zu flirten. Paula hatte keine Lust, sich dazuzugesellen, und ging zu Rodrigo, der hinter dem Zapfhahn am anderen Ende der Bar stand.

»Hola. Was möchtest du?«, fragte er mit einem Lächeln.

»Tequila«, sagte sie, »einen doppelten. Nee, mach dreifach draus.«

Rodrigo griff nicht zu den Schnapsgläsern, sondern nahm ein Glas, in dem er sonst Cuba Libre ausschenkte, und füllte es mit zwei Finger breit des Agavenschnapses. Paula bedankte sich mit einem Lächeln, als er es ihr auf die Theke stellte, und leerte das Glas in einem Zug.

Rodrigo warf ihr einen kritischen Blick zu. »Du siehst nicht gut aus. Kann ich dir irgendwie helfen?«

Paula liebte seinen mexikanischen Akzent. Sie gab ihm das leere Glas zurück. »Danke, dass du fragst. Aber alles wird gut. Bitte noch einen.«

Er stellte das Longdrinkglas in die Spüle und füllte ein normales Schnapsglas.

»Alles wird wieder gut?«, ertönte Sophies Stimme, und sie setzte sich auf einen Barhocker neben Paula.

»Musst du dich nicht um deine Gäste kümmern?« Paula schielte zu den Männern am anderen Ende der Theke.

»Das mache ich«, sagte Rodrigo, stellte den Tequila hin und ließ die Frauen allein. Er hatte ein Gespür dafür, wann die beiden lieber unter sich waren.

»Was hast du so lange gemacht?«, fragte Sophie. »Ich dachte, du wolltest früher kommen.«

»Ich hab mich spontan mit dem Typ aus der Sauna getroffen, Steffen.«

Sophie sah sie mit großen Augen an.

»Er ist ganz nett, aber das Letzte, was ich im Moment brauche, ist ein Kerl in meinem Leben. Wir waren im Brauhaus, aber nur so bis neun.«

Sophie schaute zur Uhr an der Wand, es war Mitternacht. »Und was hast du dann noch unternommen?«

Ihr kamen Emils Worte in den Sinn. Paula war unfreiwillig in etwas hineingeraten und wollte es nicht noch schlimmer machen, indem sie Sophie zu viel erzählte. Am Ende geriet auch sie noch in den Fokus der Leute, die hinter Emil her waren.

»Ich bin allein durch die Kneipen getingelt«, log sie. »Brauchte etwas Zeit zum Nachdenken.«

Sophie glaubte ihr. »Und?«

»Und was?«

»Bist du zu einer neuen Erkenntnis gelangt?«

Paula nickte. »Ich werde erst mal etwas ausspannen. Und mich dann nach einem Job umsehen. Mich vielleicht bei einem anderen Institut bewerben. Es wird irgendwie weitergehen.«

»Hast du noch mal was von den Bullen gehört?«

»Nein. Zum Glück nicht.«

»Vielleicht haben die den Täter bereits geschnappt.« Sophie fasste Paula an den Schultern, drehte sie zu sich herum, damit sie ihrer besten Freundin direkt in die Augen sehen konnte. »Was ist los?«

Sophie hatte ein seismisches Gespür dafür, wenn jemand nicht mit der Wahrheit herausrücken wollte. Paula musste sie wenigstens zum Teil einweihen.

»Gehen wir raus eine rauchen?«

Sophie nickte. »Ich schnorre mir eben zwei bei den Jungs da drüben.«

Paula trat vor die Tür und wartete, bis Sophie rauskam. Sie machten sich jeder eine Zigarette an und gingen ein paar Schritte vom Eingang weg.

»Eric Naumann, der aus dem Handyshop, hatte einen Zwillingsbruder. Eineiig. Die beiden sehen sich sehr ähnlich. Er war es, der mich verfolgt hat. Ich habe mir das also nicht nur eingebildet.«

»Wow.« Sophie blies den Rauch aus. »Und was will der?«

»Die Spyware existiert tatsächlich, und die Leute, die dafür verantwortlich sind, sind hinter ihm her. Mehr darf ich dir nicht sagen.«

»Das klingt nicht gut«, sagte Sophie. »Überhaupt nicht gut. Was hast du damit zu tun?«

»Die Polizei verdächtigt mich, und ich habe meinen Job verloren. Und das innerhalb einer Woche. Ich möchte, dass das aufhört. Ich will mein altes Leben zurückhaben.«

»Und du vertraust diesem …?«

»Emil. Nein, tue ich nicht. Überhaupt nicht, aber er ist vielleicht meine einzige Option, jemals die Wahrheit herauszufinden.«

»Und wenn die Mörder ihn finden – oder dich?«

»Lass uns nicht weiter drüber sprechen«, sagte Paula. »Je weniger du darüber weißt, desto besser.«

»Ich mache mir Sorgen um dich.«

»Musst du nicht. Ich passe auf mich auf.«

Sie nahmen sich in den Arm.

»Kann ich dir irgendwie helfen?«, fragte Sophie.

»Wenn es so weit ist, sag ich's dir. Bis dahin stell am besten so wenig Fragen wie möglich.«

Sie lösten sich wieder voneinander. Sophie sah ihr streng in die Augen. »Ich stelle keine dusseligen Fragen mehr. Aber wenn du Hilfe brauchst, bin ich für dich da. Immer.«

Paula wusste, dass sie sich auf ihre beste Freundin verlassen konnte. Sie gingen wieder hinein, und Paula setzte sich zu den Jungs an die Bar, während Sophie ihren Chef ablöste und noch ein paar Cocktails mixte. Es war nach drei Uhr, als Paula und Sophie ziemlich betrunken auf die Straße traten. Sie nahmen sich zum Abschied nochmals in den Arm, bevor die Wege der beiden sich trennten.

Die Straßen waren menschenleer und nass. Es hatte einen kurzen Schauer gegeben. Die Lichter der Reklamen und Scheinwerfer spiegelten sich auf dem schwarzen Asphalt. Wenn ein Auto vorbeifuhr, so war das meist ein Taxi, das langsamer wurde, weil der Fahrer anscheinend darauf hoffte, dass Paula die Hand hob. Doch sie hatte es nicht weit bis nach Hause.

Sie blieb mehrmals stehen und drehte sich abrupt um. Aber da war nie jemand zu sehen, der ihr folgen könnte. Als sie die Haustür erreichte und den Schlüssel ins Schloss schob und umdrehte, fiel ihr auf einmal etwas ein. Der Nachname von Matthäus, von dem sie ihr vorheriges Handy gekauft hatte. Er hieß: *Orzel*, wobei der Name auf Polnisch irgendwie anders ausgesprochen wurde, wie im Französischen: *Orsche*.

Gleich morgen würde sie Emil fragen, ob der Pole ihnen vielleicht behilflich sein könnte.

KAPITEL 20

Im Autoradio lief schon wieder der Partysong: *Chaka Chaka Olé*. Paula drehte den Ton runter, sie verstand nicht, weshalb dieser Song so gefeiert wurde. Lag es am Marketing, oder litt die Menschheit an Geschmacksverkalkung?

Sie saß am Steuer des knallroten Micra, den sie sich von Sophie geliehen hatte. Das Kündigungsschreiben von der Versicherung lag noch in dem Fach auf dem Armaturenbrett. Sophie hatte sich anscheinend noch nicht darum gekümmert.

Es war ziemlich leicht gewesen, Mateusz Orzel ausfindig zu machen, obwohl auch sein Vorname anders geschrieben wurde. Er war Immobilienmakler und hatte eine eigene Website, die von Google weit oben geführt wurde. Er bot zudem Hausverwaltungen an und vermittelte Handwerkerleistungen. Die üblichen Klischees geisterten durch Paulas Kopf, wie Orzel seinen polnischen Landsleuten Aufträge zuschusterte.

Emil saß neben ihr, und Paula fragte sich, ob er heute Morgen wenigstens die Zähne geputzt hatte. Sein strenger Körpergeruch wehte zu ihr herüber, weshalb sie ihr Fenster während der Fahrt geöffnet ließ. Emils Laptoptasche stand zwischen seinen Füßen.

»Was wollen wir von Mateusz genau?«, fragte sie.

»Ich brauche eine Kopie aller seiner Daten.«

»Um die Existenz der Spyware zu beweisen?«

»Nein. Die Existenz der Software ist bewiesen, ich habe das Programm auf einem Stick gespeichert. Aber ich muss wissen, wie die Software auf die Smartphones gelangt ist und wo sie abgespeichert wird.«

»Das wird nicht einfach«, seufzte sie. »Wie lange dauert so ein Kopiervorgang?«

»Viertelstunde.«

Paula dachte nach. Dem Immobilienmakler das Handy zu entwenden und ihn eine Viertelstunde abzulenken erschien illusorisch.

»Dieser Mateusz und ich, wir sind nicht befreundet. Seit ich das Handy von ihm hab, sind wir uns nicht mehr begegnet. Ich schlage vor, wir versuchen es mit der Wahrheit.«

Emil schüttelte den Kopf. »Ich glaube nicht, dass das eine gute Idee ist.«

»Wieso nicht?«

»Du hast gesagt, ihr seid nicht befreundet. Würdest du irgendwem Fremden dein Smartphone überlassen? Ich könnte alle seine Adressen klauen, und für einen Immobilienmakler sind Kontakte das Wichtigste.«

Paula nickte, er hatte recht. Laut Navi waren sie nur noch drei Minuten vom Ziel entfernt.

»Bei dem Telefonat mit deinem Bruder fragte Eric, ob ich irgendwas mit meinem Handy angestellt hätte.«

»Ein Jailbreak«, sagte Emil. »Bei dem Betriebssystem deines Smartphones heißt das aber Rooten.«

»Und was ist das?«

»Es gibt Betriebseinstellungen, die verhindern, dass Nutzer mit dem Handy alles machen, was man damit anstellen könnte. Zum Beispiel, sich jede gewünschte App runterladen. Die Hersteller wollen, dass du nur in ihrem App-Store Sachen kaufst. Im Gegenzug bieten sie dir eine gewisse Sicherheit. Alle Apps, die es da zum Runterladen gibt, werden kontrolliert, dass keine Schadsoftware darunter ist. Durch Jailbreak oder Rooting bekommst du vollen Zugriff auf dein Handy, aber eben verbunden mit gewissen Risiken, dass du dir einen Virus oder eine Spyware einfängst.«

»Und wenn man keinen Jailbreak macht, ist das sicher?«

»Es gibt keine hundertprozentige Sicherheit. Nicht in der digitalen Welt. Ich glaube aber, dass so was wie ein Jailbreak nötig ist, um die Spyware zu laden. Wahrscheinlich gelangt sie durch die Hintertür einer App aufs Handy. Die Spyware kann aber nicht in eine App integriert worden sein. Das würden die Nerds bei Google oder im App-Store irgendwann merken, und dann wäre die ganze Sache längst aufgeflogen.«

»Was heißt das?«

»Du musst dir das so vorstellen: Erst lädt man sich eine saubere App herunter, in der es eine Backdoor gibt, eine CVA. Das kommt immer wieder vor, da kann sich niemand von freimachen, und wenn so was entdeckt wird, wird die Software verbessert.«

»Sofern jemand dahinterkommt«, sagte Paula.

»Genau.«

»Und durch diese Hintertür gelangt die Spyware aufs Handy?«, hakte sie nach.

Er seufzte. »Ganz so einfach geht es nicht. Es braucht noch einen Trigger, eine Aufforderung, dass das Handy die Spyware herunterlädt.«

Paula verstand sofort. »Ich kriege hin und wieder so Mails, wo ich einen Link anklicken soll. Meinst du das?«

»So in etwa. Aber auf solche Push-Nachrichten fällt heutzutage keiner mehr drauf rein, außer ein paar Rentnern und Computerlegasthenikern.«

»Meinst du mich damit?«, fragte sie mit einem Grinsen.

»Wenn du auf so was klickst, dann ja.«

»Nein, so blöd bin ich nun auch nicht. Wie sieht der Trigger aus, von dem du sprichst?«

»Das ist das Problem: Ich habe keine Ahnung. Aber es muss einen geben. Und je komplexer der Trigger, desto größer die Wahrscheinlichkeit, dass nie einer drauf stößt.«

Sie waren fast da. Paula hielt Ausschau nach einem Parkplatz und hatte Glück. Sie steuerte den Wagen in eine Lücke, in die sie vorwärts hineinkam. Nach zweimaligem Rangieren stand sie perfekt und machte den Motor aus. Richtig in einer Parklücke zu stehen war Paula wichtig. Sie hasste Autofahrer, die das nicht hinbekamen oder aus reinem Egoismus mehr als nur einen Stellplatz in Anspruch nahmen. Das Immobilienbüro befand sich direkt gegenüber auf der anderen Straßenseite.

»Bleib du erst mal im Wagen. Ich gehe rein und hole dich, wenn ich ihn so weit habe.«

»Was willst du ihm sagen?«

»Überlass das mir.«

»Verrat ihm keine Details«, ermahnte er sie. »Je mehr Leute von dieser Sache wissen …«

Sie schnitt ihm das Wort ab. »Das musst du mir nicht sagen. Ich würde lieber auch nichts darüber wissen.«

Paula stieg aus dem Wagen, knallte die Tür zu und überquerte die Straße. Sie wollte Emil nicht sofort mitnehmen, weil er stank und Mateusz ihn womöglich für einen Obdachlosen von der Straße hielt.

Das Büro befand sich in einem Ladenlokal im Erdgeschoss, darüber gab es noch drei Etagen mit Wohnungen. Die Fassade des Hauses war verklinkert, ein schmuckloser 60er-Jahre-Bau in einer Wohnsiedlung, wo sich ein Haus mit Vorgarten an das nächste reihte. Nur die unterschiedlichen Anstriche der Fassaden sorgten für ein wenig Abwechslung.

Paula betrat das Immobilienbüro und löste eine Schelle aus. Die Empfangsdame hinter einem Schreibtisch schaute von ihrem Monitor auf und lächelte sie an.

»Guten Tag, willkommen bei Orzel-Immobilien.« Sie hatte einen stark osteuropäischen Akzent und sprach den Namen *Orsche* aus. »Was kann ich für Sie tun?«

»Ist Mateusz da?«

Die Frau registrierte, dass Paula ihn beim Vornamen nannte. »Ja. Sind Sie befreundet?«

Paula nickte. »Aber wir haben uns länger nicht mehr gesehen.« Sie griff zum Telefon. »Wie heißen Sie denn?«

»Paula. Ich habe sein gebrauchtes Smartphone gekauft. Paula Krüger.«

Die Empfangsdame sprach auf Polnisch in den Hörer. Die Antwort folgte anscheinend prompt, denn sie legte den Hörer rasch wieder auf und zeigte zu seiner Bürotür. »Sie können reingehen.«

Mateusz Orzel stand hinter seinem Schreibtisch, als Paula hereinkam. Sie hatte ihn ganz anders in Erinnerung gehabt, eher etwas beleibt. Jetzt betrieb er eindeutig Kraftsport; sein muskulöser Körper zeichnete sich deutlich unter einem frisch gebügelten weißen Hemd ab. Die Haare hatte er so kurz geschoren, dass man ihre Farbe höchstens erahnen konnte.

»Hallo, lange nicht mehr gesehen.« Er sprach gutes Deutsch mit einem leichten Akzent, streckte die Hand zum Gruß aus. Paula spürte einen kräftigen Händedruck, was sie bei Männern mochte. Er deutete auf einen Stuhl. »Bitte setz dich. Mit meinem alten Handy noch alles in Ordnung?«

»Ja und nein.«

Er sah sie fragend an.

»Deshalb bin ich hier. Ich habe es vor ein paar Tagen in Zahlung gegeben, und der Besitzer des Handyshops ... Na ja, wie soll ich sagen, der hat behauptet, auf dem Handy sei die ganze Zeit eine Schadsoftware gewesen.«

»Eine Schadsoftware?« Sein Körper schnellte aus dem Sitz nach vorne, und er sah sie mit großen Augen an.

»Eine Spyware. Zum Ausspionieren von Daten.«

»Ein Trojaner oder so was?«

Paula nickte.

Mateusz musste offensichtlich erst mal seine Gedanken sortieren. »Willst du damit andeuten, dass diese Software schon auf dem Handy war, als du es mir abgekauft hast?«

»Vielleicht. Deshalb möchte ich dich warnen.«

»Welcher Handyladen war das? Wie heißt der Typ, der so was behauptet?«

Er nahm einen Notizblock, um sich was aufzuschreiben.

»Es ist ein wenig komplizierter.«

»Komplizierter?«

»In den Handyladen wurde eingebrochen, und der Besitzer…« Sie zögerte »Wie soll ich sagen: Er ist tot.«

Mateusz legte den Stift auf den Notizblock und sah sie an. »Etwa der aus der Zeitung?«

Paula nickte.

Mateusz nahm sein auf der Ladestation geparktes Handy in die Hand, eines der neuesten Modelle von Samsung, und starrte es an. Dann griff er zum Hörer des Festnetztelefons, tippte auf eine Kurzwahlnummer.

»Sandor, ich bin's«, sagte er ins Telefon. »Ich rufe an wegen meines Smartphones.«

Paula stand vom Stuhl auf und drückte auf die Taste, die das Gespräch sofort beendete. Mateusz sah sie verdutzt an.

»Lass uns erst reden, bevor du die Sache in die ganze Welt hinausposaunst.«

Er legte den Hörer wieder auf, sah sie fragend an. »Wieso glaubst du, dass die Spyware schon auf dem Handy war?«

»Ich weiß es nicht. Aber die Möglichkeit besteht.«

»Und die anderen Optionen?«

»Dass mein Ex-Freund es war oder irgendjemand anders, der mich ausspionieren wollte.«

»Hast du ihn schon gefragt, deinen Ex?«

»Natürlich. Er streitet es ab, und ich glaube ihm. Da du Immobilienmakler bist, wollte ich dich warnen.«

Er verstand sofort. »Dafür danke ich dir auch. Aber es ist sehr unwahrscheinlich, dass ich die Spyware schon hatte, als du mein Telefon gekauft hast.«

»Wieso?«

»Weil ich es bestimmt gemerkt hätte. Wenn jemand meine Kontakte abgefischt hätte. Oder Passwörter oder so. Nichts dergleichen ist je vorgekommen. Also irrst du dich.«

»Und wenn die Spyware etwas ganz anderes macht?«

»Was denn?«

Sie grinste. »Pornobildchen versenden, die du auf deinem Telefon hast.«

Mateusz grinste zurück. »Ich habe keine Bildchen, nur Videos.« Er wurde wieder ernst. »Auch dann. Wenn diese Bilder verschickt worden wären, hätte sich jemand bei mir gemeldet. Also gehe ich davon aus, dass die Spyware dein Problem ist und nicht meins.«

»Und wenn du dich irrst?«, setzte sie nach. »Ich habe einen Experten mitgebracht, der sich mit so was auskennt und der dein Smartphone überprüfen könnte. Er sitzt draußen im Auto.«

Mateusz überlegte kurz, sah auf das Telefon in seiner Hand, legte es auf die Ladestation zurück. »Und wer ist der?«

»Ein echtes Genie. So ein Computernerd, also nicht erschrecken.«

»Und warum sollte ich ihm trauen? Oder dir? Vielleicht will der ja meine Kontakte abgreifen. Weißt du eigentlich, was aus deinem Freund Ben geworden ist?«

»Er ist nicht mein Freund. Wir haben keinen Kontakt mehr.«

»Ich auch nicht. Der hat sein Studium geschmissen und bei so einer Versicherungsagentur angefangen. Wollte mir den letzten Driss andrehen, um möglichst viel Provision rauszuschlagen.«

Paula nickte. »Das passt zu ihm.«

Benjamin war ein Kommilitone, damals ein Freund von Mateusz. Als Paula ihm deutlich zu verstehen gegeben hatte, dass nichts aus ihnen werden würde, hatte er fies reagiert und sie sogar öffentlich in den sozialen Medien beschimpft.

Mateusz beugte sich über den Tisch, stützte sich mit den Armen ab und nahm eine aggressive Position ein. »Ich gebe meinem Freund Sandor das Smartphone und lasse es überprüfen.«

»Dein Sandor wird nichts finden, weil er gar nicht weiß, wonach er suchen muss. Mein Kumpel beschäftigt sich seit Monaten mit dem Thema. Aber wenn du meinst, dass du dir das Risiko leisten kannst.«

Paula stand auf, als ob sie gehen wollte. »Ich wollte dir nur einen Gefallen tun und dich warnen.«

Mateusz reagierte sofort. »Warum wurde der Kerl von dem Handyladen getötet? In der Zeitung stand, es war ein Überfall.«

Paula schüttelte den Kopf. »Er wurde getötet, weil er die Spyware auf meinem alten Handy entdeckt hat. Und davor hat dieses Smartphone dir gehört.«

Das Argument hatte die Wirkung einer Ohrfeige. Mateusz erhob sich aus seinem Stuhl. »Hast du schon mit der Polizei darüber geredet?«

»Ja. Die sind auf beiden Augen blind und glauben sogar, dass ich etwas mit dem Mord zu tun hätte. Was völliger Quatsch ist.«

»Und dieser Nerd?«

»Es ist der Bruder des Opfers.«

»Sein Bruder?!« Mateusz war schlagartig überzeugt. »Okay, hol ihn rein.«

Paula atmete innerlich auf. Sie verließ das Büro, ging schnurstracks zu ihrem Auto und öffnete die Beifahrertür.

»Wir sind im Spiel. Versau's bloß nicht.«

Emil stieg aus. »Wie hast du das hingekriegt?«

»Mir blieb nichts anderes übrig, als ihm von dem Überfall zu erzählen. Und von deinem Bruder. Du musst ihm am Ende auf jeden Fall sagen, dass mit seinem Smartphone alles in Ordnung ist, sonst wird er zur Polizei gehen.«

Paula blieb plötzlich stehen.

»Was ist?«, fragte Emil.

»Was, wenn er mich nur rausgeschickt hat, damit er die Bullen anrufen kann?«

»Das müssen wir jetzt riskieren.« Emil ging über die Straße, Paula folgte ihm. Sie betraten das Ladenlokal und gingen direkt durch bis in Mateusz' Büro. Der stand hinter seinem Schreibtisch und musterte den Besucher kritisch.

»Du bist also der Experte?«

Emil nickte.

»Wie heißt du?«

»Emil.«

»Mateusz.« Er reichte ihm die Hand, und Emil schlug ein, ohne ihn anzusehen.

»Was genau hast du mit meinem Handy vor?«

»Es gibt ein paar Möglichkeiten, so eine Spyware sichtbar zu machen. Ich weiß, wo ich suchen muss.«

»Was ist mit deinen Augen los?«, fragte der Pole.

»Er tickt nicht ganz sauber«, antwortete Paula. »Wie alle, die so viel auf dem Kasten haben wie er.«

Emil grinste, und seine Augen zuckten noch mehr.

Das schien Mateusz als Antwort auszureichen. »Und wenn du nichts findest, ist alles okay?«

»Nicht unbedingt. Wenn ich auf Anhieb nichts finde, müsste ich mir das Telefon mal ausleihen, wenn das geht.«

Er schüttelte den Kopf. »Auf keinen Fall.«

Paula ärgerte sich, dass Emil zu schnell vorging.

Mateusz wurde misstrauisch. »Was genau macht diese Spyware denn?«

»Das wollen wir ja gerade herausfinden. Es werden jedenfalls digitale Daten gesammelt und verschickt. Wohin weiß ich leider nicht.«

Paula schaltete sich ein. »Ich schlage vor, wir fangen einfach mal an. Okay?«

Mateusz schaute auf die Uhr. »Ich habe in einer halben Stunde einen Termin. Also …«

Er nahm das Smartphone von der Ladestation und reichte es Emil, der sich auf einen Stuhl an einem kleinen Besprechungstisch setzte. Er schob die dort liegenden Prospekte zur Seite; ein paar fielen dabei runter, was Emil nicht einmal zur Kenntnis nahm. Er klappte seinen Laptop auf und verkabelte das Smartphone mit dem Rechner.

»Möchtet ihr was trinken, einen Kaffee oder so?«

»Ja, gerne«, sagte Paula. »Emil?«

Er reagierte nicht, weil er bereits in eine andere Welt abgetaucht war.

Mateusz gab seiner Empfangsdame Bescheid, dann stellte er sich hinter Emil, sah ihm über die Schulter, hielt aber etwas Abstand, weil auch er die Körperausdünstungen wahrnahm. Es machte nicht den Eindruck, dass Mateusz nur im Entferntesten verstand, was Emil machte. Die Empfangsdame brachte zwei große Porzellantassen mit Kaffee sowie Zucker und Milch. Der Chef trank schwarz, Paula brauchte zwei Milchdöschen. Es trat Stille ein, während Emil arbeitete. Schließlich lehnte er sich in seinem Stuhl zurück und hob beide Arme, damit das Blut aus seinen strapazierten Fingern floss.

»Und?« Mateusz schien vor Neugier zu platzen.

»Ich habe nichts gefunden.«

»Swietnie«, sagte Mateusz laut. »Mowilem Ci.«

»Was heißt das?«, fragte Paula.

»Großartig. Ich habe es gewusst.«

Paula schaute zu Emil. »Bist du auch zufrieden mit dem Ergebnis?«

Er nickte und kabelte das Smartphone ab.

Mateusz wurde wieder misstrauisch. »Kann ich mich darauf verlassen, dass du keine Daten von meinem Handy gezogen hast?«

»Natürlich«, sagte Paula. »Ich verbürge mich für ihn. Und du kannst jetzt sicher sein, dass dein Smartphone sauber ist.«

Mateusz nahm das Telefon wieder an sich, ging um seinen Schreibtisch herum, legte es auf die Ladestation zurück und schaute zu Paula. »Ich nehme dich beim Wort. Wenn ich mitkriege, dass ihr hier irgendwas Krummes abgezogen habt, gehe ich nicht zur Polizei. Dann schicke ich dir ein paar von meinen Handwerkern vorbei.«

»Keine Sorge«, sagte Paula beruhigend. »Apropos Polizei. Sollte sich jemand nach uns erkundigen, würde ich denen nicht von unserem Besuch erzählen.«

»Warum nicht?«

»Es gibt da zwei Typen, die sich als Kommissare ausgeben und Ausweise haben, die echt aussehen, es aber nicht sind. Gut möglich, dass es sich bei denen um die Mörder handelt. Wenn die hier aufkreuzen, wähl am besten den Notruf.«

»Oder holen Sie Ihre Handwerker«, fügte Emil hinzu.

Das rief ein Grinsen auf Mateusz' Lippen.

Er schaute zu Paula. »In was bist du da hineingeraten?«

»Ich weiß es nicht. Am besten du redest mit niemandem über unseren Besuch. Dann ist die Sache für dich erledigt.«

Er nickte. »Ich wünsche euch viel Erfolg. Sollte sich jemand nach euch erkundigen, rufe ich an. Hast du immer noch dieselbe Nummer?«

»Nein«, sagte Emil sofort und trat an den Schreibtisch heran. Er nahm einen Stift und den Notizblock, der da lag, schrieb eine E-Mail-Adresse auf.

»Bitte eine Nachricht an diese Adresse senden. Ihr Telefon ist sicher, aber unsere sind es nicht.«

»Meines liegt zu Hause, weil ich nicht weiß, ob ich geortet werde«, sagte Paula.

Mateusz riss die Seite von dem Block ab, faltete sie und steckte sie in die Hosentasche. Sie verabschiedeten sich voneinander, und die beiden verließen das Büro.

Sie überquerten die Straße. Paula schwieg, bis sie beim Auto waren. »War das Handy wirklich sauber, oder hast du was gefunden?«

»Ich habe nichts entdeckt, das war aber auch nicht zu erwarten. Ich habe seinen kompletten Speicher und alle Programmdateien kopiert. Wir brauchen jetzt ein Smartphone des gleichen Modells und müssen die Daten da draufspielen.«

»Und dann?«

»Setzen wir es wieder auf Werkseinstellungen zurück. Mal sehen, was dabei herauskommt.«

Paula sah ihn fragend an. »Das verstehe ich nicht.«

»Die Spyware ist bis jetzt nur bei gebrauchten Handys aufgetaucht. Sein Telefon war neu. Wir müssen eine Kopie seines Smartphones erstellen und dann einen RESET durchführen.«

»Wieso?«

»Bei einem RESET werden alle Apps gelöscht, aber die Spyware bleibt. Ich glaube, dass die App, durch die die Software aufs Handy gelangt, gleichzeitig die Funktion eines Schutzmantels hat. Eine Tarnkappe, wie bei diesen Flugzeugen, die vom Radar nicht gesehen werden.«

»Du meinst: Solange die App auf dem Handy gespeichert ist, kann man die Spyware nicht sehen, aber wenn man das Smartphone auf Werkseinstellungen zurücksetzt, verschwinden alle Apps, und die Spyware verliert ihre Tarnkappe.«

Emil nickte. »Du lernst schnell. Und wie komme ich auf diese Theorie?«

Paula grinste. »Sag's mir.«

»Das ist die einfachste und logischste Erklärung dafür, wieso die Spyware nur auf gebrauchten Handys auftaucht. Egal, wie schlau der Programmierer war, diese Schwachstelle scheint er übersehen zu haben.«

»Brauchen wir denn unbedingt ein brandneues Smartphone, um das auszutesten?«

»Ja. Ich möchte alle Fehlerquellen ausschließen.«

»Und woher kriegen wir ein Neues?«

»Vielleicht kann uns Giovanni helfen. Der hat etliche Telefone in seinem Lager, alle noch originalverpackt.«

»Logisch«, sagte Paula. »Hat ja jeder Barmann.«

Sie stiegen wieder in den Micra und setzten ihre Mission fort.

KAPITEL 21

Giovanni hatte kein baugleiches Smartphone, aber er lieh ihnen tausend Euro in bar, um ein entsprechendes Gerät zu kaufen.

Emil übertrug die Daten von Mateusz' Handy, die er auf dem Laptop gespeichert hatte. Kaum war der Prozess abgeschlossen, kabelte er das Gerät vom Computer ab und setzte es auf Werkseinstellungen zurück. Genauso, wie man es machte, wenn man ein gebrauchtes Smartphone weiterverkaufen wollte. Alle Apps und persönlichen Daten wurden auf diesem Weg automatisch gelöscht. Emils Hände zitterten vor Aufregung, als er das Smartphone erneut in Betrieb nahm und mit einem Kabel an seinen Laptop anschloss.

Die Suche nach der Spyware ging in die nächste Runde.

Emil saß auf dem Stuhl, der Laptop lag auf seinen Knien. Paula schaute ihm über die Schulter, obwohl sie keinen Schimmer hatte, was er da machte. Emil hielt es auch nicht für nötig, ihr etwas zu erklären. Hin und wieder vernahm sie ein genervtes Seufzen, weil sein Rechner zu langsam war und irgendein Vorgang zu lange dauerte. Emil wischte sich immer wieder die Schweißtropfen von der Stirn. Paula hatte den Eindruck, als ob er Fieber bekäme. Sein Verhalten hatte etwas durch und durch Manisches.

Endlose Minuten vergingen, eine halbe Stunde, und es war kein Fortschritt zu erkennen. Von draußen drang das Zwitschern der Vögel herein, ansonsten herrschte Stille, abgesehen vom Tippen auf der Tastatur. Dann hörte Emil auch damit auf.

»Hast du was gefunden?«, fragte Paula voller Erwartung.

Emil schleuderte den Laptop neben sich aufs Bett, erhob sich vom Stuhl und stampfte wie ein kleines Kind mit dem Fuß auf.

»Was ist?«

»Nichts! Gar nichts. Die Spyware ist nicht da.«

»Dann ist deine Theorie also falsch?«

Er fuhr herum und schrie sie an. »Nein.« Er hatte seine rechte Faust geballt, erhob sie.

Paula trat erschrocken einen Schritt zurück. So hatte sie ihn noch nicht erlebt.

Ihm wurde sein Verhalten schlagartig bewusst, er nahm die Hand sofort runter und drehte ihr den Rücken zu.

Jetzt wurde Paula laut. »Verdammt noch mal, was ist los mit dir?«

»Ich verliere nicht gerne«, sagte er kleinlaut, und seine Stimme klang, als sei er den Tränen nahe. Er nahm den Laptop, legte ihn auf den Boden neben das Bett. »Ich bin müde. Ich mache später weiter.«

Er gähnte, ohne sich die Hand vor den Mund zu halten. Paula sah, dass er schlechte Zähne hatte.

Sie warf einen Blick auf ihre Armbanduhr. Es war gerade mal Mittag. »Du hast letzte Nacht neun Stunden gepennt, hast du gesagt.«

»Na und? Ich bin trotzdem müde.« Er nahm eine volle Flasche Mineralwasser, die neben dem Bett stand, und trank sie fast leer. Als ob er gerade eine Wüste durchquert hätte. Dann legte er sich auf die Pritsche, zog nicht mal die Schuhe aus und schloss die Augen.

Sein gesamtes Verhalten kam Paula mehr als seltsam vor. Sie selbst nutzte die Pause, um frische Luft zu schnappen. In der Hütte roch es immer noch stark nach seinen Ausdünstungen. Entweder hatte er hier in seinem Versteck nicht die Möglichkeit, sich zu waschen, oder er hielt es für unnötig. Oder gab es einen anderen Grund dafür?

Paula schloss die Augen und genoss die Sonnenstrahlen. Es war Spätsommer, und die Temperaturen gingen allmählich etwas zurück, lagen nur noch bei etwa zwanzig Grad. Emils heftige Reaktion, die geballte Faust, hatte sie erschreckt. Er neigte zu Wutausbrüchen und verhielt sich manchmal wie ein kleiner Junge. Könnte es doch möglich sein, dass er seinen Bruder geschlagen hatte? Ein unglücklicher Sturz auf den Kopf und plötzlich war Eric tot. Dann hatte Emil es wie einen Raubüberfall aussehen lassen, um von sich abzulenken? Aber woher kamen dann die falschen Kommissare?

Emil hatte sie aufgefordert, spekulativ zu denken. Genau das tat sie jetzt und ging die verschiedenen Möglichkeiten durch. Die frische Luft und das Vogelgezwitscher halfen ihr, einen klaren Kopf zu bekommen. Emils Körpergeruch könnte auch von einer Tabletteneinnahme herrühren. Wenn er an seinem Laptop saß, wirkte er wie ein Besessener. Übergewicht war eine mögliche Nebenwirkung von Neuroleptika und Psychopharmaka – genau wie ein unangenehmer Körpergeruch, extremer Durst und permanente Müdigkeit. Das wusste Paula durchs Studium. Solche Medikamente hatten ein breites Wirkungsspektrum. Eine halbe Stunde lang hatte Emil wie ein Workaholic vor dem Laptop gesessen, um dann von einer Sekunde auf die andere in Tiefschlaf zu fallen. Das war verdächtig. Und es fiel Paula schwer, ihm zu vertrauen. Es gab noch keine einzige Bestätigung, dass diese Spyware wirklich existierte. Und da Paula keine Ahnung von den Feinheiten der digitalen Welt hatte, war sie ganz von Emils Expertise abhängig. Ihr schauderte es bei dem Gedanken, dass sich womöglich hinter allem, was er ihr bisher erzählt hatte, nur ein Hirngespinst verbarg. Was, wenn Emil schizophren war, an einer Psychose litt und womöglich gewalttätig wurde?

Was, wenn die falschen Kommissare Privatdetektive waren, die im Auftrag der Hochschule in Zürich Daten und Beweise vernichten sollten, um einen Skandal abzuwenden? Er könnte während seiner Arbeit an der ETH irgendwas Verbotenes gemacht haben und wurde deshalb gefeuert. Vielleicht war ihm die Journalistin auf die Schliche gekommen, und er hatte sie attackiert. Oder der Vergewaltigungsvorwurf stimmte, und Emil hatte vor seinem Abgang sensible Daten gestohlen, die nun wiederbeschafft werden mussten. Spionage im Wissenschaftssektor war ein heikles Thema, da konnte es schnell um Millionenbeträge und Nobelpreise gehen. Es musste noch nicht mal die Hochschule selbst dahinterstecken, die meisten Universitäten waren auf Drittmittel aus der Wirtschaft angewiesen. Was, wenn Emil irgendwen beklaut hatte? Unter diesem Blickwinkel sah Paula die Geschichte mit der Journalistin durch einen ganz anderen Filter, und es kristallisierten sich plötzlich neue Varianten von Wahrheit heraus. Eine davon lautete, dass es sich bei der Spyware doch nur um ein Hirngespinst handelte und Emil seinen Bruder im Affekt erschlagen hatte. Die Geschichte von Kain und Abel war so alt wie die Bibel. Schizophrene konnten Realität und Wahnvorstellung nicht voneinander trennen.

Paula musste sich Gewissheit verschaffen. Schon um ihrer selbst willen. Daran führte kein Weg vorbei.

Leise schlich sie in die Hütte zurück, der Boden unter ihren Füßen knarrte. Emil schien tief im Reich der Träume versunken und schnarchte leise vor sich hin. Seine grüne Armeejacke hing über dem Stuhl. Paula fing an, die Taschen zu durchsuchen. Sie fand ein Päckchen Papiertaschentücher, ein Feuerzeug und einiges an kleinteiligem Kram, was eher in den Mülleimer gehörte als in eine Jackentasche. Sie schaute zu dem Rucksack, der in der Ecke des Raumes stand, behielt dann den Schlafenden im Auge, während sie sich auf den Boden setzte. Sie nahm den Rucksack, öffnete ihn. Ganz oben fand sie einen kleinen Kulturbeutel. Paula schaute hinein; nur das Nötigste wie Zahnputzzeug und ein Probefläschchen Shampoo. Sie suchte weiter, legte alles neben sich auf den Boden. Ersatzhose, Unterwäsche, T-Shirts, gebrauchte und frische Socken. Paula überwand ihren Ekel, die Klamotten stanken genau wie er selbst. Sie fand nichts, keine Medikamente. Dann öffnete sie den Reißverschluss der Seitentaschen, erst rechts, dann links, dann den Verschluss einer zusätzlichen Tasche in der Mitte. Kleinkram, mehr nicht. Schließlich entdeckte sie einen weiteren Reißverschluss am Kopf des Rucksacks, öffnete ihn und schaute hinein.

Ein Plastikstreifen. Nein, es waren zwei verschiedene. Paula holte sie raus. Es waren Tabletten, eine sonstige Verpackung fehlte. Sie schaute auf die Rückseite der Plastikstreifen. Die Schrift war zum Teil verwaschen und nur schwer zu entziffern. Auf dem einen stand: *Quetiapin*, auf dem anderen: *Valproat*.

Paula traf der Schlag. Das eine Mittel kannte sie, das andere nicht. *Quetiapin* war ein atypisches Neuroleptikum, das hauptsächlich Dopamin-D2-Rezeptoren blockierte. Das Thema ihrer Doktorarbeit wäre der Dopamin-D4-Rezeptor gewesen; damit kannte sie sich aus. *Quetiapin* kam bei der Therapie von schweren psychischen Erkrankungen wie Schizophrenie oder bipolaren Störungen zum Einsatz. Zu den Nebenwirkungen gehörten Gewichtszunahme, Schläfrigkeit, Mundtrockenheit und manchmal auch ein unangenehmer Körpergeruch.

Die Entdeckung war ein Schock. Wie sollte sie sich jetzt verhalten? Zunächst einmal musste sie ihren Kopf auf Werkseinstellungen zurücksetzen und alles infrage stellen, was sie bisher aus seinem Mund vernommen hatte. Sie könnte in Zürich anrufen und nach dem Grund für seine Kündigung forschen. Oder mit der Journalistin Kontakt aufnehmen, wenn es diese Person überhaupt gab und sie nicht nur seinen Wahnvorstellungen entsprang.

Emil schlief immer noch tief und fest, schnarchte leise.

Paula wollte die Tablettenstreifen wieder in die obere Tasche des Rucksacks tun, als ein Schatten auf ihr Gesicht fiel. Die Tür stand offen. Gegen das Sonnenlicht konnte sie nur eine Silhouette erkennen.

KAPITEL 22

»Was machst du da?«

Giovanni stand im Türrahmen. Er hielt ein Tablett in Händen, auf dem sich zwei Teller mit Spaghetti befanden. Klar, er hatte angekündigt, ihnen etwas zu essen bringen zu wollen.

Paula kam auf die Beine, der Rucksack lag neben ihren Füßen. Emil öffnete verschlafen die Augen und musste sich noch orientieren. Sein Blick wanderte suchend umher, fiel auf die Klamotten am Boden. Er begab sich in die Senkrechte, musste aber erst mal richtig wach werden.

Giovanni stellte das Tablett auf dem Stuhl ab und sah Paula mit ernstem Blick an. »Schnüffelst du gerne in anderer Leute Sachen herum?«

Giovanni schien das sehr zu missfallen. In seinen Kreisen galt so was bestimmt schon als Verrat. Paula hielt den Tablettenstreifen immer noch in der Hand. Jetzt begriff Emil, dass sie ihn der Lüge überführt hatte, und erhob sich von der Pritsche, kam auf die Beine.

Er mimte den Unschuldigen. »Was hast du da?«

Paula schaute zu ihm. »Medikamente. Du hast gesagt, dass du keine nimmst. Deine Müdigkeit und der Körpergeruch haben mich stutzig gemacht.«

»Medikamente?«, hakte Giovanni nach. »Bist du krank?«

»Nein«, sagte Emil sofort, »das sind Vitamintabletten.«

»Stimmt das?« Giovanni schaute zu Paula und streckte die Hand aus. »Zeig her!«

Paula gab ihm die Tablettenstreifen.

Giovanni sah sie sich an, schaute wieder zu Paula. »Muss ich erst im Internet nachgucken, oder sagst du mir, was das ist.«

»*Valproat* ist ein Mood-Stabilisator«, sagte Emil.

»Ein was?«, fragte Giovanni.

»So was wie ein Beruhigungsmittel. Ich brauchte das nach alldem, was passiert ist, um besser schlafen zu können.«

»Und das andere?« Giovanni versuchte zu lesen. »Quetiapin?« Er schaute diesmal fragend zu Paula. »Was ist das?«

»Ich weiß es nicht.«

Er sah Emil an, der starrte auf den Boden und schwieg.

Giovanni verstand. »Ich rufe jetzt einen Freund an. Ihr bleibt hier und rührt euch nicht von der Stelle.«

Sein Befehl war nur als Drohung zu verstehen. Paula sah durch die Tür nach draußen, wie Giovanni sein Handy ans Ohr nahm, und Paula hörte, dass er ein Gespräch auf Italienisch führte.

»Warum hast du in meinem Rucksack rumgeschnüffelt?«, flüsterte Emil.

»Warum hast du mich angelogen?«

Er schwieg.

Draußen beendete Giovanni das Telefonat und kam zurück in das Gartenhäuschen. Er sah erst Paula an, dann Emil. »Pack deine Sachen und verschwinde. Subito.«

Giovanni warf die beiden Tablettenstreifen zu den Klamotten auf den Boden. Der Italiener wirkte gar nicht mehr freundlich. Was immer er sonst noch für Geschäfte machte, ein Misstrauen gegenüber Fremden gehörte anscheinend zu seinem Erfolgsrezept. In dieser Sekunde flößte er Paula richtig Angst ein. Emil auch, denn der fing an, eilig seine Sachen zusammenzusuchen und in den Rucksack zu stopfen.

»Ich kenne dich nicht«, sagte Giovanni zu ihm. »Deinen Bruder kannte ich, der war ein guter Mann. Hat mir geholfen und nie Fragen gestellt. Deshalb habe ich dir geholfen und auch keine Fragen gestellt. Du hättest mir sagen sollen, was mit dir los ist. Hast du deinen Bruder erschlagen?«

»Nein«, sagte Emil voller Entsetzen, und seine Stimme zitterte. »Nein. Es waren diese Männer, wie ich dir gesagt habe.«

»Diese Männer also?« Giovannis Stimme verriet, dass er es nicht glaubte. »Und die gibt es wirklich? Aus Fleisch und Blut? Oder nur in deinem bescheuerten Kopf?«

»Es gibt sie!«, sagte er laut. »Paula, sag du doch mal was.«

Sie hatte Angst, dass Giovanni ihnen etwas antun könnte, wenn sie nicht zu Emil hielt. Der Italiener schien sich bei einem Arzt informiert zu haben, der ihm wahrscheinlich erklärt hatte, dass Leuten, die *Quetiapin* nahmen, nicht zu trauen sei, weil sie an Wahrnehmungsstörungen litten.

Paulas Stimme geriet ins Zittern. »Ja, es stimmt. Ich hab die beiden auch getroffen. Zwei Männer, einer im Anzug, einer mit Lederjacke, und sie hatten Polizeiausweise, die wirklich echt aussahen. Die waren bei mir in der Wohnung.«

»Dich kenne ich auch nicht«, erwiderte Giovanni in einem verächtlichen Tonfall. »Woher weiß ich, dass du nicht genauso verrückt bist wie er?«

Von nun an war es besser, zu schweigen. Emil packte weiter seine Sachen in den Rucksack.

»Ich kannte mal einen, der war verrückt«, sagte Giovanni. »Im Grunde war er ein feiner Kerl, er konnte nichts dafür, dass er ständig Lügen erzählte. Aber es gab Schwierigkeiten mit ihm.« Sein Blick wanderte zu Emil. »Wenn du noch mal hier aufkreuzt oder irgendwem von mir erzählst, vergesse ich, dass dein Bruder mein Freund war. Dann geschieht mit euch dasselbe wie mit dem Bekloppten damals. Verstanden?«

Die Frage, was mit dem armen Kerl passiert war, erübrigte sich. Paula konnte es nicht fassen, in was sie reingeraten war. Ihre Pechsträhne nahm einfach kein Ende.

Emil hob vorsichtig den Laptop vom Boden auf, darauf lag das neu gekaufte Smartphone. Giovanni griff danach, nahm es an sich. »Das gehört mir. Und jetzt raus mit euch.«

Emil verstaute den Laptop im Rucksack und schritt voran. Paula folgte ihm. Sie gingen durch den Garten zum Hintereingang der Bar.

»Den Ärger haben wir nur dir zu verdanken«, zischte Emil. »Nur dir.«

Leider konnte sie ihm nicht widersprechen. Es hätte kaum dümmer laufen können. »Du hättest mir sagen sollen, was mit dir los ist«, hielt sie dagegen.

»Mit mir ist nichts los, ich bin gesund, solange ich diese Tabletten nehme. Und ich schlucke jeden Tag jeweils eine davon. Wo sollen wir jetzt hin?«, fragte Emil.

»Erst einmal weg von hier«, antwortete Paula.

KAPITEL 23

Während Paula den Micra fuhr, saß Emil neben ihr, hatte den Laptop auf den Beinen liegen und war wieder vertieft in die Suche nach der Spyware. Vor dem Mittagsschlaf hatte er die Daten von Orzels Smartphone auf den Laptop kopiert, sodass sie das Gerät, das Giovanni behalten hatte, nicht mehr brauchten, um die Suche fortzusetzen. Emil schaute noch nicht mal vom Bildschirm auf, als Paula langsamer wurde und auf den Rastplatz Frechen zusteuerte. Etwa eine Stunde lang waren sie ziellos durch die Gegend gefahren. Paula hatte das Fenster ganz heruntergelassen, Emil schien noch nicht mal zu ahnen, warum. Sein Körpergeruch wurde immer unerträglicher. Es reichte ihr allmählich mit ihm, seine bloße Anwesenheit trieb ihren Blutdruck in die Höhe.

Paula fuhr den Wagen auf den Rastplatz und hielt in einer Parktasche. Emil nahm keine Notiz davon; er war voll und ganz in eine andere Welt versunken.

Sie stieg aus, ließ ihn im Auto sitzen und ging in die Raststätte, um sich einen Becher Kaffee zu kaufen. Dabei fiel ihr ein Hinweisschild ins Auge, dass es hier auch eine Dusche für Fernfahrer gab.

Paula kehrte nicht sofort zum Auto zurück, sondern stellte sich an die Betonbarriere, die den Rastplatz von der Fahrbahn trennte. Autos rasten vorbei, der Lärm schwoll an und ebbte ab. Immer und immer wieder. Paula genoss den Ausblick. Der Rastplatz lag auf einer Anhöhe, und man konnte die Skyline von Köln sehen. Der Dom war von leichtem Dunst umnebelt, nicht weit davon entfernt ragten der Fernsehturm und die wenigen Hochhäuser Kölns in den Himmel. Sogar das Fußballstadion am Rande der Stadt war deutlich zu erkennen.

Wie sollte sie herausfinden, was mit Emil nicht stimmte und ob er die Wahrheit sagte? Sein Gedankenkonstrukt konnte eine Mischung aus Realität und Wahnvorstellungen sein oder auch der Wahrheit entsprechen. Die Spyware? Niemand hatte sie je gesehen. Der Tod des Bruders? Was wenn es ein affektiver Gefühlsausbruch war? Und die falschen Kommissare? Private Ermittler im Auftrag der ETH Zürich oder eines Wirtschaftsunternehmens. Es war nicht gesagt, dass die beiden die Mörder waren. Emil hatte das bloß behauptet. Und warum hatte man ihr ein gefälschtes Chatprotokoll aufs Smartphone kopiert? Um von etwas anderem, viel Größerem abzulenken und die Ermittlungen der Polizei in ihre Richtung zu lenken? An was konnte Paula noch glauben und vor allem: Wem sollte sie vertrauen?

Sie trank den letzten Schluck Kaffee, wandte sich von der Betonbarriere ab und entsorgte den Becher in einem Mülleimer, bevor sie zu dem knallroten Micra zurückging, der in der Sonne leuchtete. Sie hatte Sophie versprochen, den Wagen bis zum Abend zurückzubringen.

Emil war nicht ausgestiegen. Sie riss die Beifahrertür auf, und er nahm immer noch keine Notiz von ihr. »Die haben hier eine Dusche. Dürfte ich dich bitten, davon Gebrauch zu machen?«

»Nein«, sagte er wie in Trance und tippte weiter. »Lass mich arbeiten.«

Sie riss ihm den Laptop weg, und er reagierte wie ein Kind, dem man das Spielzeug geklaut hatte. »Hey, was soll das?«, beschwerte er sich mit weinerlicher Stimme.

»Aussteigen oder der Laptop landet in den Büschen.«

Er folgte der Aufforderung. »Gut, ist ja gut. Aber lass mich eben noch abspeichern, was ich habe.«

Sie hielt ihm den Laptop hin, er speicherte die Daten und klappte ihn zu.

»Ist das unbedingt nötig mit dem Duschen?«, maulte er.

»Ja. Du stinkst wie ein Obdachloser.«

»Ich bin obdachlos.«

»Du stellst dich unter die Dusche, oder ich lasse dich hier.«

Emil nahm den Rucksack aus dem Fußraum, machte ihn auf und versenkte den Laptop darin. Sie schloss den Wagen ab und ging vor. Emil trottete missmutig hinter ihr her, und sie betraten das Tankstellenhäuschen und dessen sanitäre Anlagen.

Paula hatte zum Glück genug Kleingeld dabei. Emil verschwand in der Duschkabine und kam nach zehn Minuten als neuer Mensch wieder heraus. Seine fast schulterlangen Haare hatte er nach hinten gekämmt, und das ließ ihn deutlich männlicher aussehen. Der Dreitagebart passte auch, den durfte er ruhig lassen. Vor allem ging von Emil jetzt aber ein angenehmer Geruch aus. Paula gab ihm noch einen Euro für den Föhn und wartete ruhig, bis seine Haare trocken und zerzaust waren.

»Und jetzt?«, fragte er.

Paula ging wortlos wieder nach draußen, er folgte ihr, und sie schlenderten zurück zum Wagen.

Emil brach das Schweigen. »Ich … ich kann deine Sorgen verstehen.«

Paula sah ihn fragend an. »Dann tu mal was dafür, dass ich dir wieder glauben kann.«

»Wie ich meine Kindheit verbracht habe, weißt du ja. Mein Intelligenzquotient steht im krassen Gegensatz zu meiner sozialen Kompetenz. Wie sollte ich die auch erworben haben? Das soll jetzt keine Entschuldigung sein, aber …«

»Wir reden hier nicht von mangelnder sozialer Kompetenz«, schnitt sie ihm das Wort ab. »Sondern von *Quetiapin* und deiner Stimmungshilfe *Valproat*. Beide Medikamente finden Anwendung in der Psychiatrie bei Patienten, die schizophren sind oder eine bipolare Störung haben.«

»Das Zweite. Das zweite trifft auf mich zu.«

»Dann erklär mal«, fuhr sie ihn an.

»Mein Professor war wie ein Ersatzvater für mich. Er hat sich um mich gekümmert, mich mehr als einmal aus der Psychiatrie geholt.«

»Du warst also in der Psychiatrie?«

»Ja. Was eine bipolare Störung ist, weißt du ja sicher.«

Sie schüttelte den Kopf. »Nein, nicht unbedingt. Hinter diesem Begriff verbirgt sich sehr, sehr viel. Bist du manisch-depressiv?«

Er nickte. »Ich neige zu starken Stimmungsschwankungen. Vor allem, wenn die Dinge nicht so laufen, wie ich das will. Manchmal …«, er verstummte.

»Was ist manchmal?«, bohrte sie nach.

»Werde ich auch aggressiv.«

Sie versuchte, ihm in die Augen zu sehen. Aber er ließ das nicht zu, drehte den Kopf. »Sag mir die Wahrheit. Hast du deinen Bruder geschlagen?«

»Nein.« Er nahm alle Kraft zusammen, um ihr doch in die Augen zu schauen, und hielt dem Blick mehrere Sekunden stand. »Ich habe ihm nichts getan. Ehrlich. Das waren die beiden Männer, die auch bei dir waren.«

Paula glaubte ihm; nicht weil er so überzeugend war, sondern weil sie ihm glauben wollte. Emil war immer noch der Einzige, der ihr helfen konnte, in ihr normales Leben zurückzufinden. Die Polizei würde das nicht tun, und Emil war in deren Augen der ideale Tatverdächtige.

»Okay, erzähl weiter.«

»Irgendwann war einer meiner Wutausbrüche so heftig, da habe ich meinen Computer zertrümmert. Das war während meiner Doktorarbeit.«

»Du hast also doch promoviert?«, hakte Paula nach.

Er schüttelte den Kopf. »Ich musste abbrechen. Ich … ich hatte mich zu sehr hineingesteigert. Da kam es vor, dass ich tagelang nichts gegessen habe, Duschen und Zähneputzen sowieso nicht. Wie das eben bei einer bipolaren Störung so vorkommen kann. Mein Professor hat mir dann verboten, weiter an der Promotion zu schreiben. Ich stand quasi unter seiner Aufsicht, und das war auch gut so. Ich hatte eine feste Stelle in seinem Institut. Dadurch wurde es besser.«

»Hast du Lithium genommen?« Paula wusste, dass dieses Medikament sehr gut bei bipolaren Störungen wirkte.

»Eine kurze Zeit, hab's aber nicht vertragen. Wenn du Lithium nimmst, dann … dann spürst du das Leben nicht mehr. Du bist wie in einem Tunnel, das Licht ist weit entfernt. Du willst dahin, aber es entfernt sich mit jedem Schritt immer weiter von dir. Und ich wollte leben. Verdammt, ich war meine ganze Kindheit lang isoliert, während andere Fußball gespielt und Party gemacht haben. Ich wollte auch was vom Leben haben und deshalb … Deshalb hab ich auch getrunken und ein bisschen Kokain genommen. Das kam nicht gut.«

»Warst du als Kind wirklich am Barré-Syndrom erkrankt?«

Er nickte. »Ja. Aber ob da ein Zusammenhang zu meiner bipolaren Störung besteht, ist nicht sicher. Das eine hat vielleicht nichts mit dem anderen zu tun. Ich weiß es nicht.«

»Hatte dein Bruder auch psychische Probleme?«

»Nicht, dass ich wüsste. Man sagt, dass die Wahrscheinlichkeit, dass eineiige Zwillinge beide eine solche Störung haben, nur bei sechzig Prozent liegt. Eric gehörte wohl zu den vierzig.«

Paula suchte krampfhaft nach einem Euphemismus, der ihre Zweifel ausräumen mochte. Sie redete sich ein, dass sie es mit einem Genie zu tun hatte und diese Leute eben nicht ganz normal waren. Genie klang besser als verrückt.

»Wie ging es weiter mit deinem Professor?«

Emil grinste. »Er war ein sympathischer Blender; so hat er sich selbst beschrieben. Er sagte, dass er zwar gut in seinem Fach sei, aber kein Genie. Er wäre aber in der Lage, ein Genie zu erkennen, und das sei auch was wert.«

»Wie viele Genies kannte er?«

»Nur mich. Hat er gesagt. Nur mich. Ich sei in der Lage, Dinge zu sehen, die anderen verborgen blieben. Er war wie der Vater für mich, den ich nie hatte. Und dann …« Seine Lippen fingen an zu zittern, und eine Träne kullerte aus seinem Auge.

»Dann?«

»Er hatte einen Herzinfarkt während einer Bergwanderung. In schwierigem Gelände bei schlechtem Wetter. Als der Hubschrauber endlich eintraf, war es zu spät.«

»Wie lange ist das her?«

»Anderthalb Jahre. Ich habe meine Stelle am Institut behalten, konnte weiterforschen, und ein anderer Professor hat mich animiert, an meiner Dissertation weiterzuschreiben. Unter Aufsicht. Ich war der Sonderling am Institut. Im Rahmen dieser Arbeit bin ich dann auf die Spyware gestoßen.«

Emil wollte ihr das genauer erklären, aber Paula würgte ihn ab, weil sie ihm sowieso nicht gedanklich folgen könnte.

»Lass uns beim Thema bleiben. Du nimmst kein Lithium, aber *Quetiapin*.«

»Ja. Täglich, und deshalb habe ich mich unter Kontrolle, das musst du mir glauben. Ich habe keine Wahnvorstellungen. Diese Spyware existiert wirklich. Und diese beiden Männer, die meinen Bruder getötet haben und in deiner Wohnung waren, die auch.«

Paula machte einen Gedankensprung. »Warum glaubst du, dass mein Professor mir aus einem ganz anderen Grund gekündigt hat?«

»Ist zuerst mal nur eine Vermutung.« Er schüttelte den Kopf. »Nein, etwas mehr. Eine *What-If-Strategie*. Weißt du, was das *ist*?«

Sie schüttelte den Kopf.

»Was wäre, wenn etwas, das man vorhat zu tun, erfolgreich gewesen wäre?«

Paula verstand nicht, sah ihn fragend an. »Wie bitte?«

»Will man Ziele erreichen, so benötigt man zuverlässige Vorhersagesysteme, um bereits im Vorfeld die Auswirkungen strategischer Schritte bewerten zu können. Es geht dabei um Simulationen: Welche Entscheidungen haben dazu geführt, dass wir erfolgreich waren? Man betrachtet also die Entscheidung, die man heute erst fällt, quasi rückblickend aus einer imaginären Zukunft, die noch gar nicht eingetreten ist. Aber man tut dabei so, als sei man schon erfolgreich gewesen.«

»Das ist mir jetzt zu hoch. Was hat das mit meinem Professor zu tun?«

»Die Frage lautet: Was wäre, wenn der Rausschmiss von Paula Krüger erfolgreich gewesen wäre? Er selbst oder jemand anders muss sich doch etwas davon versprochen haben. Was ändert sich in deren Leben, wenn du nicht mehr da bist?«

Aus dieser Perspektive hatte Paula das noch nie betrachtet und zuckte mit den Schultern. »Keine Ahnung.«

»In meinem Fall gab es einen guten Grund. An der ETH hatte ich Zugang zu enormer Rechnerleistung, die mir jetzt fehlt, um die Wahrheit herauszufinden. Außerdem wollten die meine Glaubwürdigkeit ruinieren. Das könnte auch bei dir der Fall gewesen sein, und deshalb haben die dir die falschen Chatprotokolle untergeschoben. Aber warum? Warum sollte jemand deine Glaubwürdigkeit zerstören wollen?«

»Ich hätte ebenfalls Zugang zu wissenschaftlichen Datenbanken gehabt, meinst du etwa das?«

Emil kam ins Grübeln. »Erzähl mir ein bisschen mehr. Was sind das für Datenbanken?«

»Die Wissenschaftswelt ist total vernetzt. An dem Thema, über das ich hätte schreiben sollen, forschen ja auch andere. Es besteht ein ständiger Austausch von Daten und Wissen; Fakten, auf die aber nur Institute und dort beschäftigte Fachleute zugreifen können.«

Emil dachte schon einen Schritt weiter. »Wenn die Zerstörung deiner Glaubwürdigkeit etwas mit deiner Arbeit im Institut zu tun hätte, wäre der logische Schluss, dass auch die Spyware mit deinem Forschungsthema zu tun hat.« Er sah ihr wieder kurz in die Augen, hielt ihrem Blick aber nicht lange stand. »Rede mit deinem Professor. Vielleicht ist er der Schlüssel. Vielleicht kann er uns sogar zum Adressaten der Spyware führen.«

Sie schüttelte den Kopf. »Vergiss es. Ich würde es nicht noch mal bis in sein Büro schaffen, geschweige denn, dass er mir irgendwas sagt.«

»Wir könnten ihn auf der Straße abfangen oder in der Tiefgarage. Oder gehen zu ihm nach Hause.«

Der Micra leuchtete in der Sonne, sie erreichten den Wagen. »Und dann? Wenn wir vor seiner Haustür stehen, wird er begeistert sein und uns alles erzählen? Oder willst du ihm eine Pistole an den Kopf halten?« Paula winkte ab. »Der Plan ist Schwachsinn.«

Paula stieg ein, Emil öffnete die Beifahrertür und stellte seinen Rucksack in den Fußraum. Sie spürte ein Kitzeln in der Nase, kramte in der Ablage auf der Suche nach einer Packung Taschentücher, bevor sie niesen musste. Eher beiläufig legte sie den Brief der Versicherung aufs Armaturenbrett, fand die Taschentücher und putzte sich die Nase. Emil war noch immer nicht eingestiegen, er hatte den Brief der Versicherung an sich genommen, stand neben dem Wagen und zog das Schreiben heraus.

»Was ist?«

Emil reagierte nicht, las den Brief.

»Was ist los?«, rief sie und stieg wieder aus, schaute ihn über das Wagendach hinweg an.

Emil schaute von dem Brief auf. »Deiner Freundin wurde die Versicherung gekündigt?«

»Ja, und? Was interessiert dich das?«

Er nahm den Rucksack wieder aus dem Fußraum und ging zu einer Bank, die nur ein paar Meter entfernt in der Sonne stand. Paula schloss die Fahrertür und folgte ihm. Emil hatte sich hingesetzt, den Laptop aus dem Rucksack geholt und auf seinen Knien abgelegt.

»Kannst du mir endlich sagen, was los ist?«

»Setz dich«, befahl er. »Das dauert jetzt ein bisschen.« Der Brief der Versicherung lag neben ihm auf der Bank.

»Was dauert?«

»Bis ich gefunden habe, wonach ich suche. Dieser Mateusz hatte auch Ärger mit seiner Versicherung. Ich habe seine Mails auf gewisse Schlagwörter hin untersucht.«

Paula nahm neben ihm Platz. Emil roch angenehm nach Seife und Shampoo, was ihn immer sympathischer machte.

»Da ist es.« Er drehte den Laptop so, dass Paula auch lesen konnte, was da geschrieben stand.

Mateusz hatte sich bei seinem Versicherungsvertreter beschwert, weil der Beitrag zu seiner Kfz-Versicherung enorm gestiegen war, über hundert Prozent. Er stellte in der Mail die berechtigte Frage, ob das eine Abwehrkondition sei.

»Was ist eine Abwehrkondition?«, fragte Paula.

»Ein Angebot, das so schlecht ist, dass man zu einer anderen Versicherung geht.«

Paula las weiter. Wollte die Versicherung ihn als Kunden loswerden? Wenn ja, warum? Mateusz hatte anscheinend keinen Unfall in letzter Zeit gehabt. Bis zu der Stelle wirkte die Mail nicht besonders auffällig; lediglich eine Beschwerde. Aber die Antwort des Versicherungsmaklers machte Paula stutzig. Er konnte seinem Kunden nicht erklären, wie es zu dieser Beitragserhöhung kam, und schrieb: »Es tut mir sehr leid. Die Zentrale hat so entschieden und sich nicht weiter dazu geäußert.«

Paula schaute auf den Brief, den Sophie bekommen hatte, dann zu Emil. »Haben Mateusz und meine Freundin dieselbe Versicherung?«

Er nickte. »Ein anderer Name, ein anderes Logo, aber derselbe Konzern. Hab ich gerade überprüft.«

»Welcher Konzern?«

»*Leontari Insurance*. Nie davon gehört.«

»Ich auch nicht«, sagte Paula. »Aber was hat jetzt eine Kfz-Versicherung mit unserem Problem zu tun?«

»Also«, er musste kurz nachdenken. »Die Bearbeitung von Kfz-Versicherungen geschieht heutzutage voll automatisiert. Der Makler gibt die Daten ein, und ein Computer in der Zentrale errechnet den Preis. Vielleicht gibt es irgendwo noch einen Mitarbeiter zur Überprüfung, aber mehr nicht. Wenn ein Versicherungsmakler keine Antwort auf seine Nachfrage bekommt, sieht es wohl eher so aus, als ob der Computer autark arbeitet, womöglich KI-basiert.«

»Künstliche Intelligenz?«, hakte Paula nach.

Er nickte. »BIG DATA, bestimmt schon mal gehört. Es werden überall riesige Datenmengen gesammelt, die dazu dienen, unser Konsumverhalten zu analysieren. Ist dir bekannt, oder?«

Paula nickte. »Wenn du dich bei Google für irgendein Thema interessierst, kriegst du am selben Tag noch entsprechende Werbung in den sozialen Medien.«

»Genau. Aber Daten zu sammeln bringt wenig, wenn man aus diesen Daten nicht die richtigen Schlüsse ableiten kann. Dann verpufft solche Werbung ganz schnell. Und an der Stelle kommt Künstliche Intelligenz ins Spiel. Die Daten fließen in eine Blackbox und werden von einer KI ausgewertet, die dann ein Ergebnis ausspuckt. Je besser die Auswertung, desto größer der Erfolg. Es kommt nicht nur auf die Menge der Daten an, sondern auch auf deren Qualität.«

Paula fing an zu verstehen. »Und was ist der Unterschied zu der Art von Auswertung, wie sie bisher gemacht wurde?«

»Eine KI ist kein ruhender Algorithmus. So ein Programm lernt, es entwickelt sich selbstständig weiter. Und das hat Konsequenzen. Noch nicht mal die Erfinder einer KI sind in der Lage zu verstehen, wie ihr Programm zu seinem Ergebnis gelangt. Die Künstliche Intelligenz entscheidet auf Basis riesiger Datenmengen und statistischer Wahrscheinlichkeiten.« Emil musste kurz Luft holen, redete sich in Rage. »Ein Text bei *ChatGPT* entsteht dadurch, dass Wörter mit der größtmöglichen statistischen Wahrscheinlichkeit aneinandergereiht werden. Wenn man bei einer klassischen Suchmaschine einen Text aufruft, ist dieser Text irgendwo auf einer Datenbank digital hinterlegt. Bei *ChatGPT* entsteht auf Basis gespeicherter Daten ein Text, der nirgendwo in dieser Form hinterlegt ist, sondern sich aus vielen kleinen Datenbausteinen zusammensetzt. Die Aussagen der KI können daher auch falsch sein. Wenn man bei *ChatGPT* zweimal die gleiche Frage stellt, jeweils leicht anders formuliert, kommen zwei verschiedene Antworten heraus.« Emil wirkte richtig aufgewühlt. »Unser Gehirn lässt uns linear denken, wir sind geradezu süchtig nach Kausalität, nach glasklaren Zusammenhängen, die wir verstehen. Aber die Welt um uns herum ist komplex, anpassungsfähig, schnell und mehrdeutig. Ich sage immer: Man muss die Menschen gar nicht mehr belügen, sie erschaffen die Lüge selbst durch ihre lineare Denkweise.«

Paula unterbrach ihn. »Du kommst vom Thema ab.«

Er schüttelte den Kopf. »Nein, tue ich nicht. *Alles hängt mit allem zusammen*, das hat schon Alexander von Humboldt auf seiner Reise durch den Amazonas erkannt. Aber viele Menschen wollen es nicht wahrhaben. Das Denken findet in Schubladen statt, es ist immer linear. Im Moment reden alle von Künstlicher Intelligenz und von potenziellen Gefahren wie Atomkrieg, Biowaffen oder dass Cyborgs die Macht übernehmen wie in dem Film *Terminator*. Aber die wirklich größte und naheliegendste Gefahr, die von KI ausgeht, will niemand sehen.«

»Und die wäre?«

»Die eigentliche Gefahr ist nicht die Leistungsfähigkeit einer Künstlichen Intelligenz, sondern die Annahme vieler Leute in verantwortungsvollen Positionen, dass so ein Algorithmus bessere Entscheidungen treffen kann als der Mensch. Dabei übersehen sie, dass die Entscheidungen einer KI in Wahrheit auf nichts als erlernten Mustern beruhen. Die Künstliche Intelligenz ist genial, wenn es um singuläre Problemlösungen und Mustererkennung geht, da schlägt sie den Menschen um Längen. Aber die KI ist deshalb nicht intelligent, zumindest nicht in absehbarer Zeit, wahrscheinlich nie. Und trotzdem, weil die Menschen dumm sind, wird es so weit kommen, dass wir uns in eine Abhängigkeit begeben und uns von Maschinen bevormunden lassen. Wir werden zu Sklaven, weil wir uns selbst zu Sklaven degradieren.«

Paula fing an zu verstehen. »Du glaubst, dass ein eher banales Ereignis wie die Kündigung einer Kfz-Versicherung auf dem Entscheidungsmechanismus einer KI beruht?«

Emil nickte. »Kaum jemand kann sich heutzutage vorstellen, welche Auswirkung diese Technologie auf unser aller Leben jetzt schon hat, geschweige denn irgendwann haben wird.« Er zeigte auf den Brief neben ihm. »Die Dinge fangen immer ganz klein an und entwickeln sich dann rasend schnell.«

»Erklär's mir bitte«, seufzte sie. »Ich will es ja verstehen. Aber was du da für Zusammenhänge herstellst, klingt für mich absurd.«

»Weil du linear denkst«, konterte er. »Wenn deine Freundin oder Mateusz einen Autounfall gehabt hätten und sich deshalb die Prämie erhöht oder die Kündigung ins Haus flattert, wäre das keine große Sache, weil wir den Zusammenhang verstehen. Ich kann dir noch nicht sagen, was Mateusz oder Sophie falsch gemacht haben, das weiß nur die KI, und noch nicht mal die weiß es wirklich. Und wir haben keine Ahnung, auf welcher Entscheidungsbasis, aufgrund welcher Daten die KI so entschieden hat. Ich glaube aber, dass es sich nicht um einen Zufall handelt.«

Sie schüttelte den Kopf. »Tut mir leid, das klingt mir zu vage.«

Er wurde herablassend. »Mach dich endlich frei davon, immer alles beweisen und hinterfragen zu wollen. Eigentlich müsstest du jetzt sagen: ›Klingt wie eine Verschwörungstheorie.‹«

Er traf ihren Tonfall ganz gut. Für einen kurzen Moment hatte Paula angefangen, ihn zu mögen, aber seine Überheblichkeit gepaart mit Intelligenz machte die aufkeimende Sympathie wieder zunichte.

»Du hast noch einen Versuch, mich zu überzeugen«, sagte sie. »Gib mir ein Beispiel, das ich verstehe.«

»Oje, das dürfte unmöglich sein.«

»Hey«, blaffte sie ihn an. »Reiß dich zusammen, oder wir sind geschiedene Leute.«

Emil merkte, dass er zu weit gegangen war, und wurde kleinlaut. »War nicht so gemeint. Ich ... tut mir leid. Ich habe Probleme damit, wenn jemand meinen Gedanken nicht schnell genug folgt.«

»Dann gib dir mehr Mühe.«

»Was ich sage, sind Spekulationen, ja. Aber sie bringen uns dem Urheber der Spyware vielleicht näher.«

»Wie wäre es mal mit rationalem Denken? Versicherungen wollen Geld verdienen, und dazu brauchen sie viele Kunden.«

»Die richtigen Kunden«, erwiderte er. »Eine Versicherung verdient Geld, indem sie Beiträge von Kunden kassiert, die so wenig Schadensfälle wie möglich produzieren. Das ist Versicherungsmathematik. Hab ich mich auch mal mit beschäftigt.«

Paula konnte dem schlecht widersprechen. Sie kannte sich mit dem Thema wenig aus, obwohl ihr Vater im Finanzsektor tätig war. Paula hatte aber eben keinen Kontakt zu ihm. Und sie hasste ihn sogar noch mehr, seitdem er versuchte, sich in ihr Leben zu drängen. Er schien die Hoffnung aber nicht aufgeben zu wollen, dass sie eines Tages weich werden würde und seine alljährliche Weihnachtspost erwiderte.

Paula dachte laut nach. »Wie wollen Versicherungen denn herausfinden, ob jemand ein guter Kunde ist? Kann die KI etwa in die Zukunft schauen?«

»In gewisser Weise stimmt das sogar. Zumindest mit einer weitaus höheren statistischen Wahrscheinlichkeit als die bisherige Versicherungsmathematik. Wenn die Künstliche Intelligenz erst einmal gegen einen Kunden entschieden hat, und die verantwortlichen Manager sich voll und ganz auf die KI verlassen, wäre man der absoluten Willkür einer Maschine ausgeliefert.«

»Zugegeben, das klingt gruselig«, sagte Paula. »Aber wenn ich dich daran erinnern darf: Mateusz hatte Ärger mit seiner Versicherung, aber keine Spyware auf dem Smartphone. Und Sophie erst recht nicht.«

»Sophies Fall kenne ich nicht«, erwiderte er. »Aber nur weil ich auf Mateusz' Smartphone keine Spyware gefunden habe, heißt das nicht, dass sie nie da war. Auf deinem alten Handy, das ihm mal gehört hat, gab es sie jedenfalls. Ich gehe davon aus, dass die Spyware von seinem neuen Smartphone gelöscht wurde.«

»Und wie? Bei ihm waren keine falschen Kommissare im Büro, das hätte er uns gesagt.«

»Ein Trigger«, erwiderte er. »Wenn man durch einen Trigger ein Smartphone dazu bringt, Spyware zu laden, kann man sie durch einen anderen Trigger auch wieder löschen. Vorausgesetzt die App, die das überhaupt erst ermöglicht hat, ist noch auf dem Handy gespeichert. Bei deinem alten Smartphone, das Eric und ich untersucht haben, war die Spyware vorhanden. Warum?«

Paula verstand allmählich und dachte laut darüber nach. »Durch das Zurücksetzen auf die Werkseinstellungen war die App gelöscht worden. Die Spyware blieb zurück. Ungeschützt und ohne ihre Tarnkappe. Der Trigger zum Löschen funktionierte daher auch nicht mehr.«

Emil freute sich, dass sie ihm gedanklich folgte. »Ein Löschvorgang durch einen Trigger war bei deinem alten Handy nicht mehr möglich, weil die App, die das erlaubt hätte, nicht mehr da war. Der Programmierer hat anscheinend übersehen, dass Telefone gebraucht verkauft werden und durch einen RESET die Möglichkeit eines Zugriffs von außen verloren geht.«

Paula verspürte wieder ein ungutes Gefühl. »Wenn die Spyware flächendeckend, also im großen Stil gelöscht wurde, bedeutet das, die wollten alle Spuren verwischen.«

Er wirkte euphorisch. »Die haben Angst. Angst davor, entdeckt zu werden.«

»Dann müssen sie aber auch alle Mitwisser verschwinden lassen«, brachte Paula ihn auf den Boden der Tatsachen zurück. Darüber schien er noch nicht nachgedacht zu haben.

»Was ist mit dem Hacker, von dem du geredet hast, der durch einen Stromschlag gestorben ist? Weißt du inzwischen mehr darüber?«

Emil schüttelte den Kopf.

Paula spürte Angst in sich aufsteigen. Eric wurde ermordet, sein Zwillingsbruder beinahe. Instinktiv wanderte ihr Blick über den Rastplatz auf der Suche nach jemandem, der ihr auffiel, der herüberschaute, der sich seltsam verhielt.

»Wir brauchen ein sicheres Versteck«, sagte Paula und stand auf. »Komm mit.«

Sie ging zu dem Micra, und Emil folgte ihr.

KAPITEL 24

Giovanni konfigurierte das Smartphone, obwohl er schon drei hatte und eigentlich kein neues brauchte. Aber es sah schön aus und verfügte über mehr Kameralinsen als die anderen Handys, die bereits in seiner Schublade lagen. Das Gerät machte bestimmt bessere Fotos. Die Spielekonsole, die er in dem Gartenhäuschen unter dem Bett gefunden hatte, war kaputt und lag auf einem der Tische. Rolando schaute sie sich an und schüttelte nur den Kopf. »La PlayStation è rotta. Non si può più fare nulla.«

Er ging zu seinen Freunden zurück, die vor dem großen Flachbildfernseher an der Wand saßen und wild durcheinanderredeten. Sie stritten leidenschaftlich darüber, ob der Fußballclub *Reggina 1914* in diesem Jahr den Aufstieg in die Liga Pro schaffen könnte. Salvatore, der Älteste in der Runde, war entfernt verwandt mit Alessio Scarpi, dem ehemaligen Torwart von Reggina. Rolando widersprach Salvatore, aber Rolando zählte auch nicht zu den Experten, er kannte sich besser mit Elektronik als mit Fußball aus, hatte ja gerade erst festgestellt, dass die Spielekonsole nicht mehr zu gebrauchen war. Felice dagegen verfügte mit seinen dreißig Jahren über sehr gute Fußballkenntnisse. In seiner Jugend hatte er selbst gespielt, im Mittelfeld. Das Gespräch der drei Männer wurde noch leidenschaftlicher und lauter, und Giovanni hinter der Bar mahnte irgendwann zur Ruhe, da er sich kaum konzentrieren konnte. Er legte das Smartphone beiseite, weil das Gerät Daten und ein weiteres Update herunterladen musste.

Da ertönte die Schelle an der Tür, und zwei Männer traten ein.

Es waren Deutsche, keine Italiener, was nicht nur Giovanni stutzig machte. Die anderen beäugten die Eindringlinge ebenso.

»Bongiorno, was kann ich tun für die Herren?«, fragte Giovanni.

Die Männer griffen beinahe synchron in ihre Taschen und zeigten ihre Ausweise.

»Kriminalhauptkommissar Schmidt«, stellte der eine sich vor, der eine schwarze Lederjacke trug und kurze rotblonde Haare hatte.

»Böttcher«, sagte der andere im dunklen Anzug.

Schlagartig herrschte Stille im Raum, Salvatore griff zur Fernbedienung und drehte dem Fernseher den Ton ab.

Die Kommissare steckten ihre Ausweise wieder ein, aber Giovanni erhob Einspruch. »Moment, bitte. Dürfte ich die noch mal sehen?«

Die beiden zögerten, eher widerwillig hielten sie ihm die Ausweise erneut hin.

Giovanni nahm seine Lesebrille vom Tresen, setzte sie auf und schaute genau hin, dann warf er seinen Freunden einen Blick zu. Salvatore stand wie auf Kommando von seinem Stuhl auf und bewegte sich zur Tür, die hinters Haus in den Garten führte.

»Moment«, sagte Böttcher, »wo wollen Sie hin?«

Salvatore blieb stehen, hob beschwichtigend die Hände. »Ich wollte nur rauchen eine.«

»Was kann ich tun für die Herren?«, fragte Giovanni und lenkte damit die Aufmerksamkeit wieder auf sich.

Schmidt sah in die Runde zu den Fußballfreunden. »Wir haben ein paar Fragen. Wir ermitteln in einem Mordfall, und zwei Tatverdächtige, ein Pärchen, wurden hier in der Gegend gesehen.«

»Italiener?«, fragte Giovanni sofort.

»Nein. Deutsche.«

Giovanni zeigte zu seinen Freunden. »Sehen Sie hier Deutsche? Wir bleiben lieber unter uns. Verstehen Sie?«

Schmidt zog sein Smartphone aus der Tasche seiner Lederjacke, hielt Giovanni das Display hin, auf dem Emil und Paula zu sehen waren. Zwei Fotos, auf denen die beiden aussahen, als wären sie erkennungsdienstlich behandelt worden.

Giovanni warf nur einen flüchtigen Blick auf die Bilder. »Nein, tut mir leid. Die kenne ich nicht und habe nie gesehen.«

Schmidt wandte sich den anderen Italienern zu, kam näher, zeigte auch ihnen das Display. Alle schüttelten den Kopf, ohne richtig hinzuschauen.

»Die beiden sollen Mörder sein?«, fragte Felice. Sein Deutsch war beinahe akzentfrei.

Schmidt steckte das Smartphone wieder ein. »Ja. Der Mann ist psychisch krank, eine Gefahr für sich und andere. Über die Frau wissen wir leider sehr wenig.«

»Was für eine Krankheit hat er denn?«, fragte Salvatore, der immer noch in der Nähe des Hinterausgangs stand.

»Schizophrenie«, antwortete Böttcher. »Er kann nicht mehr unterscheiden zwischen Realität und Wahnvorstellungen. Er hat eine Frau vergewaltigt und seinen eigenen Bruder erschlagen. Wir glauben, dass die Frau, die bei ihm ist, in größter Gefahr schwebt, ohne es zu wissen.«

Die Männer sahen sich an. Sollten sie das glauben?

Giovanni schaute zu Rolando, der am nächsten am Eingang saß. Er stand auf. Keiner sagte etwas. Das Geräusch, wie der Schlüssel herumgedreht wurde, war nicht zu überhören. Rolando hatte abgeschlossen und drehte das Schild an der Tür von *Aprire* auf *Chiuso*.

»Ihre Ausweise sind gefälscht«, sagte Giovanni in ruhigem Tonfall. »Ich habe schon Hunderte Polizeiausweise in meinem Leben gesehen. Deutsche, Italienische, in der Schweiz, in Österreich. Eure sind allerhöchstens drittklassig.«

Böttcher erstarrte. Schmidt schien der Coolere von beiden zu sein, er lächelte sein Gegenüber nur an.

»Wer sind Sie, und was wollen Sie?«, fragte Giovanni.

Die beiden agierten wieder synchron, zogen ihre Waffen aus Holstern unter der Armbeuge. Giovanni hatte damit gerechnet und war genauso schnell, richtete den Lauf seiner Beretta auf Schmidts Kopf. Die Pistole lag immer griffbereit unter dem Tresen; man konnte als Kalabrier nie wissen, wer zu Besuch kam.

Seine Freunde reagierten ebenfalls. Felice griff nach einer Eisenstange, die neben einem Regal stand, und Salvatore, der Älteste von ihnen verschwand durch die Hintertür in den Garten. Es dauerte nicht lange, und er kam mit einer abgesägten Schrotflinte zurück.

Giovanni war stinksauer. »Für wie dämlich haltet ihr uns eigentlich?« Er zielte genau zwischen die Augen Schmidts. Die Schrotflinte war auf den anderen im dunklen Anzug gerichtet. Schmidt ließ den Lauf seiner Waffe sinken, Böttcher tat es ihm nach. Die Italiener hielten die Bedrohung aufrecht. Schmidt trat einen Schritt näher an Giovanni heran. Höchstens dreißig Zentimeter trennten seine Stirn vom Lauf der Pistole.

»Wir halten Sie nicht für dämlich«, sagte er in ruhigem Tonfall. »Sollte dieser Eindruck erweckt worden sein, möchte ich mich in aller Form bei Ihnen entschuldigen.«

»Quatsch nicht«, zischte Giovanni. »Was wollt ihr?«

»Richtig, wir sind keine Polizisten. Wir arbeiten im Auftrag der Familie.«

»Wessen Familie?«

»Die der jungen Frau.«

»Es geht uns um die Sicherheit dieser Frau«, betonte Böttcher.

Giovanni dachte über diese Möglichkeit nach, zielte aber unverändert auf sein Gegenüber. Er hatte die Tabletten bei Emil gefunden und sein befreundeter Arzt hatte ihm am Telefon bestätigt, dass jemand, der dieses Zeug brauchte, nicht mehr ganz sauber tickte und ihm beinahe alles zuzutrauen sei.

»Wenn er diese Krankheit hat, Schizophrenie? Dann nimmt er doch bestimmt Medikamente?«

Schmidt nickte.

»*Quetiapin*«, sagte Böttcher. »Ein Neuroleptikum. Das sollte er zumindest nehmen. Aber er weigert sich. Ohne das Medikament leidet er an Wahnvorstellungen. Er hat seinen Zwillingsbruder getötet, brutal erschlagen. Kennen Sie Eric Naumann?«

Giovanni ließ die Beretta sinken, behielt die Pistole aber in der Hand. Er sah zu Salvatore, der den Lauf der Schrotflinte nun auch auf den Boden richtete.

»Mal angenommen, ich wüsste etwas«, setzte Giovanni das Gespräch fort. »Was hätte ich davon, es Ihnen zu sagen?«

Schmidt steckte ganz langsam seine Waffe wieder ins Holster und griff in die Tasche seiner Lederjacke. Ohne eine hektische Bewegung holte er ein Bündel Geldscheine hervor, hielt es hoch. Zusammengerollte Hundert-Euro-Scheine. Schmidt stellte das Bündel auf den Tresen.

»Wie viel ist das?«

»Fünftausend.«

Giovanni hob die Augenbrauen. »Du gibst mir fünftausend, damit ich dir sage, was ich weiß?«

Schmidt nickte. »Die Familie der jungen Frau ist wohlhabend. Und sie haben große Angst um ihre Tochter.«

»Sehr wohlhabend?« Giovanni dachte darüber nach. »Reich?«

Schmidt nickte.

»Und sie lieben ihre Tochter. Sie würden alles für sie tun?«

»Ja«, sagte Schmidt und deutete auf das Geldbündel.

Giovanni zeigte auf das Smartphone, das neben ihm auf dem Tresen lag. »Das da, was, glauben Sie, kostet das neu?«

Schmidt zögerte nicht lange. »Tausend Euro?«

Giovanni nickte. »Stimmt genau. Die junge Frau hatte keine tausend Euro, um sich dieses Telefon zu kaufen. Sie musste sich das Geld von mir leihen. Wieso? Wenn sie doch so reiche Eltern hat, die alles tun würden für ihre Tochter.«

Schmidt schwieg.

Giovanni schüttelte den Kopf. »Nein. Das Mädchen ist nicht reich. Du belügst mich schon wieder.«

Es wurde totenstill.

Giovanni ließ sich mit seiner nächsten Frage etwas Zeit, schaute seinem Gegenüber in die Augen. »Seid ihr die beiden, die meinen Freund Eric ermordet haben?«

Im selben Moment riss Giovanni den Arm hoch, aber Schmidt war genauso schnell. Seine rechte Hand griff von oben auf den Schlitten der Beretta und verschob ihn ein paar Zentimeter nach hinten. Weit genug, dass Giovanni den Abzug nicht mehr durchdrücken konnte. Ein lauter Knall ließ ihn zusammenzucken, und Giovanni sah, wie Salvatore mit seiner Schrotflinte noch in der Hand getroffen zu Boden ging, ohne selbst einen Schuss abgefeuert zu haben.

Böttcher hatte den rechten Arm lässig ausgestreckt, und jetzt war es Giovanni, der in den Lauf der Pistole blickte. Es war das Letzte, was er in seinem Leben sah.

Der zweite Schuss zerfetzte seinen Schädel. Blut und Gehirnmasse spritzten auf die Regalwand und die Espressomaschine hinter ihm. Schmidt nahm ihm die Beretta aus der Hand, noch bevor Giovannis Körper auf den Boden plumpste.

Der mit der Eisenstange holte todesmutig wie ein Ritter mit seinem Schwert zum Schlag aus, Böttcher wich zur Seite aus, die Stange zerriss den Ärmel seines Anzugs und traf seine Hand. Die Waffe fiel zu Boden.

Im selben Moment wurde der Italiener von einem Schuss aus

der Beretta niedergestreckt, die Eisenstange polterte auf den Boden.

Der Letzte der Runde stand an der Eingangstür und hatte keine Waffe. Er drehte den Schlüssel herum, um die Tür zu öffnen.

»Stopp«, schrie Schmidt und zielte mit der Beretta auf seinen Kopf.

Der Italiener hob die Hände und machte einen Schritt von der Tür weg. Anscheinend in der Hoffnung, dass er lebend davonkäme, wenn er gehorchte. Irrtum. Erneut peitschte ein Schuss durch den Raum, und der Kopf des Italieners schnellte zur Seite, sein Blut hinterließ einen dicken roten Fleck an der Wand.

Böttcher hob seine Waffe ungeachtet der schmerzenden Hand vom Boden auf, dann gingen sie durch den Hinterausgang an den leeren Bierkisten vorbei nach draußen. Schmidt sah das Häuschen am Ende des Gartens. Mit vorgehaltenen Waffen schritten sie darauf zu, postierten sich rechts und links der Tür. Böttcher riss sie auf, Schmidt trat zuerst ein. Er ließ den Lauf der Beretta sinken.

Es war niemand da. Die stickige Luft und das Bett verrieten, dass hier vor Kurzem noch jemand geschlafen hatte. Keine Habseligkeiten, kein Laptop, kein Smartphone. Schmidt hob das Bett an, damit sie darunter gucken konnten. Nichts. Er stellte die Pritsche wieder ordentlich hin, und sie verließen das Häuschen, gingen durch den Garten zurück in die Bar.

Dort fiel ihnen die Blutspur ins Auge, beginnend von der Stelle, wo der Mann mit der Eisenstange gelegen hatte. Sie führte zur Tür, wo der Italiener mit dem Kopfschuss auf dem Boden lag. Der Verletzte war dorthin gerobbt, konnte nicht mehr aufstehen. Er streckte gerade den Arm aus im Versuch, den Schlüssel herumzudrehen, aber es fehlten ein paar Zentimeter. Schmidt ging hin – PAMM, PAMM – und verpasste ihm lässig zwei Kugeln aus der Beretta. Der Italiener fiel auf den Rücken, und die Finger seiner linken Hand erschlafften. Ein Smartphone kullerte auf den Boden.

»Mist«, stellte Böttcher fest. »Der hat noch jemanden angerufen.«

»Gehen wir«, sagte Schmidt, entriegelte die Tür und nahm den Schlüssel mit.

KAPITEL 25

»Wer sitzt da draußen im Auto?«

Lennard war sichtlich aufgebracht. Er hatte noch immer nicht ganz verstanden, was Paula ihm seit einer Viertelstunde zu erklären versuchte. Zugegeben, sie hatte sich auch ziemlich kompliziert ausgedrückt, weil die Fakten so verworren waren. Bei jeder seiner Fragen schwang jedoch vor allem Eifersucht mit, das spürte sie. Seitdem Emil geduscht hatte, war er auch nicht mehr so unattraktiv, und ihr Ex mochte in ihm durchaus einen Nebenbuhler vermuten.

Paula hatte versucht, Lennard einzulullen und milde zu stimmen, indem sie immer wieder betonte, dass Emil nur eine Zufallsbekanntschaft sei.

Sie saßen im Wohnzimmer, im Hintergrund lief der Fernseher, Lennard griff zur Fernbedienung und schaltete ihn aus.

»Nun sag endlich, was los ist«, drängte er. »Wer wartet da unten im Wagen?«

»Wie ich schon sagte, er heißt Emil. Ich habe nichts mit ihm. Er braucht Hilfe.«

»Warum? Ich hab das Problem nicht verstanden.«

»Er ist der Bruder von dem Mann, der getötet wurde. In dem Handyladen.«

Lennard starrte sie mit großen Augen an.

Paula nickte. »Er ist unschuldig. Wir gehen aber davon aus, dass die Polizei nach ihm sucht, und deshalb muss er sich verstecken.«

»Die Polizei glaubt, dass er seinen Bruder getötet hat?«

Paula konterte. »Mich haben sie auch verdächtigt. Und dich auch, falls du dich erinnerst. Haben wir beide etwas mit dem Mord zu tun? Nein. Beweise lassen sich fälschen. Ich hatte keinen engeren Kontakt zu Eric, trotzdem war auf meinem Smartphone ein Chatprotokoll mit ihm. Emils Fingerabdrücke sind am Tatort, weil er dort war und den Mördern gerade noch entkommen konnte. So sieht's aus.«

»Er ist ihnen entkommen? Heißt das, irgendjemand will auch ihn umbringen?«

Genau das Thema hatte Paula eigentlich umschiffen wollen, aber es ging nicht anders, als ihrem Ex-Freund die Wahrheit zu sagen, wenn sie seine Unterstützung gewinnen wollte. Jemanden zu verstecken, nach dem die Polizei fahndete, war das eine, aber wenn die Mörder ihn suchten, bedeutete das eine konkrete Gefahr für jeden, der sich in Emils Nähe aufhielt. Inklusive ihrer selbst.

Wenn sie bei Lennard scheiterte, sah Paula nur noch einen Ausweg. Dann musste sie tatsächlich zu ihrem Vater gehen, um ihn um Hilfe zu bitten, und das wäre für sie gleichbedeutend mit einem Salto mortale über ihren eigenen Schatten bei tief stehender Sonne.

»Wie habt ihr euch gefunden?« In Lennards Stimme schwang wieder Eifersucht mit.

»Es ist kompliziert, aber nicht das, was du denkst.«

Er imitierte ein Lachen. »Nicht das, was du denkst«, äffte er sie nach. »Was dann? Nun sag schon.«

Paula hatte das Gefühl, mit ihren Argumenten einfach nicht bis in sein Großhirn durchzudringen. Sie startete einen erneuten Anlauf. »Die Polizei hat mich verhört, wie du ja weißt. Die echten Kommissare. Danach waren sie sogar bei dir. Die glauben, dass ich Eric schon länger kannte und mehr weiß, als ich ihnen gesagt habe.« Paula wurde energischer. »Ich habe ein persönliches Interesse, die Wahrheit herauszufinden, damit dieser Wahnsinn ein Ende nimmt. Damit ich mein altes Leben zurückbekomme. Und Emil hat mich gesucht und gefunden, weil er die Spyware auf meinem Handy entdeckt hat. Reicht das als Erklärung? Wenn nicht, gehe ich jetzt.«

»Warte.«

Endlich, dachte Paula. Sie schien ihn weichgekocht zu haben.

»Der Typ da unten, Emil oder wie er heißt, ist mir scheißegal und seine Probleme erst recht. Ich helfe dir. Glaubst du, dass ihr wirklich dieselben Ziele verfolgt, oder lässt du dich wieder mal ausnutzen?«

»Wieder mal?« Ihre Stimme schwoll an. »Was soll das denn heißen?«

»Bist du sicher, dass er auf deiner Seite steht und dir helfen kann?«, formulierte Lennard die Frage um.

»Ja. Er ist im Moment meine einzige Chance. Emil kann bezeugen, dass ich Eric vorher nicht gekannt habe. Und er ist ein Experte für das, worum es geht.«

»Die Spyware?«, hakte Lennard nach.

Paula nickte. »Die du mir mit Sicherheit nicht aufs Handy geladen hast. Das weiß ich inzwischen.«

»Wer war es dann?«

»Das erkläre ich dir, wenn du uns hilfst. Ist eine etwas längere Geschichte. Was mir in den letzten Tagen passiert ist, kann man nicht mehr als Pechsträhne abtun oder als Verkettung unglücklicher Umstände. Der Mord, der Einbruch, das Verhör, die Kündigung. All das hängt miteinander zusammen. Und Emil ist der Einzige, der diesen Gordischen Knoten lösen kann. Wir brauchen dazu aber einen Unterschlupf, wenigstens vorübergehend.«

Lennard wandte sich ab, drehte ihr demonstrativ den Rücken zu. »Du sagst, du willst dein altes Leben zurückhaben.«

»Nur darum geht es. Den Rest soll die Polizei übernehmen.«

»Spiele ich in deinem alten Leben auch noch eine Rolle?«

Mit dieser Frage hätte sie eigentlich rechnen müssen. Paula wurde wütend. »Ist dir schon mal aufgefallen, dass du immer nur an dich selbst denkst?«

Er drehte sich ruckartig zu ihr um. »Und ist dir schon mal aufgefallen, dass du das jedes Mal sagst?«

»Vielleicht weil es genauso ist«, blaffte sie ihn an.

In den letzten Monaten ihrer Beziehung war es oft so gewesen, dass Paula in einer Diskussion das letzte Wort behalten hatte, weil Lennard schlichtweg die Argumente ausgingen.

Er sah ihr in die Augen, und sie wollte ihn nicht anlügen. »Ich kann dir nicht versprechen, das was aus uns wird. Aber wenn du mir nicht hilfst, siehst du mich nie wieder.«

»Was willst du?«

»Die Schlüssel zu eurem Jagdhaus in der Eifel. Sofern da im Moment keiner ist. Und wir brauchen ein Auto.«

Lennard zuckte mit den Schultern. »Mehr nicht? Sag das doch gleich.«

Er ging zu einem Bord neben der Tür, wo allerlei Schlüssel in einer Schale lagen. Er musste nicht lange suchen, bis er den richtigen gefunden hatte. Lennard kam zurück zu ihr. »Kennst du dich mit der Alarmanlage aus?«

Sie schüttelte den Kopf. Als sie zusammen in dem Jagdhaus seiner Eltern waren, hatte Paula allerhöchstens mitbekommen, dass es eine Alarmanlage gab.

Lennard hielt den Schlüssel hoch. »Nach Öffnen der Tür bleiben dir dreißig Sekunden Zeit, den Schlüsselanhänger an die Alarmanlage zu halten, und dann hast du noch mal dreißig Sekunden, um einen sechsstelligen Code einzutippen. Du weißt ja, mein Vater liebt Redundanzen, wenn es um das Thema Sicherheit geht. Der Code ist Monat und Jahr meiner Geburt. Ich hoffe, du weißt ihn noch. Ohne Schlüssel und Code wird nach dreißig Sekunden der Alarm ausgelöst, und ein Sicherheitsdienst meldet sich per Gegensprechanlage. Wenn du dann das Kennwort nicht nennst, beginnt das volle Programm: Nebel, Stroboskoplicht und hundertvierzig Dezibel Lärm.«

»Okay, noch mal langsam. Nach dem Türöffnen …«

»Soll ich mitkommen?«, fiel er ihr ins Wort. »Ansonsten musst du dir auch noch das Kennwort merken.«

Über diese Möglichkeit hatte Paula noch nicht nachgedacht. Was wäre, wenn Lennard sie dorthin brachte, vielleicht dortblieb? Falls die falschen Kommissare ihn in Köln ausfindig machten, könnte er in Gefahr geraten. Oder sie am Ende verraten …

Lennard wartete nicht auf eine Antwort, steckte den Schlüssel in seine Hosentasche und verschwand im Schlafzimmer. Paula hörte, wie Schränke aufgemacht wurden. Sie folgte ihm. Ein Koffer lag bereits auf dem Bett, und Lennard fing an zu packen.

»Bist du dir sicher?«, fragte sie. »Du hast keine Ahnung, worauf du dich einlässt.«

Er machte eine Pause und schaute auf. »Gib mir eine Chance.«

»Eine Chance?«

»Mal was richtig zu machen. Du hast mir immer vorgeworfen, ich sei so verwöhnt und würde nie Verantwortung übernehmen. Jetzt bin ich bereit dazu, und es ist dir wieder nicht recht. Ich helfe dir. Und wenn wir dazu diesen komischen Kauz unterstützen müssen, dann helfe ich ihm eben auch.«

Paula musste feststellen, dass Lennard ihr in der Zeit ihrer Beziehung wohl doch gut zugehört hatte. Alle Vorwürfe waren nicht an ihm abgeprallt, wie sie bisher angenommen hatte. Nur war er nicht in der Lage gewesen, sich zu ändern, es hatte ihm am nötigen Willen und Ehrgeiz gefehlt. Bis jetzt.

»Keine Widerrede«, sagte er. »Ich komme mit. Unterwegs könnt ihr mir ja erzählen, was überhaupt so alles passiert ist. Das Jagdhaus ist das perfekte Versteck. Ich sage meinem Vater, dass ich mit einer anderen Frau hinfahre. Dann kommt er nicht auf die Idee, dort aufzukreuzen. Und dich wird da draußen niemand vermuten.«

Paula nickte. »Ich würde auch gerne ein paar Sachen von zu Hause mitnehmen.«

»Das lass mal besser. Wenn diese Typen so sind, wie du sie beschrieben hast, warten die dort auf dich.«

»Mein Smartphone liegt auch noch zu Hause.«

»Du hast doch meins.«

»Und was, wenn die Bullen mich erreichen wollen? Die haben mit einem Haftbefehl gedroht.«

Lennard schüttelte den Kopf. »Du glaubst auch alles. Selbst wenn sie nach dir suchen, der Haftbefehl erledigt sich in dem Moment, wo sie dich gefunden haben. Also lass das alte Handy zu Hause rumliegen, dann kann dich auch keiner orten.«

Paula lächelte. Sie wusste gar nicht, dass Lennard sich mit der Justiz so gut auskannte, und genoss es, einen starken Mann an ihrer Seite zu haben. Ihm konnte sie vertrauen, denn sie wusste, warum er das alles auf sich nahm. Lennard liebte sie noch immer.

»Und was machen wir mit Sophies Auto?«

»Das stellen wir beim *Burrito* ab und geben Rodrigo den Schlüssel.«

Paula war froh, dass Lennard die Dinge in die Hand nahm und sich ihr Problem zu eigen machte. So konnte sie endlich einmal durchatmen.

»Wir kaufen dir neue Klamotten in der Eifel. In Mayen gibt es zwei schöne Läden. Hast du gegenüber diesen falschen Kommissaren eigentlich meinen Namen erwähnt?«

Sie schüttelte den Kopf. »Nein. Nur beim Verhör im Präsidium.«

Lennard machte den Reißverschluss des Koffers zu. »Dann mal los. Wir fahren mit dem Geländewagen.«

Er nahm seinen Koffer, und sie verließen das Schlafzimmer.

KAPITEL 26

Frank Urban hatte eigentlich dienstfrei, aber es störte ihn nicht, von zu Hause wegzukommen. Seine Ehe befand sich in einer schwierigen Phase, seitdem Gundula von seiner Langzeitaffäre erfahren hatte. Obwohl die Liaison längst beendet war, konnte seine Frau ihm nicht verzeihen. Verständlich, er hatte immerhin mehrere Jahre lang ein Doppelleben geführt. Erschwerend kam hinzu, dass er sich keine Jüngere gesucht hatte, wie so viele Männer in seinem Alter, sondern dass die andere neun Jahre früher geboren worden war als er. Frank hatte zugeben müssen, dass er in sie verliebt gewesen war. Aber als er letzten Endes vor der Wahl gestanden hatte, ob er seine Ehe retten wollte oder nicht, fiel die Entscheidung für Gundula, und er bereute dies nicht. Das Bekenntnis zu ihr wog in den Augen seiner Frau jedoch nicht so schwer wie der Betrug, die drei Jahre, in denen er sie angelogen hatte.

Urban hielt mit seinem Dienstwagen neben dem Transporter der KTU und stieg aus. Sein Blick schweifte umher. Zwei Übertragungswagen waren vor Ort, *von einem Kölner Privatsender und einem öffentlich-rechtlichen Programm*. Die Streifenbeamten hatten den Tatort großräumig abgesperrt, und die Journalisten mussten im Hintergrund bleiben. Urban sah einen Reporter, den er kannte. Er hieß Siegfried mit Vornamen und schnitt ihm den Weg ab, sie begrüßten sich per Handschlag. »Hi. Darfst du mir irgendwas sagen?«

»Ich weiß nichts. Bin gerade erst gekommen.«

»Na ja, wenn jemand wie du hier aufkreuzt, muss es ja was Größeres sein.«

»Was Größeres?«

Siegfried sah ihn fragend an. »Haben Sie dich etwa versetzt? Bist du nicht mehr bei der Organisierten Kriminalität?«

»Doch, doch, alles beim Alten. Aber ich habe wie gesagt keine Ahnung, um was es geht.«

Der Reporter grinste wieder. »Schon klar. Aber wenn du Zeit hast, können wir nachher vielleicht noch mal quatschen.«

»Je nachdem, was ich so erfahre.«

Sie verabschiedeten sich voneinander. Urban arbeitete in der Abteilung *OK*. Dort wurde ein breites Spektrum an Verbrechen abgedeckt, von Betrug über Schmuggel und Erpressung, Menschenhandel bis hin zu Mord. In Fällen wie diesem arbeitete er mit anderen Kommissariaten zusammen. Urban unterquerte die Absperrbänder, ohne sich auszuweisen; jeder kannte ihn.

Die ganze Straße war abgesperrt sowie die Kreuzung, an der sich die italienische Bar befand. Wolfgang von der KTU kam ihm entgegen, im weißen bis oben geschlossenen Overall.

»Sieht nach einem Killerkommando aus«, sagte er. »Vier Tote. Mit nur sechs Kugeln. Eine Meisterleistung. Vor allem, da drei Geschosse in einer Leiche stecken. Die anderen Opfer wurden mit nur je einer Kugel getötet. Kopfschüsse.«

»Das klingt nicht gut«, sagte Urban. »Wie viele Waffen?«

»Zwei verschiedene Pistolen, eine Beretta, Kaliber neun Millimeter, die wurde zurückgelassen. Die andere Pistole fehlt, aber wir haben eine Hülse gefunden. Und dann noch eine Schrotflinte, aus der aber kein Schuss abgefeuert wurde. Die Beretta könnte dem Besitzer der Bar gehören.«

»Giovanni Corvo?«, fragte Urban.

Wolfgang nickte.

»Glaubst du, dass die Beretta ihm gehörte, oder weißt du es?«

»Passende Munition, 9 mal 19 mm, lag in der Schublade. Die andere Pistole, von der wir die Hülse gefunden haben, war ein seltenes Kaliber: 5,7 x 28 mm.«

Urban sah ihn fragend an. »Was für eine Waffe käme da infrage?«

»Ich würde auf eine *FN* tippen. Pistole aus belgischer Fabrikation, Fabrique Nationale. Womöglich die Five-Seven, die heißt so wegen des Kalibers.« Wolfgang zeigte zu der Bar. »Die von der Mordkommission, Albrecht und der Kroate, sind bereits da. Die können dir bestimmt mehr sagen.«

»Wieso die beiden?«, fragte Urban verwundert.

»Frag sie selbst. Da gibt es wohl irgendeine Verbindung zu dem Handymord.«

»Kann ich also rein?«

»Wenn du schön brav hinter den Linien bleibst.«

Frank Urban ging langsam auf die italienische Bar zu, schaute durch die Tür ins Innere. Klebestreifen auf dem Boden dienten als Markierungen, in welchem schmalen Korridor sich die Ermittler bewegen durften, ohne den Tatort zu kontaminieren. Urban setzte vorsichtig einen Fuß vor den anderen und blieb genau nach Vorschrift innerhalb der Markierungen. Hier hatte ein wahres Gemetzel stattgefunden. Eine rote Spur zog sich vom hinteren Teil der Bar bis zur Eingangstür und wurde wie ein »i«-Punkt von einer Blutlache gekrönt. Offensichtlich war eines der Opfer nicht sofort tot gewesen und hatte versucht zu entkommen. Was hatte die Mörder davon abgehalten, ihn sofort zu töten? Ein Versehen? Hatte er sich totgestellt? Oder hatten die Täter noch versucht, etwas aus ihm herauszuquetschen? Eine Hülse zurückzulassen war bestimmt auch ein Versehen gewesen.

Der Kommissar schaute zu der Tür, die in einen Korridor führte. Der Hinterausgang. Urban war nicht zum ersten Mal hier, er kannte den Barbetreiber Giovanni Corvo recht gut. Auf dem Boden des schmalen Flurs war nur ein einziger Klebestreifen als Markierung angebracht, was bedeutete, dass Urban genau auf diesem Strich gehen sollte. Er kam an den gestapelten Bierkisten vorbei, trat nach draußen in den Garten und sah die Kollegen Jurevic und Albrecht zwanzig Meter entfernt vor einem Gartenhäuschen stehen.

Er kam in gemächlichem Tempo auf sie zu. »Guten Tag, die Herren.«

»Hallo«, sagten beide, und sie gaben einander die Hände.

»Was macht ihr hier?«, fragte Urban. »Ich dachte, ihr habt genug mit eurem Handymord zu tun?«

»Stimmt«, sagte Albrecht. »Genau deshalb sind wir gerufen worden.«

Urban sah die beiden fragend an.

Jurevic hob eine Beweismitteltüte hoch, in der sich eine Spielekonsole befand. Das Gehäuse war geöffnet. »Die gehört zu unserem Fall. Sie wurde aus der Wohnung einer Frau entwendet, womöglich von einem Verdächtigen, dessen Fingerabdrücke wir in der Hütte gefunden haben.«

»Wo habt ihr die Konsole gefunden?«

»Lag auf einem Tisch in der Bar«, antwortete Jurevic.

»Glaubt ihr, euer mutmaßlicher Mörder hat das Massaker da drin veranstaltet?«

Albrecht schüttelte den Kopf. »Eher nicht. Es handelt sich um den Zwillingsbruder des Mordopfers, Emil Naumann. Die Spielekonsole gehörte einer Studentin, Paula Krüger. Sie war Kundin in dem Handyshop.«

»Habt ihr einen von denen erreicht? Die Frau oder den Bruder?«

Jurevic schüttelte den Kopf. »Weder noch. Wir haben beide zur Fahndung ausgeschrieben. Wenn wir sie gefunden haben, setzen wir dich sofort in Kenntnis.«

Albrecht ergriff das Wort. »Was kannst du uns zu diesem Giovanni Corvo sagen?«

»Er taucht hin und wieder in einigen Ermittlungsakten auf,

aber ich habe ihn immer nur als jemanden aus der zweiten oder dritten Reihe eingestuft. Ein Kontaktmann, der die Verbindung zwischen der Mafia in Kalabrien und dem Großraum Köln aufrechterhält. Als ich hörte, was hier passiert ist, hat mich das doch sehr gewundert.«

»Die Namen Eric Naumann oder seines Bruders Emil Naumann sind dir aber noch nie untergekommen?«

Urban schüttelte den Kopf. »Nein. Doch wenn ich mutmaßen darf: Die Italiener haben einen hohen Verschleiß an Mobiltelefonen. Vielleicht waren sie Kunden in dem Handyladen.«

Jurevic und Albrecht sahen einander an.

Urban grinste. »Geht da jetzt eine ganz neue Tür für euch auf?«

»Womöglich«, sagte Jurevic. »Wir gehen davon aus, dass Eric Naumann seine Mörder gekannt hat, denn es gab keine Einbruchsspuren.«

Urban überlegte kurz. »Was schließt ihr daraus?«

»Ein Zusammenhang zwischen dem Handyladen und der italienischen Bar«, sagte Jurevic. »Fest steht, dass Eric Naumann seine Mörder hereingelassen hat.«

»Seid ihr euch da absolut sicher?«, hakte Urban nach.

»Es gab keine Einbruchsspuren.«

»Keine sichtbaren, vielleicht. Habt ihr die Schlösser mikroskopisch untersuchen lassen?«

Der Gesichtsausdruck der beiden verriet, dass sie es anscheinend noch nicht getan hatten.

»Ich habe öfter mal mit den Jungs vom MEK Meckenheim zu tun, Außenstelle des BKA«, fuhr Urban fort. »Da gibt es Spezialisten, die öffnen dir beinahe jedes Türschloss, ohne Spuren zu hinterlassen. Das müssen sie auch, wenn sie einen Lauschangriff unternehmen und eine Wohnung präparieren wollen.«

»Keine sichtbaren Spuren …«, hakte Albrecht nach. »Was gibt es dann noch zu untersuchen?«

»Unter dem Mikroskop kann man wohl doch was erkennen. Gehört halt nicht zur Standardanalyse eines Tatorts. In eurem Fall solltet ihr von Profis ausgehen, die so was können.«

Die Kripokommissare sahen sich an, dann wieder zu Urban.

»Danke für den Tipp«, sagte Jurevic.

»Gibt nicht viele, die so was draufhaben. Wenn ihr solche Spuren findet, habt ihr es mit der Champions League zu tun. Eher eine Auftragsarbeit als eine Beziehungstat.«

Albrecht seufzte. »Du machst uns ja echt Hoffnung.«

»Die Sache klingt interessant«, sagte Urban. »Wenn ich euch irgendwie helfen kann, gebt mir Bescheid.«

»Sieh dich um. Du darfst gerne bleiben«, lud Albrecht ihn ein.

»Keine schlechte Idee, aber …«, Urban schaute auf seine Armbanduhr. »Ich sollte besser wieder nach Hause.«

Albrecht und Jurevic verstanden sofort. Die Eheprobleme des Kollegen hatten sich im Präsidium herumgesprochen, immerhin war er mit der Tochter des Kriminaldirektors verheiratet.

Sie verabschiedeten sich, und Urban trat den Heimweg an. Vor der Bar hinter den Absperrungen lauerte Siegfried auf ihn, Urban ging zu ihm.

»Und?«

»Da haben wohl ein paar Italiener irgendwas unter sich ausgemacht«, log er.

Siegfried bedankte sich.

Urban ging weiter. Er glaubte nicht, dass es Italiener waren, aber die Täter sollten sich in Sicherheit wiegen. Er kam zu seinem Dienstwagen, stieg ein und fuhr davon.

KAPITEL 27

Lennard fuhr einen Mercedes-Geländewagen mit Vollausstattung, der sich vor allem bei Jägern großer Beliebtheit erfreute. Trotz der großen Reifen mit tiefem Profil rollte der Wagen so ruhig auf der Straße wie eine Limousine. Paula saß auf der Beifahrerseite, Emil hinten. Er hatte wie immer den Laptop auf seinen Knien und bekam nichts von dem mit, was um ihn herum geschah.

Die Xenonscheinwerfer erhellten die kurvenreiche Straße, der Mittelstreifen pulsierte im Lichtkegel, Bäume und Sträucher huschten vorbei. Paula war tief in Gedanken versunken und verspürte ein Gefühl innerer Leere. Im Gegensatz zu ihr war Emil voller Hoffnung, dass sie einen neuen Anhaltspunkt gefunden hatten. Paula konnte sich das alles noch nicht vorstellen, ihr war die Theorie, dass ein Versicherungskonzern hinter all dem steckte, viel zu vage. Es widersprach ihrem Weltbild, sich vorzustellen, dass machtgierige Manager und Konzernlenker zu solch radikalen Maßnahmen wie Mord fähig sein sollten. Man hörte zwar hin und wieder, dass mancher Insider aus Wirtschaft und Politik, der zum Whistleblower geworden war, aufgrund mysteriöser Unfälle ums Leben kam, aber Paula wollte solche Gedanken nicht an sich heranlassen. Sie fühlte sich bedroht und war froh, dass Lennard ihr zur Seite stand. Hilfsbereit war er schon immer gewesen. Wer ihn als Freund hatte, hatte wirklich einen Freund. Aber was er jetzt für sie auf sich nahm, war schon besonders. Auch wenn natürlich klar war, warum er es tat: aus Liebe.

Das Jagdhaus in der Eifel erschien Paula als der sicherste Ort, wo man sich verstecken konnte, um in aller Ruhe den nächsten Schritt zu überlegen.

»Gibt es hier einen Zigarettenanzünder?«, meldete sich Emil von der Rückbank.

»In der Mittelkonsole«, antwortete Lennard. »Einfach mal die Augen aufmachen.«

Emil fand, wonach er suchte, und steckte das Ladekabel seines Laptops ein. Die beiden Männer hatten sich nicht viel zu sagen gehabt. Paula war schon gespannt, wie es zu dritt in einem Haus würde; mit einem verstörten Genie und ihrem stets eifersüchtigen Ex-Freund.

Sie brach das Schweigen. »Ich glaube nicht, dass eine Versicherung unser Adressat ist.«

»Euer Adressat?«, fragte Lennard.

»Emil glaubt, dass die Daten, die von der Spyware gesammelt werden, von einer Versicherung genutzt werden, um die Kunden besser zu durchleuchten.«

»Und was soll falsch sein daran?«, ertönte Emils Stimme von der Rückbank.

»Selbst wenn es so wäre, deshalb bringen die keine Leute um. Was sollte schon passieren, wenn es herauskäme? Haben wir uns nicht alle längst daran gewöhnt, ausspioniert zu werden?«

»Würdest du bei so einer Versicherung noch einen Vertrag abschließen?«, hielt Emil dagegen. »Das ist, als ob ein Restaurant wegen Kakerlaken und Salmonellen schließen muss, da geht auch keiner mehr hin.«

»Welche Versicherung habt ihr denn im Verdacht?«

»Leontari«, sagte Paula. »Sagt dir der Name etwas?«

Lennard nickte. Er hatte BWL an einer privaten Hochschule studiert und kannte sich auch wegen seines Vaters mit wirtschaftlichen Zusammenhängen aus. »Leontari habe ich bisher mehr so im Bereich der Rückversicherer gesehen, dafür sind die bekannt.«

»Das ist die Konzernmutter«, sagte Emil. »Die haben noch kleinere Versicherungen unter anderen Namen.«

»Ich weiß«, erwiderte Lennard. »Auf dem Gebiet kenne ich mich ein bisschen aus.«

»Dann erklär mir das mal«, forderte Paula. »Könnte Emil recht haben?«

»Zuerst muss ich wissen, was er denkt.« Lennard nahm über den Rückspiegel Blickkontakt mit Emil auf. »Du glaubst, eine Versicherung spioniert ihre Kunden aus. Und warum?«

»Die wollen diejenigen über Bord schmeißen, die zum Problem werden könnten. Die KI ist in der Lage, anhand von statistischen Wahrscheinlichkeiten die falschen Kunden auszusortieren.«

»Das gibt es doch schon längst«, sagte Lennard. »Hat nichts mit KI, sondern mit Versicherungsmathematik zu tun.«

Es trat wieder ein Moment des Schweigens ein. Paula sah es genau wie Lennard.

»Welche Funktion haben Versicherungen in der Gesamtwirtschaft?«, ertönte es von der Rückbank.

»Das kann ich dir genau sagen«, antwortete Lennard. Er nahm wieder per Rückspiegel Blickkontakt mit ihm auf. »Versicherungen sind tragende Säulen unserer sozialen Marktwirtschaft. Investitionen brauchen Sicherheit. Um Geldgeber zu finden, muss das kalkulierbare Risiko abgesichert sein, also auf viele Schultern verteilt werden. Andernfalls steckt niemand sein Kapital in große Projekte, und die Wirtschaft erlahmt. Insbesondere langfristige Investitionen sind ohne Versicherer nicht darstellbar, hinzu kommt noch die Bedeutung als Player auf dem Finanzmarkt.«

»Genau«, stimmte Emil zu. »Reden wir über Risiken und Investitionen. Der wirtschaftliche Erfolg einer Versicherung hängt davon ab, dass man nicht zu hohe Risiken eingeht.«

»Genau deshalb gibt es Risikoanalysen, auf deren Basis die Beiträge berechnet werden.«

»Und wenn das Risiko zu groß ist, kommt erst gar kein Vertrag zustande«, ergänzte Emil.

Lennard nickte. »Das kennen wir vor allem bei der privaten Krankenversicherung. Die kontrollieren sehr streng, wer reinkommt und wer draußen bleibt. Deshalb empfinden viele das System als unsolidarisch, eine gesetzliche Krankenversicherung muss schließlich jeden nehmen.«

»Und was ist mit Risikolebensversicherungen, Unfall, Berufsunfähigkeit und was es noch so gibt?«

»Was soll damit sein?«, fragte Lennard in Richtung Rückbank.

»Wenn eine Familie ein Haus bauen will und einen Kredit beantragt, aber keine Lebensversicherung bekommt, was dann?«

»Wenn sie nicht genug Eigenkapital haben, bauen die kein Haus.«

»Wieso nicht?«, fragte Paula.

»Weil die Bank ihnen keinen Kredit gewährt. Die fordern auch Sicherheiten, ist doch klar. Der, auf den der Kredit läuft, braucht in den meisten Fällen eine Risikolebensversicherung, und die darf nicht zu knapp bemessen sein.« Lennard sah durch den Rückspiegel zu Emil. »Nenn mir jetzt mal einen Grund, warum die Familie keine Versicherung bekommen sollte? Außer der Mann hatte schon drei Herzinfarkte.«

»Weil eine KI den Fall entscheidet, nicht irgendein Mensch. Und wenn die KI entschieden hat, gibt es keine weitere Diskussion über den Antrag, sondern nur eine Absage.«

»Aber die Versicherung braucht Kunden«, hielt Lennard dagegen. »Die Masse macht's.«

»Das war bisher vielleicht so. Ich glaube, dass es einen Paradigmenwechsel geben wird. Jene Versicherung wird am Markt am erfolgreichsten sein, die problematische Kunden erkennt und aussortiert.«

Lennard glaubte das nicht, schüttelte den Kopf. »Die KI muss doch auch einen Grund haben, sich gegen die Kunden zu entscheiden. Niemand kann in die Zukunft schauen.«

»Angenommen sie kann es«, mischte Paula sich ein. »Welche Konsequenz hätte das für uns?«

»Angenommen, das, was der Heini dahinten sagt, stimmt ...« Paula ermahnte ihn. »Er heißt Emil, nicht Heini. Also bitte.«

»Angenommen, Emil hätte mit seiner Theorie recht, dann ist der Traum vom Eigenheim für viele Menschen ausgeträumt. Noch schlimmer wäre es für junge Unternehmer, die kein Eigenkapital haben. Die Bürgschaftsbank NRW sichert zum Beispiel bis zu achtzig Prozent des Kreditrisikos bei Firmengründungen ab. Aber die verlangen eine Risikolebensversicherung für den Fall, dass der Firmengründer stirbt und die Firma dadurch pleitegeht.«

»Das bedeutet, es würde immer schwieriger werden, sich selbstständig zu machen, wenn das Eigenkapital fehlt?«, hakte Paula nach.

»Ja«, sagte Lennard. »Aber ich verstehe immer noch nicht, warum Versicherungen das tun sollten. Es ist deren Geschäftsmodell, Risiken zu tragen.«

»Und wenn eine Versicherung dieses Geschäftsmodell über Bord wirft?«, meldete sich Emil zu Wort. »Das Risiko minimieren will?«

»Dazu müsste es erst mal gelingen, die Kunden so zu durchleuchten wie mit einem Röntgengerät, um jede kleine Unebenheit im Leben herauszufiltern.«

»Wenn das möglich wäre«, fragte Paula. »Was dann?«

Lennard seufzte. »Das wäre scheiße, richtig scheiße sogar. Einige wenige würden davon profitieren, aber die breite Masse hätte große Nachteile. Dass so etwas je passieren wird, dafür gibt es keinen Beleg.«

Paula spürte, wie sehr Lennard sich gegen diese Vorstellung

sträubte. »Trotzdem. Mich interessiert deine Einschätzung. Was, wenn es möglich wäre? Nur mal so angenommen!«

»Wenn Menschen nicht versicherbar sind, können sie nicht mehr so am Leben teilhaben, wie sie das gerne täten. Das schränkt deren Freiheiten enorm ein. Wer keinen Kredit bekommt, weil er nicht versicherbar ist, sinkt auch in der Bonität, zum Beispiel bei der Schufa. Dann werden einem nach und nach immer mehr Steine in den Weg gelegt. Solche Leute geraten unweigerlich in eine Abwärtsspirale. Und wir reden nicht von den Wohlhabenden, sondern von denen, die sich aus eigener Kraft etwas aufbauen müssen. Die Schere zwischen Arm und Reich dürfte dann noch weiter auseinandergehen. Vor allem im Gesundheitssektor würde sich das bemerkbar machen, aus der Zweiklassenmedizin werden dann drei oder vier Klassen. Irgendwann müsste der Staat regulierend eingreifen, um die Risiken derer abzufedern, die von der Privatwirtschaft fallengelassen werden. Die Strategie der Konzerne ist nicht neu: Risiken auf die Gesellschaft übertragen, Profite hingegen privatisieren. Wie bei der Atomkraft. Die Anlagen sind nicht versicherbar, die Bürger tragen das Risiko, die Konzerne fahren Gewinne ein.«

»Um wie viel Profit ginge es da für eine Versicherung?«, wollte Paula wissen.

»Kann ich dir nicht sagen. Aber wer als Erster mit so was um die Ecke kommt und erfolgreich ist, der verdient Milliarden. Trotzdem, ich glaube nicht, dass man die Risiken im Bereich der privaten Versicherungen, wie Kfz, Leben, Unfall, so genau vorhersehen kann.«

»Du denkst linear«, konterte Emil von der Rückbank. »Eine KI ist zu komplex, als dass wir sie begreifen können.«

Paula schaute zu ihm nach hinten. »Trotzdem musst du doch eine Vorstellung davon haben, wie das funktionieren könnte? Alles andere ist doch pure Fantasie.«

»Es kommt auf die Qualität der Daten an, die in einer Blackbox stecken. Je mehr Daten, die das Verhalten einer Person beschreiben, jetzt und in Zukunft, desto genauer wäre die Vorhersage einer KI, natürlich nur rein statistisch. Niemand kann das Ergebnis eines Fußballspiels genau vorhersagen, aber die Wahrscheinlichkeit, wer gewinnt, hängt von den Mannschaften ab, die aufeinandertreffen. Oder?«

»Und oft geht ein Spiel ganz anders aus«, sagte Lennard mit einem Grinsen.

»Wie oft?«, hielt Emil dagegen. »Wie oft waren die Bayern Deutscher Meister und wie oft der 1. FC Köln? Ist das alles nur Glück?«

»Nein, sicher nicht«, musste Lennard zugeben.

»Und nur, weil wir nicht wissen, wie die Versicherung das macht, heißt das noch nicht, dass sie es nicht tut. Aber was, falls die Sache auffliegt? Wenn herauskäme, dass Kunden ausspioniert werden wie nie zuvor?«

»Dann wäre die Versicherung im Arsch«, sagte Lennard. »Dann rollen Köpfe. Dagegen wäre der Dieselskandal ein Vogelschiss. VW hatte wenigstens noch ein gutes Produkt, auch wenn sie betrogen haben. Aber eine Versicherung lebt von Vertrauen. Und wenn das weg ist, bricht das ganze Geschäftsmodell zusammen.«

»Und ich glaube, wer so etwas zu verantworten hätte, der wäre bereit, Morde zu begehen, damit die Wahrheit nie ans Licht kommt.«

Lennard schwieg. Emils letzter Aussage konnte er nicht widersprechen.

Paula war auf einmal wie elektrisiert. Sie hatte eine Idee, musste an ihre Doktorarbeit denken. »Was wäre, wenn das Verhalten des Menschen sich an seinen Genen ablesen ließe?«

Emil schaute vom Laptop auf. »Ist das möglich?«

»Thema meiner Doktorarbeit wäre es gewesen, die physiologische Wirkung eines Proteins zu erforschen, das von einem Dopaminrezeptor-Gen gebildet wird. Das Gen trägt die Bezeichnung *DRD-4*. Im Moment forschen weltweit einige an dem Thema, weil das Gen in Zusammenhang mit ADHS und anderen Verhaltensauffälligkeiten gebracht wird.«

»Was für Verhaltensauffälligkeiten?«, hakte Emil nach.

»*DRD-4* hat in Amerika den Spitznamen *Dirty Four*, weil es unter anderem mit Sexsucht in Verbindung gebracht wird.«

»Echt jetzt?«, fragte Lennard.

»Ach?«, erwiderte Paula mit einem Grinsen. »Auf einmal interessierst du dich für meine Arbeit?«

Lennard wusste genau, worauf sie anspielte. Während der ganzen Zeit ihrer Beziehung hatte er das Interesse an dem, was sie machte, vermissen lassen. Erst spät hatte Paula verstanden, warum: weil er eifersüchtig auf sie war, dass sie ein klares Ziel vor Augen hatte, für das sie lebte.

»Nicht nur Sexsucht«, fuhr Paula fort. »Allgemeines Suchtverhalten und eine erhöhte Risikobereitschaft könnten durch *DRD-4* getriggert werden.«

Emils Stimme zitterte vor Aufregung. »Wie sehr hängt unser Verhalten von den Genen ab?«

»Laut Stand der Forschung: fifty-fifty. Zur Hälfte von den Genen und zur anderen Hälfte von unserer Umwelt, wobei das soziale Umfeld auch einen Einfluss auf unsere Gene und damit auf die Eigenschaften der Zellen haben kann. Schau dich und deinen Bruder an, ihr hattet den gleichen Genpool, trotzdem verlief euer Leben völlig verschieden.«

»Und warum?«, hakte Emil nach.

»Unser Schicksal ist nicht vorherbestimmt, weder durch die Gene noch durch die Familie, in der wir aufwachsen. Das Fachgebiet der Epigenetik beschäftigt sich damit, wie unser Lebensstil und Umwelteinflüsse zu chemischen und strukturellen Veränderungen des genetischen Materials führen. Die Abfolge der DNA-Bausteine wird dabei nicht verändert. Sollte das passieren, spricht man von einer Mutation. Aber die chemischen und strukturellen Veränderungen können durch Umweltfaktoren hervorgerufen werden, und die sind es auch, die für die Unterschiede zwischen eineiigen Zwillingen verantwortlich sind. Das Erscheinungsbild eines Menschen, wissenschaftlich Phänotyp genannt, ist in der Genetik die Menge aller Merkmale eines Organismus, wozu auch Verhaltensmerkmale gehören. Gene können zum Beispiel an- und abgeschaltet werden.«

»An- und abschalten?«, fragte Lennard.

»Man spricht in dem Zusammenhang von der Methylierung eines Gens. Der DNA-Strang wird chemisch markiert, und dann ist das Gen inaktiv. Auslöser dafür können Umwelteinflüsse sein. Einfaches Beispiel: Wenn Männer in einem aggressiven Umfeld aufwachsen, produzieren sie mehr Testosteron, um Muskeln aufzubauen. Dadurch steigt auch ihre Aggressivität und damit die Wahrscheinlichkeit, in eine Prügelei zu geraten. Die statistische Wahrscheinlichkeit, im Knast zu landen, ist bei Männern gegenüber Frauen enorm erhöht. Auch wegen Testosteron. Es besteht also ein Zusammenhang zwischen der Genetik und dem sozialen Umfeld, in dem wir aufwachsen.« Sie schaute zu Lennard. »Andere Männer haben aus ganz anderen Gründen einen erhöhten Testosteronspiegel.«

Emil lachte kurz.

Lennard warf Paula einen strafenden Blick zu. »Sehr witzig.«

Sie fuhr fort. »Die Lebensweise eines Menschen überträgt sich also auf seine Gene. Deshalb ist es heutzutage möglich, das biologische Alter einer Person zu ermitteln, man spricht da auch von der *Epigenetischen Uhr*. Ein deutscher Wissenschaftler, der in Amerika forscht, hat einen Algorithmus entwickelt, der das biologische Alter ermittelt. Diese biologische Uhr basiert auf ca. dreihundertfünfzig sogenannten Methylierungsstellen, vergleichbar mit Markierungen auf der DNA. Nach aktueller Forschung geht man davon aus, dass nicht nur die Gene vererbt werden, sondern auch die Methylierungsstellen.«

Lennard schaltete sich ein. »Das würde bedeuten, dass sich Verhaltensweisen der Eltern auf die Kinder übertragen?«

»Das geschieht sowieso. Ein Kind von ängstlichen Eltern reagiert auch oft ängstlich, weil es das so gelernt hat. Bei der Charakterbildung gibt es einen soziologischen Aspekt und einen genetischen.«

Ohne erkennbaren Grund wurde Emil wütend und laut. »Wieso erzählst du mir davon erst jetzt?«

Paula und Lennard warfen sich einen verdutzten Blick zu, bevor Paula sich nach hinten zu ihm umdrehte. »Warum hätte ich dir davon erzählen sollen?«

»Verdammt, kapierst du es nicht?«

»Jetzt mal langsam, Junge«, grätschte Lennard dazwischen, »kann ja nicht jeder so ein Schlaumeier sein wie du.«

Paula legte Lennard die Hand aufs Knie, dass er sich beruhigen sollte, damit der Streit nicht noch weiter eskalierte. Sie drehte sich zu Emil um. »Was kapiere ich nicht? Erklär's mir.«

»Wir reden die ganze Zeit über die Blackbox, in die alle Daten hineinfließen. Und ich habe betont, es kommt auf die Qualität der Daten an. Alles, was du gerade erzählt hast, wären extrem wertvolle Informationen für eine Künstliche Intelligenz. Stell dir nur mal vor, ein Versicherungskonzern vergleicht das chronologische Alter eines Kunden mit dem biologischen Alter. Wenn dann der Kunde biologisch schneller gealtert ist, deutet das auf eine weniger gesunde Lebensweise hin. Man würde also versuchen, diese Person loszuwerden, oder gar nicht erst einen Vertrag mit derjenigen abschließen.«

»Da hat er absolut recht«, sagte Lennard. »Wenn die Versicherung an so sensible Daten gelangen würde, liefe es genauso ab. Auf die Weise würde ein Konzern den Kundenstamm aussortieren, um mehr Profite zu machen, indem man Risiken minimiert. Beim geringsten Zweifel kriegst du keine Lebensversicherung mehr, deshalb auch keinen Kredit für einen Hausbau, und der Traum vom Eigenheim ist geplatzt.«

»Das verstehe ich«, sagte Paula. »Aber kann man die Zukunft denn so genau berechnen? Das funktioniert doch nicht mal beim Wetterbericht.«

Emil schaltete sich wieder ein. »Wenn unsere Gene unser Verhalten beeinflussen, so wie dieses *DRD-4*, von dem du erzählt hast, steigt die statistische Wahrscheinlichkeit, dass eine Person risikobereiter, suchtanfälliger oder sexsüchtig ist. Versicherungsmathematiker machen keine genauen Vorhersagen über den Versicherungsverlauf, sie berechnen die Wahrscheinlichkeit für den Verlauf.«

Lennard fiel ihm ins Wort. »Je höher die Wahrscheinlichkeit eines Versicherungsfalls, bei dem man große Summen zahlen muss, desto unliebsamer der Kunde. Das mit dem Eigenheim war ja nur eines von vielen Beispielen.«

Die beiden Männer schienen sich auf einmal einig zu sein, nur Paula sträubte sich noch gegen diese Vorstellung. »Das mag ja alles sein, aber die Beziehung zwischen bestimmten Genen und unserem Verhalten ist noch nicht ausreichend erforscht.«

»Gilt dein Beispiel von Testosteron also nicht?«, fragte Emil.

»Doch, tut es«, sagte sie. »Nur nicht so einfach, wie es vielleicht klingt.«

»Erinnerst du dich an Mateusz?«, hakte er nach. »Wie er aussah?«

Lennard schaute fragend zu Paula, und in seiner Stimme schwang schon wieder die Eifersucht mit. »Wer ist Mateusz?«

»Der Typ, von dem ich mein letztes Handy gekauft habe. Ein

Immobilienmakler.« Sie schaute zu Emil. »Wie hat er denn ausgesehen?«

»Na, wie ein Bodybuilder. Der nimmt bestimmt was, vielleicht Testosteron. Aus dieser Verbindung würde eine KI etwas machen.«

»Nicht jeder, der einen erhöhten Testosteronspiegel hat, wird aggressiv«, hielt Paula dagegen.

»Aber viele«, konterte Lennard. »Ich kenne das nur zu gut aus dem Fitnessstudio. Da gibt es Typen, die fangen ständig und mit jedem Streit an. Der kleinste Anlass reicht aus. Und einer der Trainer hat es mir mal erklärt, dass die spritzen. Wenn man die später in der Umkleidekabine trifft oder in der Sauna, entschuldigen sie sich meistens, war alles nicht so gemeint. Aber beim Training sind die total übel drauf und extrem reizbar. Da stimmt das, was du sagst, mit Testosteron und dem Knast schon. Die ticken nicht mehr ganz richtig.«

»Danke für deine Unterstützung«, sagte Emil. »Wenn man genetische Informationen, die unser Verhalten beeinflussen – oder auch nur beeinflussen könnten –, mit persönlichen Daten koppelt, wäre das bei der Berechnung von Risiken durch eine Künstliche Intelligenz ein Sprung wie …«, er suchte nach dem passenden Vergleich, »… wie von einer Handgranate zur Atombombe.« Emil klopfte Lennard auf die Schulter. »Stell dir vor, du bist auf einem Datingportal und deshalb kündigt dir die Kfz-Versicherung. Und zwar weil du *DRD-4* positiv bist und einen erhöhten Testosteronspiegel hast. Kein menschliches Gehirn würde diesen Zusammenhang jemals erkennen, weil wir linear denken. Doch die KI berechnet daraus etwas, und dann geschehen plötzlich Dinge in unser aller Leben, die wir uns nicht erklären können. Aber sie geschehen.«

Es wurde wieder still im Wagen, nur der Motor sorgte für ein leises, monotones Brummen. Bäume huschten im Lichtkegel der Scheinwerfer vorbei.

Paula brach das Schweigen. »Wir begeben uns ohne Not in Abhängigkeit und lassen uns von Maschinen bevormunden. Schöne neue Welt.«

»Die es unbedingt zu verhindern gilt«, sagte Emil und schaute wieder auf seinen Laptop. »Wir müssen herausfinden, warum dein Professor dir wirklich gekündigt hat.«

KAPITEL 28

Gabriela Moreno saß auf ihrer Couch mit dem Rücken zur Terrasse. Die Strahler an der Decke waren so gedimmt, dass sie warme Farbtöne abgaben, wodurch die Gemälde an den weißen Wänden besser zur Geltung kamen. Die Couch hatte einen rechten Winkel, und die Bilder waren so angebracht, dass, je nachdem, wo man saß, man frontal auf das eine oder das andere Gemälde schaute. Eines hatte sie bei *Sothebys* ersteigert, das andere auf einer Kunstmesse erworben. Beide stammten vom selben Maler, Lovis Corinth. In jedem kleinen Detail ließ der Künstler seine Genialität erkennen, auch wenn es sich bei dem einen Gemälde um ein Frühwerk aus dem Jahre 1883 handelte. Gabriela konnte sich die Gemälde immer und immer wieder anschauen, ließ sie stets von Neuem auf sich wirken, am liebsten leicht bekleidet und mit einem Glas Rotwein in der Hand. Auf dem einen war ein weiblicher Akt zu sehen, das Frühwerk des Künstlers zeigte den *Schächer am Kreuz*, einen der Verbrecher, die mit Jesus gekreuzigt wurden. Aber Corinth hatte, wie so oft in seinen religiösen Motiven, das Bild anders gezeichnet, als man erwarten würde. Der Schächer war ebenfalls nackt, wie die Frau auf dem anderen Bild, nur sein Geschlechtsteil war verhüllt von etwas, das sich beim näheren Hinsehen als die Überreste eines Kleidungsstücks entpuppte. Doch aus der Ferne betrachtet sahen sie eher wie ein Eichenblatt aus. Wahrscheinlich war diese Assoziation vom Künstler gewollt. Der Schächer hatte einen anatomisch perfekten Körper, alle Proportionen stimmten. Seine Hände waren hinter dem Rücken an den Balken eines Kreuzes gefesselt, wodurch seine Lenden weit nach vorne gestreckt waren und sein verhülltes Gemächt präsentierten, ohne dass es wirklich danach aussah. *Eine erotische Pose,* fand Gabriela. Er wirkte nicht wie ein Verbrecher, erinnerte eher an Adonis. Sein Anblick entfachte immer wieder ihre Fantasien.

Das kalte flackernde Licht des Fernsehers negierte die Spannung zwischen ihr und dem Schächer, aber sie musste unbedingt sehen, was in den Nachrichten lief. Moreno trug nur noch ihren schwarzen Slip und den dazugehörigen BH. In den eigenen vier Wänden bewegte sie sich gerne nackt, auch bei offenen Vorhängen. Die Terrassentür war nicht geschlossen, und kühle Luft wehte von draußen herein. Gabriela hatte einen Verehrer irgendwo hinter der gegenüberliegenden Fensterfront. Sie wusste von ihm, seitdem sie eine Nachricht mit seiner Telefonnummer in ihrem Briefkasten gefunden hatte. Der Zettel hing jetzt mit einem Magneten befestigt am Kühlschrank. Wie er ihren Namen herausgefunden hatte, wusste sie nicht.

Moreno erhob sich von der Couch und ging zum Esstisch, wo das Satellitentelefon lag. Es funktionierte nicht gut in engen Häuserschluchten, dafür aber an jedem anderen Ort auf der Welt, solange man freie Sicht zum Horizont hatte. Sie wählte die einzige Nummer, die auf dem Telefon gespeichert war und wartete das Freizeichen ab. Einmal ertönte es, nur einmal, dann kappte sie die Verbindung wieder, behielt das Telefon aber in der Hand.

Während Gabriela auf den Rückruf wartete, ging sie zur Couch. Es gab keine Türen, keine störenden Wände in ihrem Wohnbereich, nur Stützpfeiler. Lediglich Arbeits- und Schlafzimmer waren abgetrennt. Der weiß gefliese Boden stand im Kontrast zu den dunklen Möbeln aus Kirschbaum. Sie waren zum Teil antik, entstammten der Kolonialzeit Spaniens. Ein Stück Heimat in den eigenen vier Wänden.

Gabriela ließ sich wieder auf der Couch nieder. Das Satellitentelefon in der Hand schaute sie den Fernsehbeitrag zum wiederholten Mal ohne Ton. Die Bilder reichten ihr. Zinksärge, die in Leichenwagen geschoben wurden. Ein Großaufgebot der Polizei. Reporter, die mit steinerner Miene in die Kamera sprachen. Und hinter ihnen eine italienische Bar, wo Polizeibeamte in Zivil ein- und ausgingen, manche trugen weiße Overalls.

Das Display des Satellitentelefons leuchtete auf, und es ertönte ein Piepen. Gabriela nahm es ans Ohr.

»Ja«, ertönte eine Männerstimme.

»Sagen Sie mir bitte, dass Sie mit den Ereignissen in Köln nichts zu tun haben«, sprach sie ins Telefon.

»Seien Sie beruhigt. Es gibt keine Zeugen.«

Gabriela starrte unentwegt auf den Fernseher. Das Thema der Berichterstattung wechselte.

»Hat es uns wenigstens dem Ziel etwas näher gebracht?«

Es blieb still am anderen Ende der Leitung.

»Hallo?«

»Ich sage Ihnen nicht, wie Sie Ihren Job zu erledigen haben. Das Gleiche sollten Sie auch tun.«

»Aber Sie wissen hoffentlich, was auf dem Spiel steht?«

»Für Sie oder für uns?«

Gabriela wurde laut. »Für uns beide. Ich denke, wir spielen im selben Team.«

»Nein«, sagte er. »Wir sind kein Team. Sie sind unsere Auftraggeberin, Sie haben uns bezahlt. Wir bringen die Mission zu Ende, das garantiere ich Ihnen. Wir werden erfolgreich sein. Aber ich erkläre es Ihnen gerne, wenn Sie das wünschen.«

»Was wollen Sie mir erklären?«

»Hätten wir diese Leute nicht getötet, gäbe es jetzt vier weitere Zeugen. Auch wenn die Typen bestimmt nicht oft mit der Polizei zusammengearbeitet haben, wären sie zu einem Problem geworden. Nicht zu unserem Problem, sondern zu Ihrem.«

»Was wollen Sie jetzt hören?«

»Ein Dankeschön vielleicht. Oder gehen ihn diese scheiß Kalabrier irgendwie nahe? Das waren Mafiosi, der Barbesitzer hatte eine Beretta unter dem Tresen und eine Schrotflinte neben den Bierkisten. Und genau so wird die Polizei diesen Fall handhaben. Sollten die Bullen unser Pärchen finden, bevor wir das geschafft haben, wäre das erst recht kein Problem. Dann wissen wir, wo die beiden stecken.«

»Ich dachte, Sie überwachen das Smartphone von Paula Krüger?«

»Tun wir. Aber sie hat es zu Hause liegen lassen. Wir haben über den Provider das Bewegungsprofil erhalten, leider keine Echtzeitdaten. In dem Profil ist diese Bar aufgetaucht. Wir hatten die Adresse schon in der Kundenliste von Eric Naumann gefunden. Deshalb sind wir sofort dahin. Leider waren wir trotzdem zu spät dran.«

Gabriela gewann wieder etwas mehr Vertrauen zu ihren Männern. Die ersten beiden Morde hatte sie kaum wahrgenommen, zumindest nicht emotional. Aber die Hinrichtung von vier Menschen, die eigentlich nichts mit der Sache zu tun hatten, schockierte sie. Es fühlte sich an, als habe sie ihre Unschuld verloren, obwohl sie die schon vor langer Zeit verloren hatte, sich dessen nur noch nicht in dieser Form bewusst geworden war. Das Gehirn war ein faszinierendes Organ, es konnte verdrängen und vergessen, und manchmal tat es beides gleichzeitig.

»Haben Sie sonst noch irgendwelche Fragen?«, ertönte es aus dem Satellitentelefon.

»Nein, danke. Ich wünsche Ihnen eine erfolgreiche Mission.«

Es kam keine Antwort. Das Telefonat war beendet.

Gabriela spürte, wie ihre Hände zitterten. Sie warf den Apparat auf die Couch. Kalte Luft, die von draußen hereinwehte, erzeugte eine Gänsehaut auf ihren Armen. Irgendwo in weiter Ferne startete ein Flugzeug, ansonsten war es erdrückend still.

Sie nahm die Fernbedienung und spulte die Aufzeichnung der Nachrichtensendung zurück, um sich den Beitrag noch einmal anzuschauen. Niemals hätte sie angenommen, dass die Situation derart eskalieren könnte. Sie nahm ihr Weinglas vom Couchtisch, starrte hinein. Wenn Emil Naumann und alle anderen Mitwisser verschwunden wären, könnte sie das Projekt wieder beginnen. Vielleicht nicht sofort, aber irgendwann. Sie hatte den *Faktor X* noch lange nicht abgeschrieben. Eventuell musste sie damit nur zu einer anderen Firma gehen.

Gabriela leerte ihr Weinglas und schaltete den Fernseher ab. Sie konnte die Bilder nicht länger ertragen und stand von der Couch auf, ging in die Küche zum Kühlschrank. Nicht um ihr Weinglas aufzufüllen, das stellte sie ab. Dann zog sie an dem Zettel, und der Magnet fiel auf die weißen Fliesen.

Sie suchte nach dem Hörer ihres Festnetztelefons, fand ihn neben dem Kaffeevollautomaten und tippte die Nummer ein, zögerte, bevor sie auf den grünen Knopf drückte, der die Verbindung herstellen würde. Dann tat sie es. Während das Freizeichen an ihr Ohr drang, ging sie langsam zu der offen stehenden Terrassentür, schaute hinaus, bevor sie weiterging bis zum Geländer der Terrasse und auf das gegenüberliegende Gebäude blickte.

Da ertönte eine Stimme aus dem Hörer. »Hallo?«

»Können Sie mich sehen?«, fragte sie.

»Moment.«

Gabriela behielt die Fensterfront im Auge, ob sie jemand hinter einer der Scheiben entdeckte.

»Ja, ich sehe Sie«, sagte er.

Gabriela gab sich alle Mühe, aber der Fremde hielt sich im Dunkeln versteckt.

»Und was ich sehe, gefällt mir sehr gut«, sagte er.

»Treten Sie an die Scheibe heran, oder machen Sie das Licht an.«

»Warum?«

»Weil ich auch Sie sehen möchte.«

»Und wenn ich das nicht will?«

»Dann lege ich auf.«

»Nein«, sagte er selbstbewusst, »das tun Sie nicht.«

Wie recht er hat, dachte Gabriela.

»Haben Sie ein Fernglas?«, fragte er.

»Nein.«

»Dann müssen Sie zu mir herüberkommen, um mich zu sehen.«

Ihr Blick wanderte von einem Fenster zum nächsten, aber sie konnte wirklich niemanden erkennen.

»Dafür müssten Sie mir zuerst sagen, wo ich Sie finde.«

»Eins nach dem anderen«, erwiderte er. »Teilen Sie mir zuerst mit, was Ihre Wünsche sind. Ihre Träume. Sind Sie auf der Suche nach einem Schächer?«

Gabriela drehte sich ruckartig zu dem Gemälde um. Nun hatte er ihr wenigstens seinen Blickwinkel verraten, und sie konnte eine Reihe von Fenstern ausschließen.

»Mögen Sie die Gefahr?«, fuhr er fort. »Ein Schächer war zu Zeiten Jesu ein gemeiner Verbrecher.«

Gabriela wich der Frage aus. »Gefallen Ihnen die Bilder?«

»Sehr sogar. Sind die echt?«

»Natürlich«, sagte sie. »Ich hänge mir nur Originale auf.«

»Lovis Corinth«, stellte er fest. »Ziemlich kostspielig.«

»Sie kennen sich aus mit Kunst?«

»Nein. Ganz und gar nicht. Aber heutzutage bedarf es nur eines Mausklicks, um an Informationen zu gelangen. Die digitale Welt langweilt mich genau deswegen. Ich lebe lieber analog, treffe Menschen und versuche, ihre Abgründe zu erforschen.«

Gabriela erwiderte nichts. Stille trat ein, und sie hörte erneut ein Flugzeug in weiter Ferne starten. Die Turbinen erzeugten ein monotones Geräusch, das zuerst lauter wurde und dann wieder abebbte.

Sie brach das Schweigen. »Und wenn Sie die Abgründe kennen, was dann?«

»Das hängt von der Person ab. Ob sie mich dann anfängt zu langweilen.«

In dem Moment ging eine Lampe hinter einem der Fenster an, schräg versetzt, in einem Blickwinkel von etwa dreißig Grad. Der Raum war mit warmem Licht geflutet. Endlich sah sie ihn, ihren Gesprächspartner, der noch einen Schritt näher ans Fenster herantrat, einen Telefonhörer am Ohr hatte. Er war nackt, aber leider nicht allein. Eine Frau erschien neben ihm, die auch nichts am Körper trug und große Brüste hatte.

»Sie haben Besuch«, sagte Gabriela und konnte ihre Enttäuschung nicht verbergen. »Dann will ich nicht weiter stören.«

»Sie stören nicht«, erwiderte er. »Ganz im Gegenteil. Wir würden uns freuen, wenn Sie zu uns herüberkommen.«

Eine Frauenstimme gesellte sich dazu. »Ja, komm zu uns.«

Gabriela drückte auf die rote Taste und beendete das Telefonat, ging in ihre Wohnung zurück, schloss die Terrassentür und zog auch die Vorhänge zu. Sie warf den Hörer auf die Couch, marschierte geradewegs in die Küche zum Kühlschrank, holte eine Flasche Wodka heraus und trank einen großen Schluck. Dann noch einen und noch einen. Mit der Flasche in der Hand kehrte sie zur Couch zurück, wo beide Telefone nebeneinanderlagen, das Satellitentelefon und der Hörer. Sie nahm das Festnetztelefon, drückte die Wahlwiederholung. Nach dem dritten Freizeichen ertönte die Frauenstimme. »Hast du es dir überlegt?«

»Welcher Name steht auf der Klingel?«

KAPITEL 29

Lennard hielt den Schlüsselanhänger an die Alarmanlage und tippte danach auf der Tastatur den sechsstelligen Code. Das Haus war an einem Berg gebaut und bot von der Terrasse einen wunderschönen Ausblick über das grüne Tal. Aber nur bei Tag. Jetzt leuchteten ein paar vereinzelte Lichter in der Dunkelheit sowie die Sterne am Himmel, die hier zahlreicher waren als in der Stadt.

Lennard schaltete das Licht ein, und Paula spiegelte sich in der Fensterfront. Emil zeigte sich wenig beeindruckt von der neuen Bleibe, was den Hausherrn zu stören schien.

»Kommen wir zur Zimmerverteilung«, sagte Lennard und schaute zu ihm. »Du schläfst oben.«

»Ich auch«, sagte Paula sofort.

Damit enttäuschte sie Lennards Erwartungen. Oben befanden sich zwei Schlafzimmer, und nur eines war im Erdgeschoss neben dem Wohnbereich. Paula ging die Treppe hoch, Emil folgte ihr. Sie entschied sich für das Zimmer mit Blick ins Tal, Emil bekam das gegenüber zur Straßenseite. Sie würden sich ein Badezimmer teilen müssen, Lennard hatte unten ein eigenes.

Paula schloss die Tür und ließ sich aufs Bett fallen. Die Ereignisse forderten ihren Tribut, sie fühlte sich hundemüde und schloss die Augen, als sie Lennard rufen hörte. »Paula! Komm schnell.«

Seine Stimme verriet, dass irgendwas passiert sein musste. Sie erhob sich vom Bett, trat aus dem Zimmer und lief die Stufen nach unten. Lennard hatte den Fernseher angemacht, eine Nachrichtensendung.

»Was ist?«

Lennard hatte die Aufzeichnungsfunktion gestartet und spulte zurück. Die Bilder ruckelten, und noch konnte Paula wenig erkennen. Dann lief der Beitrag wieder von vorne in normaler Geschwindigkeit. Ein Reporter sprach in die Kamera und verdeckte das Bild.

»Bei den vier Opfern handelt es sich um italienische Staatsbürger aus Kalabrien. Ein Tatmotiv im Zusammenhang mit der Organisierten Kriminalität lässt sich nicht ausschließen, aber es gibt dazu noch keine bestätigte Meldung. Aus ermittlungstaktischen Gründen wollen sich die Behörden nicht weiter äußern.«

Der Reporter machte einen Schritt zur Seite und gab das Bild frei. Der Tatort war zu sehen, in Köln. Einige Polizeifahrzeuge standen in einer Straße, die Paula bekannt vorkam, und dann sah sie das Kiosk-Schild an dem Haus, und darunter stand die Leuchtreklame: *Café Crotone.*

Dann wurde zu dem Moderator im Studio geschnitten. *»Danke. Nun zum Wetter. Und danach folgt die Telebörse.«*

»Schalt ab«, schrie Paula. Sie war entsetzt.

Lennard machte den Fernseher aus. »Ist das die Bar, wo Emil die letzten Tage gewohnt hat?«

Paula nickte, sie musste sich setzen, nahm auf der Couch Platz.

»Und haben die Morde mit ihm zu tun?«

»Ich weiß es nicht. Ehrlich. Aber es ist nicht ausgeschlossen.«

»Verdammte Scheiße«, entfuhr es Lennard. »Du hast kein Wort gesagt, dass der Kerl mit der Mafia zu tun hat.«

»Hat er auch nicht. Begreifst du denn nicht?«

»Nein. Erklär's mir. In was für eine Scheiße ziehst du mich da rein?«

Paula wurde laut. »Emil hat so viel mit der Mafia zu tun wie du und ich. Ich kann dir nicht sagen, was da passiert ist, vielleicht nur ein dummer Zufall. Auf jeden Fall können wir froh sein, dass Giovanni uns rausgeschmissen hat.«

»Die Bar ist jetzt ein Tatort. Vier Tote, du weißt, was das heißt?«

Sie verstand nicht, sah ihn fragend an.

»Die finden dort deine Fingerabdrücke, DNA und was es sonst noch so gibt. Die Bullen werden jetzt mit dir reden wollen, und wenn sie dich nicht ganz schnell finden, wirst du echt noch mit Haftbefehl gesucht.«

»Ach du Scheiße.«

»Du brauchst einen Anwalt. Ich kann den von meinem Vater anrufen, der hat ein Notfalltelefon.«

»Nein«, sagte sie laut. »Du lässt mir jetzt erst mal etwas Zeit zum Nachdenken, okay?«

Lennard musste sich bewegen, ging zur Fensterfront und schaute in die Nacht hinaus. Er vergrub seine Hände in den Taschen, wie er es immer tat, wenn er Gelassenheit demonstrieren wollte, aber eigentlich innerlich kochte. Paula erhob sich von der Couch, trat zu ihm.

»Ich bin dir ohne Ende dankbar für alles, was du für uns tust.«

»Für dich.« Er drehte sich ruckartig zu ihr um. »Der Typ da oben mit seinen Verschwörungstheorien ist mir gelinde gesagt scheißegal.«

Emil stand am Fuße der Treppe und hatte Lennard gehört. »Was ist los?«

»Giovanni wurde ermordet«, sagte Paula. »Er und seine Freunde. Die Polizei geht von einem Mafiamord aus.«

Emil verstand sofort. »Nicht mehr lange.«

»Wieso?«, fragte Lennard.

»Die werden bei Giovanni Rechnungen von meinem Bruder finden, und dann wissen sie, dass da eine Verbindung zwischen uns bestand.« Er schaute zu Paula. »Deine Spielekonsole habe ich auch liegen lassen. Hat die Polizei die Seriennummer?«

Paula nickte. »Ja. Ich hab sie als gestohlen gemeldet. Wäre es jetzt nicht doch an der Zeit, zur Polizei zu gehen?«

»Auf jeden Fall«, sagte Lennard.

»Nein«, schrie Emil. »Du kannst dich der Polizei stellen, ich werde das auf keinen Fall machen. Nicht bevor ich weiß, was da gerade abläuft und ich Beweise für meine Geschichte habe. Ich lande entweder im Knast oder in der Geschlossenen, was noch schlimmer wäre. Da komme ich womöglich nie wieder raus, weil alles, was ich denen erzählen kann, nach einer Psychose klingt.«

Paula ging auf ihn zu. »Aber wir können es doch beweisen.«

»Was denn?«

»Dass es diese Spyware gibt. Du hast sie doch auf einem Stick gespeichert, oder?«

»Ja, habe ich.« Er schüttelte verständnislos den Kopf, als ob sie wieder mal etwas ganz Dummes gesagt hätte. »Und wer hat die Spyware programmiert? Vielleicht ich selbst? Ich könnte es doch selbst gemacht haben, und mein schizophrener Geist sagt, es war jemand anders. Und auf welchem Smartphone taucht die Spyware auf?«

»Auf meinem, also auf dem Smartphone, das ich bei deinem Bruder gelassen habe.«

»Genau«, sagte er sarkastisch. »Das Handy haben die Mörder meines Bruders. Auf die Geschichte werden die Ermittler voll abfahren, wetten? Eine gescheiterte Studentin und ein durchgeknallter Computerfreak, der Tabletten nimmt und eine Frau vergewaltigt hat. Diese beiden haben gerade den größten Skandal im beginnenden KI-Zeitalter aufgedeckt. Applaus, Applaus!«

Emil klatschte laut in die Hände.

»Du hast eine Frau vergewaltigt?« Lennard war entsetzt.

»Nein«, warf Paula sofort ein. »Aber es gibt eine Frau, die das behauptet. Deshalb hat er seinen Job an der Hochschule verloren.«

Lennard fasste Paula am Arm, entfernte sich mit ihr ein paar Schritte von Emil und redete leise auf sie ein. »Wieso bist du dir so sicher, dass er kein Vergewaltiger ist? Das würde zu ihm passen.«

Paula sah Lennard in die Augen. »Weil ich es einfach weiß. Genauso wie ich weiß, warum du das alles hier auf dich nimmst. Ich kann dir nichts versprechen, Lennard. Aber so wie du im Moment bist, habe ich dich noch nie zuvor erlebt. Du zeigst echt Größe. Ich glaube, sogar dein Vater wär stolz auf dich.«

Lennard war wie zur Salzsäule erstarrt. Paula nahm an, dass er so ein Kompliment noch nie in seinem Leben gehört hatte.

Er setzte sich plötzlich in Bewegung, ging auf die Wendeltreppe zu. Emil wich zurück, ging ein paar Stufen hoch, weil er wohl glaubte, dass Lennard ihn angreifen wollte. Aber der ignorierte Emil und lief die Stufen in den Keller hinunter.

»Was hat er vor?«, fragte Emil verunsichert.

Paula hatte eine Vorahnung, die sich kurz darauf bestätigte. Lennard kam die Treppe wieder hinaufgelaufen und hatte zwei Schrotflinten dabei, eine Doppelläufige und eine Repetierflinte, auch Pumpgun genannt. Abgesehen von Lennards Mutter hatte jeder in der Familie einen Jagdschein, und wenn Paula bei ihm geblieben wäre, hätte sie wohl auch einen machen müssen. Er schüttete eine Handvoll Patronen aus einer Packung auf dem Esstisch aus und fing an, beide Flinten zu laden.

»Wie sieht euer Plan aus?«, fragte Lennard.

»Wir haben keinen«, antwortete Paula. Sie verspürte ein Kribbeln im Bauch. So hatte sie ihren Ex-Freund noch nie erlebt, so entschlossen, so mutig und vor allem uneigennützig. Tat er das alles nur, um ihr zu imponieren? In der Hoffnung, dass sie schwach wurde? Oder gab es eine Seite in ihm, die sie einfach nur noch nicht entdeckt hatte?

Emil kam zu den beiden. »Wenn wir den Urheber der Spyware ermittelt haben und nachweisen können, wohin die Daten gesendet werden, dann können wir uns an die Polizei wenden. Vorher nicht, weil wir vorher nichts von all dem beweisen können.«

»Und wie willst du den Urheber finden?«, fragte Lennard.

»Wir müssen die Zusammenhänge begreifen.«

»Und was ist der nächste Schritt?« Mit einem lauten Geräusch lud Lennard die Pumpgun durch und erschreckte seine Gäste damit.

Emil wich verängstigt einen Schritt zurück.

»Keine Sorge. Wenn ich hier drinnen einen erschieße, gibt das eine Riesensauerei, und mein Vater killt mich.« Lennard lachte am liebsten über seine eigenen Witze und dann besonders laut.

»Wir müssen den Fuchs aus dem Bau locken«, sagte Emil.

»Jägerlatein«, grinste Lennard. »Das verstehe sogar ich.«

Emil schaute zu Paula. »Dein Professor. Alles, was du im Auto über *DRD-4* und *Testosteron* erzählt hast, passt genau zu dem, was ich glaube.«

»Glauben heißt: nicht wissen«, sagte Lennard und lachte wieder. »Also passt alles zu dem, was du nicht weißt.«

»Eine Frage«, hielt Paula dagegen. »Wenn die Blackbox einer KI mit epigenetischen Daten gefüttert wird, woher kommen diese Daten? Es liefert doch keiner bei seiner Versicherung eine DNA-Probe ab.«

»Nicht freiwillig«, sagte Emil.

»Ich kann dir sagen, wie das geht«, mischte Lennard sich ein. »Krankenhäuser, Labore, Ärzte. Die Pharmakonzerne und Versicherungen verfügen über beinahe unbegrenzte Geldmittel. Was, wenn da Leute bestochen werden und für einen Tropfen Blut hundert Euro kassieren?«

»Das ist eine Möglichkeit. Ist aber gefährlich, wenn es herauskäme«, sagte Emil.

»Hast du eine bessere Idee?«

»Während Corona gab es mal eine Impfaktion, wo die frisch Geimpften eine Bratwurst als Dankeschön bekamen. So würde ich das machen: Mich hinter irgendeiner fadenscheinigen Aktion verstecken, vielleicht eine Forschungseinrichtung, die die Leute in den Glauben versetzt, dass sie bei etwas Gutem und Wichtigem mitmachen und freiwillig eine Haarprobe abgeben.«

»Oder gegen Bezahlung«, sagte Lennard.

»Eine Abgabe von DNA geschieht immer anonym«, sagte Paula.

Emil fing an zu lachen. »Glaubst du auch noch an den Weihnachtsmann? Es gibt keine Anonymität mehr im digitalen Zeitalter. Wenn du mir eine Haarprobe gibst und ich dein Alter und deine Postleitzahl kenne, findet ein Algorithmus in etwa einer Millisekunde heraus, wer du bist. Sofern bereits genügend Daten über dich vorliegen, und das tun sie fast immer. Das Geschlecht ergibt sich schon mal durch die DNA.«

Paula zuckte zusammen, als Lennard noch mal die Pumpgun durchlud. Eine Patrone flog durch die Luft, fiel auf den Boden und rollte davon.

Paula schrie ihn an. »Hör auf damit.«

Lennard hielt die Mündung des Gewehrs absichtlich Richtung Decke und stand da wie ein Großwildjäger. »Weißt du jetzt, warum die vor Mord nicht zurückschrecken?«

Paula sah ihn fragend an.

»Das, was Emil gerade gesagt hat! So etwas darf niemals rauskommen. Du diskreditierst damit auch alle anderen Organisationen, die Gutes tun wollen. Die Leute würden das Vertrauen in alles und jeden verlieren.«

»Deshalb wurde die Spyware gelöscht«, sagte Emil. »Und alle Mitwisser müssen verschwinden.«

Lennard schaute zu Paula. »Und genau mit dem Argument könntest du bei deinem Professor punkten. Mach ihm Angst.«

Paula schüttelte den Kopf. »Das Problem ist, er würde mich rausschmeißen, bevor ich irgendwelche Argumente vorbringen könnte.«

Emil lächelte. »Ich hab da vielleicht eine Idee.«

KAPITEL 30

Paula trug einen weißen Kittel, um bei den beiden Pförtnern den Eindruck zu erwecken, sie gehöre zum Institut und sei nur mal kurz draußen gewesen, um eine Zigarette zu rauchen. Sie musste in das Büro des Professors gelangen, für den Rest war Emil zuständig. Er hatte ihr garantiert, dass Kleimann sie nicht rauswerfen würde. Wie er das anstellen wollte, hatte er ihr nicht verraten.

Den weißen Laborkittel hatten sie am Morgen in einem Geschäft für Berufsbekleidung in der Eifel gekauft. Danach waren Lennard und sie noch durch mehrere Geschäfte getingelt, um Paula ein neues Outfit zu besorgen.

Sie sah, dass die Pförtner, die heute hinter dem Tresen saßen, nicht dieselben waren, die sie vor einer Woche abgeführt hatten. Das Sicherheitsunternehmen war auch noch für andere Gebäude zuständig, weswegen die Mitarbeiter wechselten und im Schichtdienst arbeiteten. Vor der automatischen Schiebetür, hinter der sich die Treppe und die Fahrstühle befanden, war ein Drehkreuz angebracht wie am Gate eines Flughafens. Um da hindurchzugehen, bedurfte es eines Ausweises, den man vor einen Scanner halten musste. Das Drehkreuz war leicht zu überwinden, oder man konnte drunter durchkrabbeln; aber nicht, wenn die Pförtner einem dabei zusahen.

Das Gespräch mit dem Professor musste unter vier Augen in seinem Büro stattfinden. Sie hatten fast die ganze Nacht den Plan diskutiert, wie Paula ihn dazu bringen könnte, die Wahrheit über ihre Kündigung zu verraten. Emil glaubte, dass es eine Verbindung zur Pharmaforschung geben müsse und Kleimann der Schlüssel für diese Tür sei.

Paula hatte im knappen Rest der Nacht kaum ein Auge zugetan, die meiste Zeit an die Decke gestarrt und sich immer wieder die entscheidenden Fragen gestellt: *Was will ich eigentlich? Was ist mein Ziel?* Emil hatte seine eigene Agenda, folgte seinem eigenen Schicksal. Was sie miteinander verband, war Paulas Wille, in ihr altes Leben zurückzufinden. Das durfte sie nie vergessen, niemals außer Acht lassen.

Welche anderen Optionen außer Emil gibt es? Diese Frage quälte Paula. Die Kriminalpolizei konnte nicht ernsthaft glauben, dass sie und Emil wie Bonnie & Clyde die vier Italiener erschossen hatten. Aber was ging in den Köpfen der Ermittler vor? Um das herauszufinden, könnte sie mit ihnen in Kontakt treten. Angenommen, man würde Paula am Telefon sagen: »*Frau Krüger, Sie sind entlastet, wir ermitteln nicht mehr gegen Sie.*« – Was dann? Lennard hatte vorgeschlagen, den Anwalt seines Vaters zu konsultieren, der Akteneinsicht nehmen könnte. So würde sie erfahren, was die Kommissare für Beweise hatten. Solche Gedanken hatten Paula wachgehalten. Ihr größter Wunsch war, dass alles wieder so sein sollte wie an dem Tag, als sie das Institut betreten und die Doktorandinnenstelle zugesichert bekommen hatte. Sie war unfreiwillig in diese Situation geraten. Die Toten hatte sie nicht zu verantworten und auch sonst nichts. Ihr einziger Fehler bestand darin, im falschen Laden ein gebrauchtes Handy gekauft zu haben. Paula sah sich nicht als Heldin, die dazu berufen war, den Bösen das Kreuz zu brechen und eine unheilvolle Entwicklung abzuwenden. Sie war zu klein und unbedeutend für so was.

Langsam schritt Paula auf das Drehkreuz zu, während sie auf Lennards iPhone schaute. Aus dem Augenwinkel nahm sie wahr, dass die beiden Pförtner sich unterhielten und Paula nicht beachteten. Auf dem Display des iPhones lief der Timer rückwärts, noch zehn Sekunden.

Neun, acht, ... Paula, in ihrem weißen Kittel und aufs Handy starrend, unterschied sich in nichts von anderen Studentinnen.

Sechs, fünf, vier ... Sie näherte sich dem Drehkreuz, als einer der beiden Pförtner den Kopf hob und zu ihr herüberschaute.

Paula hatte das Drehkreuz fast erreicht, tat so, als würde sie ihren Ausweis hervorkramen.

Zwei, eins, ... In dem Moment gab es einen Knall, als ob eine große Glasscheibe zu Bruch ginge. Paula schaute vom Handy auf, drehte sich erschrocken um. Die Sicherheitsleute waren bereits aufgesprungen und kamen hinter dem Tresen hervor, liefen zur Eingangstür. Paulas Blick schweifte umher, noch zwei weitere Personen waren im Foyer, die aber auch nur nach draußen sahen. Paula duckte sich und krabbelte unter dem Drehkreuz hindurch, kam wieder auf die Beine. Niemand hatte etwas bemerkt, und sie ging auf die Schiebetür zu.

Die blieb geschlossen.

Damit hatte Paula nicht gerechnet. Anscheinend gab es irgendeinen Mechanismus, der mit dem Drehkreuz gekoppelt war, oder die Pförtner lösten die Tür jedes Mal von Hand aus. Paula drehte sich um, die Sicherheitskräfte waren beide draußen, wo es einen Unfall gegeben hatte. Sie sah, dass einer der beiden Anstalten machte, zurückzukommen. In dem Moment hörte Paula das Geräusch der sich öffnenden Schiebetür.

Ein Student im weißen Kittel kam heraus und sprach sie an. »Was ist passiert?«

»Keine Ahnung«, sagte Paula. »Ich hab nur einen Knall von draußen gehört. Wahrscheinlich ein Unfall.«

Der Mann war neugierig, ging auf das Drehkreuz zu und legte seinen Ausweis auf den Scanner. Auch beim Verlassen des Gebäudes musste man sich abmelden. Daran konnte Paula sich gar nicht mehr erinnern, weil sie bei ihrem letzten Besuch in Begleitung von zwei Sicherheitsleuten nach draußen geführt worden war.

Sie ging durch die offene Schiebetür, nahm die Treppe in den zweiten Stock und zog die schwere Brandschutztür auf. Vor ihr lag der Korridor, rechter Hand die Türen zu den Laboren, das Büro des Professors befand sich ganz am Ende des Flurs auf der linken Seite. Da kam jemand aus einem Labor auf den Korridor, und Paula verschwand auf die Damentoilette linker Hand, betrat eine der Kabinen und schloss die Tür hinter sich ab.

Welches Outfit war besser? Die Studenten und Mitarbeiter untereinander kannten sich wahrscheinlich. Wenn Paula einen Kittel trug, würde man schneller merken, dass sie hier nicht hingehörte, als wenn sie das andere Outfit benutzte. Sie zog den weißen Kittel aus, hängte ihn an einen Haken. Darunter trug sie ein graues Kostüm, das bis zu den Knien reichte, und Schuhe mit Absätzen. Sie holte eine Brille mit Fensterglas aus einer kleinen Handtasche, die sie unter dem Kittel getragen hatte, und setzte sie auf. Ihre Haare nahm sie zusammen und verknotete sie zu einem Dutt, den sie mit einer Klammer fixierte. Paula benutzte die Frontkamera des iPhones als Spiegel und kontrollierte ihr Aussehen. Sie sah jetzt eher wie eine Pharmavertreterin als nach Studentin aus.

Dann wählte sie Emils Nummer, er ging sofort dran.

»Ich wäre so weit«, sagte Paula.

»Ich auch«, antwortete er. »Also los. Viel Glück!«

Paula beendete das Telefonat, steckte das iPhone in die Seitentasche des Kostüms und verließ die Kabine. Den Kittel ließ sie zurück und trat auf den Korridor. Zügigen Schritts ging sie an den Labortüren vorbei, als eine Studentin heraustrat. Paula erkannte sie als eine der Gafferinnen, die vor einer Woche dabei war, aber die junge Frau sah nur aufs Handy und nahm keine Notiz von ihr.

Paula erreichte das Ende des Korridors und klopfte an die Tür zum Vorzimmer, wartete keine Reaktion ab, sondern trat ein. Da hörte sie schon die gedämpfte Stimme des Professors durch die Tür seines angrenzenden Büros. »Verdammt. Was ist denn jetzt los?«

Frau Merseberg sah Paula vor sich stehen, erkannte sie im ersten Moment nicht, dann aber erschrak sie regelrecht. »Frau Krüger?«

»Ich möchte zum Professor.«

Paula schritt auf die Bürotür zu. Frau Merseberg sprang auf und protestierte. »Moment mal, das geht nicht.«

Paula trat in das Büro. Der Professor sah von seinem Bildschirm auf und erschrak ebenfalls, als er Paula erkannte. Sie konnte sich ein Grinsen angesichts der Reaktion nicht verkneifen.

Frau Merseberg war ihr gefolgt. »Entschuldigen Sie, Herr Professor. Sie ist einfach durchgegangen. Soll ich den Sicherheitsdienst rufen?«

»Funktioniert Ihr Computer nicht?«, fragte Paula, bevor Kleimann irgendetwas antworten konnte.

Er starrte sie verdutzt an. »Wie bitte?«

»Würden Sie Ihre Sekretärin vielleicht rausschicken? Dann erkläre ich es Ihnen. Sie haben gerade ein Problem mit Ihrem Rechner, stimmt's?«

Der Professor begriff sofort, schaute an Paula vorbei. »Frau Merseberg. Würden Sie uns bitte allein lassen.«

Paula drehte sich zu ihr um. »Sie brauchen den Sicherheitsdienst nicht zu rufen. Ich beiße nicht.«

Frau Merseberg zog sich zurück und schloss die Tür von außen. Paula ging auf den Schreibtisch zu und nahm auf einem der Stühle Platz.

Kleimann war für einen Moment sprachlos.

»Sie wollen wissen, warum ich hier bin?«

Er nickte mit offenem Mund.

»Wir haben etwas zu klären«, sagte Paula in ruhigem Tonfall.

»Und da Sie mir nicht zugehört hätten, musste ich leider Ihren Computer lahmlegen. Lahmlegen lassen. Ich selbst habe keine Ahnung von so was, aber ein Bekannter ist Hacker und er sagt, es sei ein Kinderspiel, in Ihr System einzudringen. Wissen Ihre Sponsoren eigentlich, wie leicht man sich Ihrer Daten bemächtigen kann?«

Der Professor verstand die Drohung sofort.

Paula setzte auf Erpressung und hatte dabei kein schlechtes Gewissen. Wenn sie mit ihrem Vorhaben scheiterte, führte dies mindestens zu einer Anklage, vielleicht sogar einer Verurteilung, auf jeden Fall zu einem beruflichen Absturz ohne Wiederkehr.

»Was wollen Sie?«, fragte Kleimann.

»Nur mit Ihnen reden. Und da Sie mich beim letzten Mal äußerst unfair behandelt haben, bin ich diesmal gewappnet. Warum soll ich mich anständig verhalten, wenn Sie das nicht auch tun? Im Klartext: Wenn Sie den Sicherheitsdienst rufen, haben Sie ein größeres Problem als mich. Das garantiere ich Ihnen. Dann wird jemand da draußen Ihre Festplatte unwiederbringlich löschen.«

Sein Blick wanderte zum Telefon, aber seine Hand schien sich zu weigern, nach dem Hörer zu greifen.

Er schaute sie an. »Worüber wollen Sie mit mir reden?«

»Erstens: Sobald wir unser Gespräch beendet haben, können Sie weiterarbeiten als wäre nichts gewesen. Ich spiele im Gegensatz zu Ihnen fair. Mein Bekannter ist ein anständiger Mensch, er kann Sie sogar anschließend über die Sicherheitslücken in Ihrem System informieren. Betrachten wir die Störung in dem Fall doch einfach als einen Sicherheits-Check.«

Kleimann reagierte nicht, ließ den Kopf sinken und schaute vor sich auf die Tischplatte. »Und zweitens?«

»Wir vereinbaren hiermit Stillschweigen über alles, was gesagt wird. Dieses Gespräch hat niemals stattgefunden.«

»Kommen Sie endlich zur Sache«, sagte er genervt, ohne den Blick zu heben.

»Sagen Sie mir, warum Sie mir die Stelle gekündigt haben. Die Polizei war nicht der Grund, so viel weiß ich schon. Ich gehe davon aus, dass irgendwer das von Ihnen verlangt hat.« Paula machte eine rhetorische Pause. »Ich möchte wissen, wer das war.«

Er schüttelte den Kopf und sah sie an. »Ich weiß nicht, wovon Sie sprechen. Ihr Verhalten, sowohl bei unserem letzten Gespräch als auch jetzt, ist selbsterklärend und der einzige Grund, warum ich Sie nicht in diesem Institut haben möchte. Ich rate Ihnen dringend, es nicht noch schlimmer zu machen. Sollten meine Daten gelöscht werden, verklage ich Sie. Davon werden Sie sich nie wieder erholen, dann war Ihr gesamtes Studium umsonst.«

Paula durfte sich nicht einschüchtern lassen. »Ich weiß nicht, wie man Ihren Computer manipuliert. Ich bin auch nicht freiwillig hier. Der mich geschickt hat, mein Bekannter, fordert die Antwort auf meine Frage. Wenn ich ihm die nicht liefern kann, wird er Sie so lange unter Druck setzen, bis Sie mürbe sind und aufgeben.«

Paula nahm ihr iPhone aus der Tasche und sendete mit einem Fingerdruck eine leere Nachricht per WhatsApp. Es war mit Emil ausgemacht, dass sie die Eskalationsstufe erhöhen wollten, wenn Kleimann nicht mitspielte. Sie steckte das Smartphone wieder in die Tasche ihres Kostüms, da zuckte der Professor zusammen und schaute mit Entsetzen auf den Bildschirm. Paula musste aufstehen, um sehen zu können, was da gezeigt wurde. Unverkennbar ein Pornostreifen wie von einer Überwachungskamera gefilmt. Schwer zu erkennen, wer die Darsteller waren, aber sie trugen beide weiße Kittel.

»Das ist Erpressung«, keuchte er. »Das bin außerdem nicht ich.«

»Ich weiß. Es tut mir leid, dass mein Bekannter zu so drastischen Maßnahmen greifen muss. Er meint es wirklich ernst, er fordert eine Antwort.« Sie setzte sich wieder und sah ihn an. »Nur einen Namen, einen einzigen Namen, und die Show ist sofort vorbei.«

Der Professor schaltete den Bildschirm ab.

Paula ließ nicht locker. »Sie ruinieren meine Karriere, meine Zukunft, mein Leben. Ich bin eine gute Studentin. Womit habe ich das verdient, mmh?«

»Ich weiß es nicht. Keine Ahnung, was Sie angestellt haben.«

Das war die erste Bestätigung. Die Kündigung war ihm anscheinend befohlen worden. Kleimann sah ihr in die Augen. »Sie sagten, dass Sie nicht freiwillig hier seien.« Jetzt lächelte er versöhnlich. »Was, wenn ich Ihnen helfe? Ihnen helfe, eine andere Stelle zu bekommen.«

»Warum sollten Sie das tun?«

»Weil Sie eine gute Studentin sind, das haben Sie selbst gesagt. Und ich teile Ihre Selbsteinschätzung durchaus.«

Bei Paula gingen die Alarmglocken an. Sie musste davon ausgehen, dass er irgendeine Taktik verfolgte.

Der Professor hielt den Blickkontakt aufrecht, während er in ruhigem Ton weiterredete. »Ich traue Ihnen eine vielversprechende Karriere zu. Mein Vorschlag lautet: Ich klemme mich jetzt ans Telefon – jetzt sofort, Sie können zuhören, was ich sage – und rufe ein paar Kollegen an. Wenn Sie wollen, dürfen Sie sogar an den Gesprächen teilnehmen. Und was diesen Zwischenfall von vor einer Woche angeht, darüber redet niemand mehr. Das garantiere ich Ihnen. Wenn ich mich recht entsinne, wurde wenige Tage vorher jemand ermordet, den Sie kannten. Wenn das kein Grund war, mal die Nerven zu verlieren.« Er lächelte.

Das Angebot klang verlockend, aber so leicht war Paula nicht zu kriegen. »Und welche Garantie habe ich, dass Sie nicht alles rückgängig machen, sobald der Computer wieder funktioniert.«

»Sie haben selbst gesagt, dass Sie nicht in der Lage sind, einen Computer zu hacken. Wenn ich Sie noch mal fallenließe, würde Ihr Bekannter, wie Sie ihn nennen, das Ganze wiederholen, oder?«

»Aber er ist es, der eine Antwort fordert, einen Namen.«

»Er fordert das, und Sie sind seine Erfüllungsgehilfin. Werden Sie auch erpresst? Dann sitzen wir doch im selben Boot. Vielleicht sollten Sie mir mehr vertrauen als diesem Kerl, der Sie in so eine schwierige Lage bringt.«

Paula schluckte. Das Argument kam überraschend, obwohl sie sich selbst die ganze Nacht darüber Gedanken gemacht hatte. Es aus dem Mund eines anderen zu hören, erhöhte die eigenen Zweifel. Ihre Agenda, mit der sie durch die Tür gestürmt war, geriet auf einmal ins Wanken. War sie eben noch selbstsicher und voller Überzeugungskraft gewesen, so rotierten ihre Gedanken mit einem Mal. Paula kam sich vor, als wäre sie mit einem Auto in einen Kreisverkehr geraten, ohne zu wissen, welche Abfahrt sie nehmen sollte. Auf einem der Verkehrsschilder stand das Wort: *Verrat*. Durfte sie Emil in den Rücken fallen?

Kleimann bot ihr eine Chance, das zu erreichen, was sie wollte: Ihr altes Leben zurückzubekommen und ihre Doktorarbeit zu schreiben. Aber war Kleimanns Angebot wirklich ernst gemeint, oder versuchte er, sie reinzulegen?

Auf dem nächsten Schild im Kreisverkehr stand: *Falle*.

»Was sagen Sie dazu?«, fragte Kleimann. Er schien sich der Wirkung seiner Worte bewusst zu sein.

»Lassen Sie mich darüber nachdenken«, erwiderte sie.

Paula fühlte sich manipuliert. Nicht erst jetzt, seit diesem Angebot. Schon die ganze letzte Woche hatte sie keine Entscheidung mehr aus freien Stücken gefällt. Sie handelte nicht, sie wurde zum Handeln gezwungen, beeinflusst, bedrängt. Nichts war mehr so wie früher, und sie fühlte sich mit einem Mal kraftlos. Die Energie wich aus ihrem Körper, und die Erinnerung an den Nervenzusammenbruch stieg auf. Sie spürte, wie ihre Hände anfingen zu zittern.

»Sie müssten mir natürlich garantieren, dass Sie Ihren Bekannten stoppen können.«

»Das kann ich«, erwiderte sie sofort und ließ den Blick sinken.

Was, wenn der Professor es ernst meinte? Es wäre ihre große Chance. Sie müsste dazu nur auf eine Antwort verzichten und damit leben, dass irgendwo auf der Welt jemand existierte, der ihr hatte schaden wollen. Entscheidend war doch: Wenn sie keine Bedrohung mehr darstellte, würde sie da ansetzen können, wo sie vor einer Woche gestanden hatte. Ein anderer Professor, ein anderes Institut, ein anderes Forschungsthema und sie hätte keinen Berührungspunkt mehr mit wem auch immer. Und hätte daher auch nichts zu befürchten. Sie sehnte sich nach nichts mehr als Normalität: die Arbeit im Labor, kellnern bei Rodrigo. Forschen und feiern, das Leben genießen.

Das Angebot des Professors klang zu verlockend. Wenn sie es annahm, musste sie die Abfahrt *Verrat* nehmen. Sie stand Emil in keiner Weise nahe, seine Probleme waren seine eigenen. Aber dann schossen ihr die Fernsehbilder in den Kopf: Giovanni und seine Freunde, ermordet. Genau wie Eric. Könnte sie sich je wieder sicher fühlen, wenn sie jetzt einen Rückzieher machte? Je wieder in den Spiegel schauen? So verlockend Kleimanns Worte im ersten Moment geklungen hatten, der *point of no return* war längst überschritten. In diesem Moment erwachte in ihr ein neuer Gedanke, eine ganz neue Strategie.

»Vielen Dank für das Angebot«, sagte sie mit einem Lächeln. »Ich möchte Ihnen einen Gegenvorschlag machen.«

Er sah sie neugierig an.

»Wir sitzen im selben Boot? Dann kommen Sie doch in meins, in mein Boot.«

Kleimann verstand nicht. »Wie meinen Sie das?«

»Sie wissen es bestimmt nicht, aber: Es gibt mittlerweile fünf Tote, nicht nur einen. Wir beide sind unfreiwillig in eine Sache hineingeraten, die völlig außer Kontrolle geraten ist, und deshalb sollten wir uns gegenseitig helfen. Ich garantiere Ihnen, Sie aus allem herauszuhalten. Dieses Gespräch hat nie stattgefunden.«

Seine Stimme klang auf einmal panisch. »Fünf Tote? Wovon reden Sie?«

»Die vier Italiener, die gestern in Köln in einem Café erschossen wurden? Das war nicht die Mafia. Dahinter stecken dieselben Täter, die auch den Besitzer des Handyladens ermordet haben.«

Der Professor schüttelte den Kopf, das glaubte er nicht.

Paula deutete zum Telefon. »Sie können bei der Polizei nachfragen. Aber das würde ich an Ihrer Stelle nicht tun.«

Er klang verängstigt. »Warum nicht?«

»Dann hätte dieses Gespräch doch stattgefunden. Dann bliebe es nicht mehr unter uns. Je weniger Sie wissen, desto besser ist das für Sie. Und Ihre Familie.«

Er sprang aus seinem Stuhl auf. »Wollen Sie mir drohen? Es fällt mir schwer, Ihnen überhaupt noch irgendwas zu glauben. Sie stürmen in mein Büro, sabotieren meinen Computer und erzählen mir Schauergeschichten.«

»Jede Geschichte ist wahr. Kommen Sie mit in mein Boot, und ich kann Sie beschützen.«

Der Professor schaute auf sie herab.

Paula glaubte, ihn am Haken zu haben, und bohrte weiter. »Was wurde Ihnen als Begründung gesagt, weshalb Sie mich feuern sollen?«

Er dachte einen Moment nach, bevor er sich wieder setzte und seinen Blick senkte. Wie zu Beginn des Gespräches starrte er auf die Tischplatte und redete leise. »Sie wissen, dass dieses Institut durch Drittmittel finanziert wird.«

Paula nickte. »Die Pharmaindustrie, nehme ich an.«

»Und ich bin denen Rechenschaft schuldig. Ich habe den Geldgebern schon vor Wochen mitgeteilt, dass ich Sie als Doktorandin einstellen möchte. Es gab keine Einwände. Bis vor einer Woche. Da hieß es plötzlich, dass die mit Ihnen nicht einverstanden sind.«

»Und wieso?«

»Das weiß ich nicht.«

»Sie haben nicht danach gefragt?«

»Doch. Habe ich. Aber keine Antwort bekommen.«

»Mit wem haben Sie geredet?«

»Das darf ich Ihnen nicht sagen. Unter keinen Umständen.«

Paula ließ nicht locker. »Nennen Sie mir nur einen Namen. Eine Firma, eine Abteilung. Mehr verlange ich nicht, und Sie können weiterarbeiten, als wäre nichts geschehen.«

Des Professors Widerstandskraft erlahmte, was sich in seiner Körperhaltung ausdrückte. Er sackte in seinem Stuhl immer mehr zusammen, wie eine Marionette, der man eine Schnur nach der anderen abschnitt.

Paula bohrte weiter. »Glauben Sie mir, ich will Ihnen nicht schaden. Ich kann Ihnen sogar helfen, und niemand wird jemals erfahren, woher ich den Namen habe, den Sie mir gleich sagen werden.«

Er hob den Kopf, ihre Blicke trafen sich. Nach einer gefühlten Ewigkeit brach er das Schweigen. »Ich habe wirklich keine Ahnung, worum es hier geht. Das müssen Sie mir glauben.«

Sie nickte. Er schien den Namen aussprechen zu wollen, aber seine Zunge versagte wie gelähmt den Dienst. Sie schien bleischwer wie bei einem Betrunkenen in seinem Mund zu liegen.

Schließlich: »Der Anruf kam von einem Wissenschaftler, mit dem ich bisher noch nie zu tun hatte. Wir sind uns lediglich mal auf einem Kongress begegnet. Aber er hat eine hohe Stellung in dem Konzern inne, für den unser Institut schon mehrfach geforscht hat. Er nannte mir keinen Grund.«

»Sein Name.«

Es trat wieder Stille ein. Der Lüfter des Computers war zu hören, das einzige Geräusch im Raum, abgesehen von Kleimanns schwerem Atmen.

Dann gab er sich einen Ruck. »Dr. Johannes Gräber, Institut für Epigenetik bei CER Pharma.«

»Epigenetik?«

Er nickte. »Er forscht im Bereich der Methylierung. Worüber wir neulich gesprochen haben.«

Nun hatte Paula einen Namen, die Bestätigung, dass Emil recht gehabt hatte. Aber dadurch war noch kein einziges Problem gelöst. Im Gegenteil, es wurden immer mehr.

»Mein Angebot gilt immer noch«, setzte der Professor nach.

»Welches Angebot?«

»Lassen Sie die Sache auf sich beruhen, und ich werde mich für Sie einsetzen.«

»Wir reden von fünf Toten«, erwiderte sie empört.

Er schüttelte den Kopf. »Und wie nahe standen die Ihnen?«

Paula schwieg.

»Ist es nicht auch für Sie an der Zeit, an sich selbst zu denken? Ich bin über meinen Schatten gesprungen und habe Ihnen den Namen genannt. Jetzt sind Sie dran. Denken Sie an sich. Sie bekommen an einem anderen Institut eine neue Stelle. Eine bessere Stelle, ein anderes Thema. Ihrer Karriere wird nichts im Weg stehen, das garantiere ich. Nur den Nobelpreis kann ich Ihnen nicht versprechen.«

Paula musste spontan lächeln. Es klang zu schön, um wahr zu sein.

Der Professor blieb sachlich. »Das Einzige, was Sie tun müssen: Beenden Sie es. Hören Sie auf, Leute zu erpressen. Das passt nicht zu Ihnen, das sind Sie nicht. Oder? Stoppen Sie Ihren Bekannten, und halten Sie uns beide aus all dem heraus.«

Wieder schoss ihr der Gedanke an den Kreisverkehr in den Sinn: *Verrat.* Oder war es eine *Falle*? Oder beides. Bot der Professor ihr wirklich einen Ausweg an? Nächste Ausfahrt: *Zukunft.*

Paula erhob sich langsam aus dem Stuhl. »Ich denke darüber nach und melde mich bei Ihnen. Wenn Sie aber glauben, mich übers Ohr hauen zu können, so habe ich jetzt einen Namen: Dr. Johannes Gräber.«

Er sprang auf. »Sie haben mir versprochen, dass dieses Gespräch nie stattgefunden hat.«

»Hat es auch nicht. Nicht von meiner Seite. Wenn Sie sich an Ihr Versprechen halten.«

»Wir sitzen im selben Boot.« Er sah sie flehend an. »Denken Sie über mein Angebot nach. Bitte.«

Seine Reaktion war wie eine Bestätigung, dass er die Wahrheit gesagt hatte. Kleimann hielt ihr die rechte Hand hin. Paula zögerte einen Moment, dann schlug sie ein, wandte sich ab, ging zur Tür, drehte sich noch mal um.

»Trinken Sie in aller Ruhe einen Kaffee, danach wird Ihr Computer wieder wie gewohnt funktionieren. Versprochen.«

Paula verschwand durch die Tür.

Frau Merseberg sah sie mit großen Augen an. Sie hatte wohl kaum erwartet, dass Paula so lange beim Professor ausharren würde.

»Geben Sie bitte unten beim Pförtner Bescheid, dass die mich wieder rauslassen.«

Frau Merseberg nickte und griff zum Telefonhörer.

KAPITEL 31

Paula trat aus dem Gebäude. Zwei Streifenwagen waren eingetroffen, um den Unfall aufzunehmen. Lennard hatte mit dem Geländewagen einen schweren Blumenkübel mit solcher Wucht gerammt, dass er gegen eine große Fensterfront geschleudert worden war, die jetzt in Scherben über die Straße verteilt lag. Paula zeigte kein Interesse an dem Geschehen, nahm nur aus dem Augenwinkel ihren Ex-Freund wahr, wie er mit den Polizisten diskutierte und dann in ein Röhrchen pustete. Sie holte ihr Smartphone aus der Tasche und rief Emil an, um ihm mitzuteilen, dass er den Hackerangriff sofort beenden solle.

»Wie ist es gelaufen?«, fragte er.

»Gut. Ich erklär's dir später.«

»Hast du was rausgekriegt?«

»Beende den Angriff. Gib den Computer wieder frei. Sofort.«

Paula beendete das Telefonat. Sie hatte keine Lust, mit ihm zu reden, stellte das iPhone auf stumm und steuerte auf ein Café zu, das sie als Treffpunkt mit Lennard ausgemacht hatte. Dort setzte sie sich an einen Tisch am Fenster, bestellte einen Latte macchiato und bezahlte sofort, als die Kellnerin ihn brachte. Während Paula dasaß und durch die Fensterfront nach draußen sah, ließ sie sich das Gespräch mit dem Professor durch den Kopf gehen und musste wieder an den Kreisverkehr denken, in dem sie rotierte.

Was hatte sie mit Emil Naumann zu tun?

Sie waren beide Opfer. Dieselben Leute waren hinter ihnen her.

Was bedeutete er ihr?

Er war der Schlüssel zur Lösung ihrer Probleme.

Aber war er das wirklich?

Jetzt nicht mehr. Professor Kleimann war an seine Stelle getreten, und er bot ihr einen Ausweg an.

Und Emil? Ihm hatte sie den ganzen Schlamassel zu verdanken. Ohne den Anruf in jener Nacht, als Eric ihr von der Spyware erzählt hatte, wäre Paula niemals vor dem Handyladen erschienen. Sie hätte nie von der Spyware erfahren, keinen Besuch von den falschen Kommissaren bekommen, kein Einbruch, kein Verhör. Nichts! Keiner der Beteiligten hätte irgendein Interesse an ihr entwickelt, und sie würde in drei Wochen bei Professor Kleimann mit ihrer Doktorarbeit beginnen.

Sie spürte Wut in sich aufsteigen. Auf wen sollte sie wütend sein? Natürlich war es nicht richtig, was gerade geschah, wenn es dieses Komplott zwischen Pharmabranche und Versicherungswirtschaft wirklich gab. Aber war ausgerechnet Paula Krüger diejenige, die etwas dagegen unternehmen musste?

Sie trank einen Schluck aus dem Glas, stellte es wieder auf die Untertasse. Sie war auf der Suche nach Argumenten, um den Verrat, auf den sie zusteuerte, vor sich selbst zu rechtfertigen, das war ihr bewusst. Ihr Blick wanderte umher. Das Café war gut besucht, Lennard wurde wohl noch von der Polizei aufgehalten. Sein Wagen hatte nicht so ausgesehen, als ob er abgeschleppt werden müsste, vielleicht suchte er auch einen Parkplatz.

Paula fuhr in Gedanken wieder in den Kreisverkehr hinein. Konnte sie es sich leisten, nachtragend oder gar rachsüchtig zu sein?

Nein. Darum ging es nicht. Sie durfte ihr Ziel nicht aus den Augen verlieren, und das Ziel lautete, ihr altes Leben zurückzubekommen. Ein RESET, wie Emil das nennen würde. Zurück auf die Werkseinstellungen.

Paula fuhr schneller, drehte sich weiter im Kreis. In der einen

Richtung stand das Schild *Emil*, auf einem anderen: *Professor Kleimann*. Wahrheit & Gerechtigkeit versus Sicherheit & Karriere.

Welcher der beiden Männer war der verlässlichere Partner?

»Männer«, dachte sie laut, und die Kellnerin drehte sich zu ihr um.

»Wie bitte?«

»Ich habe mit mir selbst gesprochen«, erklärte Paula, und die Kellnerin ging weiter.

Paula wurde sich einer Tatsache bewusst: Sie reagierte nur. Sie war ein Hamster in einem Laufrad, das sich immer schneller drehte. Und andere wollten darüber bestimmen, was sie tun sollte.

Männer.

Auch wenn es sich wie Verrat anfühlte, das war es nicht. Paula wollte Emil nicht mehr folgen, nicht um jeden Preis. Mit diesem Argument hatte Professor Kleimann recht gehabt: *Denken Sie an sich.* Emil zu folgen, ohne Rücksicht auf Verluste, wäre ein Verrat an sich selbst.

Paula hatte sich fast entschieden, wären da nicht diese fünf Menschen, die eiskalt ermordet wurden.

War sie selbst in der gleichen Gefahr?

Emil auf jeden Fall, denn er besaß die Fähigkeiten, die Wahrheit herauszufinden. Was wiederum ein Grund mehr war, auf Abstand zu ihm zu gehen. Wenn Paula das Angebot des Professors annehmen würde, bekämen ihre Gegner mit, dass sie den Kreisverkehr verlassen und sich für die richtige Seite entschieden hatte. Es musste etwas geschehen. Sie sah eine Ausfahrt, die vorher noch nicht da war.

Aus der Lautsprecherbox direkt über ihr ertönte der Schlagersong *Chaka Chaka Olé*, den Paula nicht mehr hören konnte, weil er einfach überall lief. Es war Zeit zu gehen. Sie erhob sich aus dem bequemen Sessel, ließ das halb volle Glas stehen und schritt zügig zur Tür. Als sie auf die Straße trat, sah sie Lennards Geländewagen, der soeben hundert Meter entfernt einparkte. Paula zögerte einen Moment, dann trat sie die Flucht in die Gegenrichtung an, so schnell sie konnte. Nur ihre Schuhe ließen es nicht zu, dass sie einfach losrannte, obwohl sie genau diesen Drang verspürte.

Paula bog in die nächste Querstraße ein, und von dort ging es sofort in die folgende. Da spürte sie ihr Smartphone in der Tasche ihres Kostüms brummen. Sie nahm den Anruf entgegen.

»Wo bist du?«, ertönte Lennards Stimme aus dem Telefon.

»Wo bist du?«

»In dem Café, wo wir uns treffen wollten. Eine Kellnerin sagte, dass du bis gerade eben hier warst. Dein Latte macchiato steht auch noch auf dem Tisch.«

Paula blieb stehen. »Ja. Ich war da, aber ...«

»Ist irgendwas schiefgelaufen?«

»Nein«, sagte sie und wusste nicht, wie sie es ihm schonend beibringen sollte. »Hör zu. Ich bin dir unendlich dankbar für alles, was du bis jetzt für mich getan hast. Aber ich muss erst mal einen klaren Kopf kriegen.«

»Was heißt das nun schon wieder?«

»Ich gehe den nächsten Schritt allein.«

Sie verspürte kein schlechtes Gewissen, was ein sicheres Zeichen dafür war, dass sie mit ihrer Entscheidung richtiglag. »Du solltest auch wieder nach Hause fahren. Überlass Emil das Jagdhaus, ein, zwei Tage oder so ...«

Er schrie durchs Telefon. »Bist du jetzt völlig durchgeknallt? Ich reiße mir den Arsch auf für dich, und du lässt mich mit diesem Honk sitzen? Was ist bei dem Gespräch mit dem Professor passiert?«

»Das Gespräch hat nicht stattgefunden.«

»Wie jetzt? Alles umsonst?«

»Ja. Wir sind keinen Schritt weiter.«

»Und was hast du jetzt vor?«

»Ich werde Kontakt zur Polizei aufnehmen. Aber ich werde Emil nicht verraten. Ich will nur rauskriegen, was gerade passiert.«

»Okay, das klingt vernünftig«, sagte Lennard. »Du brauchst aber einen Anwalt.«

»Ich weiß einen.«

»Du solltest den von meinem Vater nehmen.«

»Hör auf«, schrie sie. »Ich ziehe das jetzt durch. Allein.«

»Okay, okay«, beruhigte er sie. »Aber halt mich auf dem Laufenden. Er kann nicht ewig in dem Haus wohnen.«

»Dann buch ein Zimmer auf deinen Namen, und bring ihn in einem Hotel unter.«

»Zwei Tage«, sagte Lennard. »Entweder sagst du mir bis dahin, wie es weitergeht, oder ich liefere den Kerl an die Bullen aus. Das ist mein letztes Wort.«

Das Telefonat war abrupt beendet.

Paula fühlte sich von einer schweren Last befreit. Zwei Tage bedeuteten viel. Es war die ehrlichste Liebeserklärung, die ihr Lennard je gemacht hatte.

KAPITEL 32

Emil wollte Paula nicht glauben, dass das Gespräch mit dem Professor nicht stattgefunden hatte. Sie telefonierten bereits seit zehn Minuten, und er ließ nicht locker. Sie hatte ihm aus dem Büro des Professors eine Nachricht gesendet, woraufhin Emil den Pornofilm gestartet hatte. Es war also völlig klar, dass sie log.

»Ich habe keinen Namen erfahren«, blieb Paula bei der Unwahrheit. »Und jetzt muss ich etwas erledigen. Bleib in dem Jagdhaus, ich melde mich wieder.«

Sie beendete das Telefonat und blockierte seine Nummer. In dem Café, wo sie jetzt war, gab es ein öffentliches WLAN. Paula öffnete den Browser, um sich über Dr. Johannes Gräber zu informieren, während sie auf ihre Verabredung wartete.

Der Mann galt in Fachkreisen als Koryphäe. Die Suchmaschine zeigte zahlreiche Presseartikel an, ebenso wissenschaftliche Veröffentlichungen in den einschlägigen Journalen. Paula überflog die Eintragungen, suchte vor allem nach Informationen über seine Person, Werdegang, Auszeichnungen. Dr. Gräber war Forschungsleiter der CER-Pharma-Gruppe, eines multinationalen Konzerns. Die Pharmasparte war nur ein Segment. In einem der aktuellsten Fachartikel schrieb Dr. Gräber über epigenetische Modifikationen. Dabei ging es um chemische Veränderungen der DNA, die dafür verantwortlich waren, dass bestimmte Gensequenzen an- oder abgeschaltet werden könnten. Es war genau das Thema, mit dem Paula sich im Rahmen ihrer Doktorarbeit beschäftigt hätte.

Sie klickte nacheinander auf ein paar Links, die zu den Arbeiten und Stellungnahmen des Wissenschaftlers führten.

Bisher war man lange davon ausgegangen, dass die während eines Lebens angesammelten epigenetischen Informationen im Laufe der Entwicklung von Spermien und Eizellen wieder gelöscht würden. Dies bedeutete, dass nur – und ausschließlich – die reinen Erbinformationen auf die Nachkommen übertragen würden, nicht aber die epigenetischen Informationen, die ein Mensch im Laufe seines Lebens durch Erfahrung und Umwelteinflüsse sammelte und die sein Verhalten auch biologisch beeinflussen konnten. Diese Annahme war in den letzten Jahrzehnten immer wieder infrage gestellt worden. Hinweise auf die Vererbung von epigenetischen Informationen gab es schon lange; eigentlich seit dem Beginn der epigenetischen Forschung, was extrem vereinfacht ausgedrückt bedeutete, dass auch Lebenserfahrung von den Eltern auf die Kinder vererbt werden könnte. Epidemiologische Studien hatten beispielsweise eine beeindruckende Korrelation zwischen der Ernährung von Eltern und dem Auftreten von Diabetes oder kardiovaskulären Erkrankungen in den Nachfahren enthüllt.

Paula fand das alles sehr interessant, aber sie hatte weder die Zeit noch Geduld, sich intensiv mit der Arbeit des Wissenschaftlers auseinanderzusetzen. Ihr kam eine Idee, um die Suche zu forcieren, und sie gab zusätzlich zu Dr. Gräbers Namen auch noch den Begriff *DRD-4* in die Suchmaschine ein. Zu Paulas Verwunderung gab es nur einen einzigen Beitrag, der beide Schlagworte beinhaltete. Es handelte sich um ein Streitgespräch in einem Fachjournal mit einem Professor für Psychiatrie, der einen Zusammenhang zwischen der *German Angst* und epigenetischen Modifikationen sah. Auch über dieses Thema hatte sie mit Professor Kleimann bei ihrem ersten Gespräch diskutiert. Das Gen *DRD-4* hatte definitiv nichts mit der *German Angst* zu tun, aber im Rahmen des Fachgespräches zwischen Dr. Gräber und dem Psychiater fiel der Begriff zweimal, weshalb der Beitrag von der

Suchmaschine angezeigt worden war. Gräber wies in dem Artikel jegliches Interesse an *DRD-4* von sich, weil es ihm nicht wichtig erschien. Er könne sich nicht vorstellen, dass *DRD-4* verantwortlich sei für bestimmte Verhaltensweisen, die diesem Gen nachgesagt wurden: erhöhte Risikobereitschaft, Suchtverhalten bis hin zur Sexsucht. Lediglich eine mögliche Verbindung zu der Verhaltensstörung ADHS ließ er in dem Artikel noch gelten.

Paula fand das seltsam. Wenn man einen ernstzunehmenden Wissenschaftler fragte, ob es Marsmenschen auf dem Mond gebe, wäre eine kategorische Ablehnung mehr als verständlich. Aber bei der Auseinandersetzung mit *DRD-4* waren Zweifel ebenso angebracht wie Neugier. Dr. Johannes Gräber schien sich aus irgendeinem Grund gar nicht mit diesem besonderen Gen beschäftigen zu wollen. Das machte ihn in Paulas Augen verdächtig. Hatte er das Thema bewusst umschifft, weil er in Wahrheit viel mehr darüber wusste, als er in einem Fachmagazin zugab? Womöglich, weil er mit diesem Thema nicht in Verbindung gebracht werden wollte? Genau danach sah es aus.

»Guten Tag«, ertönte eine bekannte Stimme neben ihr. »Ist der Platz neben Ihnen noch frei?«

Paula schaute auf. Vor ihr stand Steffen Köhler, mit dem sie hier verabredet war. Er trug einen maßgeschneiderten dunklen Anzug, weißes Hemd und rote Krawatte. Seine dunklen Haare waren streng nach hinten gekämmt. Er sah gut aus.

»Bitte, setz dich.«

Sie rückte ein Stück zur Seite, um ihm auf der Couch Platz zu machen. Er stellte seinen champagnerfarbenen Lederkoffer mit goldenem Zahlenschloss auf dem Boden ab und setzte sich in einem Abstand, der groß genug war, dass noch jemand zwischen sie gepasst hätte.

»Ich habe mich sehr gefreut, noch mal von dir zu hören«, eröffnete er das Gespräch.

»Die Funkstille hatte nichts mit dir zu tun. Danke, dass du so spontan Zeit findest.«

Er lächelte. »Leider nicht sehr viel. Ich bin quasi auf dem Weg zum nächsten Termin.« Er musterte ihr Outfit. »Kommst du gerade von einem Vorstellungsgespräch?«

»Ja, genau.«

»Ich hoffe erfolgreich.«

»Das wird sich erst noch zeigen.«

»Aber es geht um deine Doktorarbeit?«

Sie nickte. »Ja. Ich werde schon einen Professor finden, der mich betreut.«

»Darf ich fragen, was aus der Sache mit der Polizei geworden ist?«

»Deshalb habe ich dich angerufen. Steht das Angebot mit deinem Freund noch, dem Strafverteidiger?«

Er nickte. »Ja. Natürlich.«

»Dann würde ich gerne darauf zurückkommen. So schnell wie möglich.«

Er griff in die Innentasche seines Jacketts und holte sein Smartphone hervor. »Ich rufe ihn gleich an.« Dann zögerte er. »Obwohl ... ich muss auf einem Honorar bestehen.«

»Ein Honorar?«

Er lächelte. »Sauna oder essen gehen?«

»Essen gehen.«

Grinsend nahm er das Handy ans Ohr und rief seinen Freund den Strafverteidiger an. Die beiden führten einen kurzen Small Talk.

Paula fragte sich, ob Steffen auch die Spyware auf seinem Handy hatte und womöglich jedes Wort, das er sagte, in einer Blackbox gespeichert würde. Emil hatte ihr erklärt, was BIG DATA bedeutete: riesige Datenmengen, die in ihrer Banalität zunächst einmal sinnlos erschienen. Aber eine Künstliche Intelligenz benötigte Unmengen scheinbar sinnloser Daten, um zu funktionieren.

Sie hörte, wie Steffen auf das eigentliche Thema seines Anrufs zu sprechen kam und seinen Freund um einen Termin bat, nicht nur zeitnah, sondern dringend. Steffen nahm das Handy vom Ohr und schaute zu Paula. »Wann hast du Zeit heute?«

»Wann es ihm passt.«

»Sie kann kommen, wann du willst.« Steffen hielt den Blickkontakt mit ihr. »In einer Stunde?«

Paula hob den Daumen: perfekt.

»In einer Stunde ist sie bei dir, Paula Krüger. Ach ja, und leg noch keine Akte an, okay?«

Steffen beendete das Telefonat.

»Ich weiß gar nicht, wie ich dir danken soll. Keine Akte anlegen, was heißt das?«

»Es entstehen keine Kosten, selbst wenn du ihm ein Mandat erteilst. Das Mandat ist Pflicht, wenn er etwas unternehmen soll, andererseits ist es so nur ein Beratungsgespräch. Und für gute Freunde macht er das umsonst.«

Er sah auf seine Armbanduhr. »Ich muss leider gleich weiter. Die Adresse ist Burgmauer 25, Dr. Michael Nowak. Das sind von hier etwa zehn Minuten zu Fuß.« Er stand auf. »Wann sehen wir uns heute Abend?«

»Heute Abend?«

Er nickte bestimmend.

»Acht Uhr?«

»Perfekt. Dann vertagen wir uns auf heute Abend, okay?« Er wartete darauf, dass sie sich erhob. Paula tat ihm den Gefallen, und sie gaben sich zum Abschied einen Kuss auf die Wange.

Dann verließ er das Café.

Paula setzte sich wieder und schaute durch die große Fensterfront auf die Straße. Steffen blieb noch einmal kurz stehen und warf ihr einen Luftkuss zu, bevor er sich aus ihrem Blickfeld entfernte.

Sie fand, dass er wirklich gut aussah. Er hatte Charme und strotzte vor Selbstbewusstsein. Steffen war nicht übertrieben sportlich, Männer mit Waschbrettbauch mochte Paula nicht. Sie hatten sich schon nackt gesehen, und anscheinend gefiel sie ihm auch.

Ihr blieb noch eine Dreiviertelstunde Zeit bis zu dem Termin. Also scrollte sie weiter, aber die Themen und Beiträge über Dr. Johannes Gräber wiederholten sich. Paulas Augen ließen nach, und sie wollte das Smartphone gerade weglegen, da fiel ihr noch etwas ein, das sie seit gestern nochmals hatte nachschauen wollen, und sie gab den Begriff *Epigenetische Uhr* ein. Paula war sich nicht mehr ganz sicher, ob sie Emil und Lennard in der Eifel alles richtig erzählt hatte.

Die ersten zwei Einträge behandelten das Thema, aber der dritte Link machte sie stutzig: »*Lebe jünger länger*«, das war grammatikalisch nicht ganz korrekt, oder doch? Darunter stand: »*Ermitteln Sie Ihr biologisches Alter*«. Paula klickte auf die Überschrift, und eine neue Seite ging auf. Eine Firma, die auch Anti-Aging- und Wellness-Produkte vertrieb, bot die Möglichkeit an, das biologische Alter testen zu lassen. Es folgte eine wissenschaftliche Erklärung, wie sich das errechnen ließ. Dann folgte der geschäftliche Teil. Die Ermittlung des biologischen Alters war sehr preiswert, nur 29,90 Euro, und hinter dem Preis war ein Sternchen, der auf eine Fußnote hinwies. Paula scrollte dorthin. Der Preis zur Ermittlung des Alters wurde als Gutschein angerechnet, sollte man Produkte zur Altersreduzierung auf dieser Website kaufen. Und dann folgte noch ein Hinweis. Kosten könnten ganz entfallen, wenn man sich bereit erklärte, die eingereichte DNA anonymisiert zu Forschungszwecken zur Verfügung zu stellen.

Paula erstarrte. Diese Wellness-Firma sammelte Genmaterial

von potenziellen Kunden. Im weiteren Verlauf wurde die Anonymisierungsmethode genau beschrieben, und es klang alles sehr sicher. Man konnte ein Probenröhrchen bestellen, das sodann nach Hause geschickt würde, oder in einer Apotheke ein Probenröhrchen kaufen, dann blieb man anonym. Neben der Speichelprobe musste man lediglich sein Alter angeben und den Monat seiner Geburt. Aus statistischen Gründen war noch die Angabe der Postleitzahl erwünscht. Der Abruf der Daten wurde über einen QR-Code ermöglicht, der auf dem Probenröhrchen aufgedruckt war.

Paula erstarrte. *Alter & Postleitzahl*, genau davon hatte Emil gesprochen. Anhand der Postleitzahl ließ sich das Gebiet, aus dem die Spende kam, eingrenzen, und wenn man das Röhrchen per Post zugeschickt bekam, war die Adresse des Spenders sowieso gespeichert. Aber auch wenn man das Probenröhrchen in der Apotheke kaufte, war ein Rückschluss auf die Person möglich, sofern man auf digitale Daten zurückgriff, hatte Emil erklärt. Das Geschlecht ließ sich aus der Probe selbst ermitteln, und dann würden die Altersangabe und der Monat der Geburt ausreichen, um die Person ausfindig zu machen. Vor allem wenn derjenige Kunde einer Versicherung war oder werden wollte und man diese Daten mit der DNA-Probe in Übereinstimmung bringen würde. Allmählich fügten sich die einzelnen Puzzleteile zu einem Gesamtbild. Paula hatte erstmals das Gefühl, endlich eine Bestätigung für Emils Behauptungen gefunden zu haben: *Alter & Postleitzahl*, genau wie er es gesagt hatte.

Sie las weiter. Im nächsten Absatz wurden Probleme des Alterns beschrieben; nicht nur Faltenbildung und ein geschwächtes Immunsystem, sondern auch neurodegenerative Erkrankungen wie Demenz, Parkinson und Alzheimer. In einem Appell wurde auf die enorme Bedeutung der Forschung auf diesem Gebiet hingewiesen; nicht nur für Erkrankte, sondern für die gesamte Gesellschaft und das Sozialsystem. Nach dem Lesen des Beitrags konnte man fast gar nicht mehr anders, als zuzustimmen, dass man die eigene Probe für die Forschung zur Verfügung stellte.

Paula schaute sich das Impressum an. Bei der Firma handelte es sich um die *PPF GmbH*, die Abkürzung *PPF* stand für: *Phänotypische Plastizitätsforschung.*

Paula wusste mit dem Begriff etwas anzufangen. Wenn Umwelteinflüsse eine starke Variabilität des Erscheinungsbilds eines Menschen hervorriefen, sprach man von phänotypischer Plastizität. Dahinter verbarg sich nichts anderes als epigenetische Forschung am Erbmaterial. Der Verkauf von Wellnessprodukten zur Verlangsamung des Alterungsprozesses war demzufolge nur ein Nebengeschäft. Oder es diente ausschließlich der Tarnung.

Paula schüttelte fassungslos den Kopf. Die Internetseite war sehr trickreich gestaltet, da hatte ein Marketingprofi ganze Arbeit geleistet. »*Lebe jünger länger*« war ein guter Slogan. Zuerst wurde mit dem biologischen Alter geworben und Menschen angesprochen, die sich um das Älterwerden sorgten. Im weiteren Verlauf erkor man den potenziellen DNA-Spender dann auch noch zu einer wichtigen Stütze der wissenschaftlichen Forschung.

Paula spürte wieder Wut in sich aufsteigen. Diese Art der Werbung war extrem verwerflich, weil sie seriöse Forschungseinrichtungen, die wirklich auf die Hilfe von Bürgern angewiesen waren, diskreditierte. Käme jemals die Wahrheit heraus, wieso diese Daten gesammelt wurden, würde das ein schlechtes Licht auf alle seriösen Einrichtungen werfen.

Paula hatte darüber nachgedacht, Emil hängen zu lassen und das Angebot des Professors anzunehmen. Konnte sie das jetzt noch? Sie war hin- und hergerissen. Diesen Verbrechern musste man das Handwerk legen. Paula sah aber auch die reale Bedrohung dahinter. Geschäftsleute, die so etwas machten, waren skrupellos und, wie sie selbst erfahren hatte, dazu fähig, mehrere Morde in Auftrag zu geben. Vor allem, wenn sie Angst davor haben mussten, dass jemand die Wahrheit herausgefunden hatte und ihnen auf der Spur war. Emils Vergleich mit der Handgranate, aus der eine Atombombe wurde, erschien Paula mehr als passend. Wenn genetische und epigenetische Informationen über eine Person mit digitalen Daten, aus denen sich das Verhalten oder der Gesundheitszustand ablesen ließ, in einer Blackbox zusammenkamen, wäre eine KI in der Lage, mit hoher statistischer Wahrscheinlichkeit in die Zukunft zu schauen. Genau das wäre für jede Versicherung *Carte blanche*, um unliebsame Kunden ihrem Schicksal zu überlassen.

Paula war sich fast sicher, eine Bestätigung für Emils Theorie gefunden zu haben. Nur reichte das allein noch bei Weitem nicht, sie brauchten Beweise. Es führte kein Weg daran vorbei, als dass sie mit dem Wissenschaftler Dr. Johannes Gräber in direkten Kontakt treten musste. Aber sie hatte keine Idee, wie sie das anstellen sollte. Fest stand nur, dass sie diesen Besuch alleine machen wollte. Ohne Emil.

Paula betätigte die Kurzwahltaste und rief ihn an.

Er ging nach dem zweiten Freizeichen dran und schrie durchs Telefon: »Verdammt noch mal, wieso meldest du dich nicht?«

»Ich melde mich doch. Hast du was zu schreiben?«

»Was zu schreiben?«

»Du hast genau zehn Sekunden. Ab jetzt.«

»Ja. Ich habe was zu schreiben.«

»Gib im Internet den Begriff *biologisches Alter* ein. Dann stößt du auf die Seite einer Firma, die Wellnessprodukte verkauft. Lies das Impressum, der Laden nennt sich *PPF GmbH*. Das könnte eine Bestätigung für deine Theorie sein. Finde alles über sie heraus. Ich melde mich wieder.«

Bevor er etwas erwidern konnte, beendete sie das Telefonat.

KAPITEL 33

Paula saß im Wartebereich der Kanzlei. Der Stuhl war unbequem, mehr Designobjekt als Sitzgelegenheit. Die Büromöbel bestanden aus zeitlosen Komponenten von USM-Haller in den Farben Weiß und Rot. Beim Teppichboden hatten sich die Anwälte für Türkis entschieden, was gut zu dem dunkelgrauen Sichtmauerwerk passte, vor dem die eine Rechtsanwaltsgehilfin an ihrem Schreibtisch saß. Die andere kümmerte sich gerade um eine Tasse Kaffee. Das Logo der Kanzlei prangte auf dem Mauerwerk; es enthielt auch türkise Anteile. Die Wände waren nicht ganz in Weiß gehalten, sondern wiesen eine leichte Tönung in Richtung Beige auf. Alles sah frisch renoviert aus. Bilder von Frida Kahlo, die ebenfalls die Farben Rot und Türkis enthielten, hingen in dem Korridor, der zu den Büros führte. Die mexikanische Malerin hatte es Paula angetan, nicht nur wegen ihrer Kunst, sondern weil Frida Kahlo auch eine außergewöhnliche Frau gewesen war. Solche Bilder in einer Kanzlei aufzuhängen, zeugte vom Vorhandensein einer gewissen Firmenphilosophie, die Paula nur noch nicht durchschaute. Aus der Küche drang das Dröhnen einer Kaffeemaschine.

Da schwang eine Bürotür am Ende des Korridors auf, und ein groß gewachsener Mann mit Vollbart und mindestens zwei Zentner schwer trat auf den Flur. Er trug einen dunklen Anzug, der maßgeschneidert aussah, die Knöpfe des Jacketts waren offen, und man sah seinen hervortretenden Bauch.

Langsam trottete er auf Paula zu, und sein Gang verriet, dass er entweder Knie- oder Hüftprobleme hatte. Oder beides.

»Paula Krüger?«, brummte er. In einem Chor stünde der Mann eindeutig ganz hinten bei den Bässen.

Sie erhob sich von dem Designstuhl. »Ja.«

»Michael Nowak. Den Doktor einfach weglassen.«

Im selben Moment kam die Rechtsanwaltsgehilfin mit einem Pott Milchkaffee aus der Küche, den sie für Paula zubereitet hatte. »Sie sagten, keinen Zucker, richtig?«

»Genau, vielen Dank.«

Paula nahm den Pott in die Hand, auf Untertasse und Schnickschnack wurde hier verzichtet.

»Folgen Sie mir«, befahl Nowak. *Er hat schon eine etwas ruppige Art*, fand Paula. Aber das gehörte wahrscheinlich zu seinem Beruf. Wenn er im Gerichtssaal auftrat, ging es auch nicht darum, einen Beliebtheitspreis zu gewinnen. Sie schritt hinter ihm her in sein Büro. Durchs Fenster hatte man einen unverstellten Blick auf die in der Nachmittagssonne erstrahlenden Türme des Doms.

Nowak ließ sich in seinen Schreibtischstuhl plumpsen und seufzte einmal laut. »Mein verdammtes Knie.«

»Sportverletzung?«

»Sind Sie verrückt?«, blaffte er sie an, grinste aber sofort. »Sport ist Mord. Woher kennen Sie Steffen, vom Tennis?«

Paula schüttelte den Kopf. »Er ist eine flüchtige Saunabekanntschaft.«

»Flüchtig?« Nowak schmunzelte, das gefiel ihm.

»Nein, so war das jetzt nicht gemeint«, korrigierte sie sich.

Er grinste noch mehr. »Sie haben einander immerhin schon mal nackt gesehen, wollten Sie damit zum Ausdruck bringen.«

Paula musste lachen. »Ja, genau so.«

»Das ist gut. Dann kann es später nicht zu den ganz großen Enttäuschungen kommen. Zumindest was das Optische angeht.« Er machte eine wegwerfende Handbewegung. »Lassen wir das.

Steffen hat mir kein Sterbenswörtchen darüber erzählt, weshalb Sie hier sind, und er wird auch nichts über unser Gespräch erfahren. Also, worum geht's?«

Paula berichtete ihm die Geschichte von Beginn an, und eine halbe Stunde war wie nichts verflogen, als sie am Ende angekommen war. Nowak hatte sich einige Notizen auf einem Block gemacht. Er schien relativ unbeeindruckt von den Ereignissen, obwohl sie mittlerweile fünf erwiesene Mordopfer beinhalteten.

»Dieser Todesfall in Frankfurt, von dem Ihr Freund erzählte …«

»Wir sind keine Freunde«, betonte Paula.

»Wie soll ich ihn sonst nennen? Komplize?«

Paula erwiderte sein Grinsen. »Emil Naumann. Dann verwechseln wir ihn nicht mit Lennard, der ist mein Ex.«

»Hat Herr Naumann einen Beweis dafür, dass die Sache in Frankfurt kein Unfall war?«

Paula schüttelte den Kopf. »Nein, alles nur Vermutungen. Er hat in der Hacker-Community davon erfahren, und es wurde dort lediglich geschrieben, dass der Programmierer einen Stromschlag bekommen habe. Das sei aber verwunderlich gewesen, weil er sich mit Elektrik gut auskannte.«

Nowak notierte sich das. »Also nur Hörensagen. Nach dem Mord an den vier Italienern – hat die Polizei sich da bei Ihnen gemeldet?«

»Ich war seitdem nicht mehr zu Hause, und mein Handy liegt dort auf dem Esstisch.«

»Sie waren also die ganze Zeit nicht zu erreichen?«

»Ja.«

Nowak hob den Blick und sah sie mit ernster Miene an. »Dann ist es wahrscheinlich, dass man Sie zur Fahndung ausgeschrieben hat. Oder es liegt sogar ein Haftbefehl vor, sofern die ermittelnden Kommissare Sie als tatverdächtig einstufen.«

Paula schluckte. »Mit einem Haftbefehl hatten die schon beim ersten Verhör gedroht.«

Er grinste kurz. »Ja, ja, da sind manche Kommissare ganz schnell mit, um den Leuten Angst einzujagen. Aber es ist durchaus möglich, dass die mittlerweile in Ihrer Wohnung waren, um nach Hinweisen zu suchen. Und dann haben die Ihre Fingerabdrücke in der italienischen Bar längst sichergestellt.«

»Und das heißt?«

»Entweder wir warten, bis die Polizei Sie findet, oder wir werden aktiv und bieten denen ein Gespräch an, also dem für den Fall zuständigen Staatsanwalt. Vorher allerdings würde ich Akteneinsicht nehmen wollen, damit wir keine böse Überraschung erleben. Dann wissen wir, welche Sachbeweise gegen Sie und Ihren … Bekannten vorliegen.«

»Ich habe mit den Morden nichts zu tun«, betonte sie. »Mit keinem einzigen.«

»Das spielt erst mal eine untergeordnete Rolle. Sie könnten maßgeblich zur Lösung des Falls beitragen, und zwar als Zeugin oder womöglich als Komplizin. Nach allem, was Sie mir erzählt haben, wird sich der Verdacht wohl eher gegen Emil Naumann richten. Aber man wird nach Ihnen suchen.«

Paula war verunsichert, wusste nicht mehr, wie sie sich verhalten sollte. Vor zwei Stunden hätte sie Emil noch fallengelassen und nur an sich selbst gedacht. Aber was sie vor Kurzem im Internet herausbekommen hatte, war ein konkreter Hinweis auf seine Theorie, wozu die Spyware dienen könnte. Und das machte es Paula nun sehr schwer, ihn hängen zu lassen.

Die tiefe Stimme des Anwalts erfüllte den Raum. »Sind Sie bereit dazu, sich einem Gespräch mit dem Staatsanwalt zu stellen? Selbstverständlich werde ich dabei sein.«

»Raten Sie mir dazu?«

Er nickte. »Ich würde es nicht darauf ankommen lassen, dass

Sie festgenommen werden. Wir haben eine bessere Verhandlungsposition, wenn wir auf die zugehen. Das wird in jedem Fall positiv bewertet, und wir behalten die Kontrolle. Sobald ich genau weiß, was gegen Sie vorliegt, würde ich das so machen.«

»Die ganze Geschichte mit der Spyware ist allerdings nicht zu beweisen«, betonte Paula.

»Müssen wir auch gar nicht. Wir müssen darlegen, dass Sie keinen Kontakt zu dem Mordopfer Eric Naumann hatten und dass das Chatprotokoll auf Ihrem Smartphone nicht von Ihnen stammt. Die Wahrheit herauszufinden, wie es dazu gekommen ist und wer die falschen Kommissare waren, ist Sache der Polizei.«

In Paula erwachte die Hoffnung, dass sich einige Probleme wie von selbst auflösen könnten. Wäre sie nur mal früher gekommen und hätte Steffens Angebot nicht abgelehnt, nur weil sie sich unschuldig fühlte. Nun, hinterher war man immer schlauer.

Nowak öffnete eine Schublade und holte ein Formblatt heraus, schob es über den Tisch und legte einen Stift drauf. »Wenn ich etwas für Sie tun soll, müssen Sie mir ein Mandat erteilen.«

»Wie hoch ist Ihr Honorar?«

»Ich habe Steffen gesagt, das sei im Moment noch kein Thema, und ich halte mein Wort. Warten wir mal das erste Gespräch ab, dann sehen wir weiter.«

Paula unterschrieb das Mandat.

»Wo hält sich Emil Naumann im Moment auf?«

»In einem Versteck in der Eifel.«

»Sie wissen, wo?«

Paula nickte und schob das Formular samt Stift über den Tisch zurück.

»Dann haben wir denen ja etwas anzubieten.«

Paula war aufgeschreckt. »Sie meinen, ich soll Emil an die Polizei ausliefern?«

»Unter Umständen könnte das Gespräch auf diesen Punkt hinauslaufen. Aber Sie sollten sich auch Gedanken darüber machen, ob Sie Emil Naumann überhaupt helfen können. Und ob es nicht besser wäre, aus dieser Sache auszusteigen. Es gibt da nicht nur die Polizei.«

»Wie meinen Sie das?«

»Ich möchte Ihnen wirklich keine Angst einjagen, aber irgendwer hat den Zwillingsbruder und diese vier Italiener umgebracht. Und vielleicht noch diesen Programmierer in Frankfurt. Wenn wir Ihre Darstellung aktenkundig gemacht haben, erhöht das auch Ihre Sicherheit.«

»Glauben Sie das?«

Er nickte.

»Ich bin mir da nicht so sicher. Und ich wünsche mir, dass der Albtraum bald ein Ende hat.«

Er sah sie mit einem kritischen Blick an. »Das müssen Sie mir etwas genauer erklären. Wieso sind Sie sich nicht sicher?«

»Emil hat die Spyware, die auf meinem alten Smartphone war, gespeichert. Auf einem Stick. Ansonsten ist dieses Programm nirgendwo mehr aufgetaucht. Es ist wie ein Hirngespinst, könnte man sagen. Der oder die Programmierer waren so gut, dass der Urheber der Spyware nicht zu ermitteln ist. Zumindest hat Emil es bis jetzt nicht geschafft, und der ist ein Genie. Es könnte also behauptet werden, dass Emil die Spyware selbst programmiert hat, um von Vergewaltigungsvorwürfen abzulenken. Außerdem schluckt er Psychopharmaka. Für Emil endet diese Sache im Knast oder in einer geschlossenen Anstalt. Und es ist nicht gesagt, dass unsere Gegner sich damit zufriedengeben.«

Der Anwalt sah auf das Blatt vor sich. »Verstehe.«

Paula fuhr fort. »Und wenn Emil in der Geschlossenen ist, bin immer noch ich da. Ich habe keine psychischen Probleme und hätte durchaus etwas zu erzählen. Das ist meine Sorge.«

Nowak sah auf den Block vor sich und dachte nach. »So einen

Fall hatte ich noch nie. Machen wir erst mal einen Schritt nach dem anderen. Wissen Sie, wo Sie bis morgen unterkommen können?«

Paula nickte.

»Ich finde zunächst heraus, was die Polizei gegen Sie in der Hand hat, und dann melde ich mich bei Ihnen.«

Paula stand auf, er blieb sitzen.

»Verzeihen Sie die Unhöflichkeit, dass ich Sie nicht nach draußen begleite, aber mein Knie bringt mich noch um.«

»Kein Problem. Ich finde allein raus.«

»Stellen Sie sicher, dass ich Sie unter Ihrer Handynummer immer erreichen kann. Tag und Nacht.«

Paula nickte, nahm die Kaffeetasse, die sie im Laufe ihrer Schilderungen geleert hatte, und verließ das Büro.

KAPITEL 34

Sophie hatte nicht nur stets ein offenes Ohr für Paula, sondern auch eine offene Tür. Seit einem halben Jahr wohnte sie mit Ilka zusammen. Die beiden führten eine Liebes-WG, wie sie es nannten. Jede hatte ihr eigenes Zimmer, und wenn sie einander brauchten, besuchten sie sich. Jetzt zog Sophie zu Ilka und überließ Paula ihr Bett. Die Kleidergrößen aller drei Frauen unterschieden sich nur minimal, sodass Paula genug Auswahl zum Anziehen fand und ihr Businesskostüm nicht anbehalten musste. Ilka hatte Spätdienst, sie arbeitete als Assistenzärztin im Krankenhaus in der Dermatologie. Dort hatte Sophie sie kennengelernt.

Paula saß mit ihrer besten Freundin am Esstisch in der Küche, und zwischen ihnen stand eine Halbliter-Flasche Pernod. Der Alkohol trug zur Entspannung bei. Sophie hatte sich die ganze Zeit mit Fragen sehr zurückgehalten, obwohl sie vor Neugier platzte.

»Vertraust du diesem Emil?«

»Mal so, mal so.«

Paula hatte ihr nur das Nötigste erzählt und alle womöglich gefährlichen Details weggelassen.

»Aber wenn ich dich richtig verstanden habe, hat er dich überhaupt erst in diesen Schlamassel hineingezogen. An dem Abend, als wir bei Rodrigo waren und er angerufen hat, oder?«

»Sein Bruder Eric, ja. Aber jetzt stecke ich so tief mit drin, ich kann mir keine Rachegefühle leisten.«

»Loyalität vielleicht auch nicht. Denk an dich, mein Schatz. Denk einfach nur an dich. Was ist das Beste für dich?«

»Und was glaubst du, was das Beste ist? Für mich.«

»Finde heraus, ob dein Professor das Angebot ernst meint.«

»Und wie?«

»Nimm es an und schau, was passiert.«

Paula seufzte. »Glaub mir, wenn ich eine Telefonnummer von denen hätte, die hinter all dem stecken, und ich könnte sie anrufen und sagen: ›Hey, *ich bin raus. Lasst mich in Ruhe, und ich lasse euch in Ruhe. Schwamm drüber.*‹ Ich würde es machen, sofort. Ich sehe mich nicht als Heldin, ich muss nicht die Welt retten. Aber ich habe keine Telefonnummer, wo ich anrufen kann. Nur einen Namen.«

»Einen Namen von wem?«

»Das bleibt jetzt unter uns«, ermahnte sie Sophie.

»Natürlich. Es bleibt alles unter uns.«

»Der Wissenschaftler, der für meinen Rausschmiss bei Kleimann verantwortlich war; ich kenne jetzt seinen Namen und weiß, wo er arbeitet. Er ist mein einziger Kontakt zur Welt des Bösen.«

»Wow«, sagte Sophie.

»Aber ich weiß nicht, was passieren wird, wenn ich auf den zugehe. Vielleicht ist meine Karriere dann endgültig im Arsch. Darum habe ich niemandem den Namen gesagt. Auch Emil nicht. Er versucht seit Stunden, mich zu erreichen, aber ich gehe nicht mehr ans Telefon. Es sei denn, dass ich eine Information für ihn habe.«

»Das machst du genau richtig.« Sie hob die rechte Faust. »Frauenpower!«

Paula grinste. »Hör auf mit dem Quatsch. Es ist bitterernst.«

Sie lachten beide. Sophie schenkte noch je einen Pernod ein. In dem Moment, da sie Wasser dazugab, färbte sich die klare Flüssigkeit weiß. Es war jedes Mal schön anzusehen, wie die Emulsion entstand.

»Hast du ›Matrix‹ gesehen?«, fragte Sophie.

»Den Film? Ewig her.«

»Da muss sich Keanu Reeves auch zwischen einer roten und einer blauen Pille entscheiden. Rot bedeutet die Wahrheit, wenn er die rote Pille schluckt, weiß er alles. Blau bedeutet vergessen, die Rückkehr ins normale Leben und die Wahrheit nie zu erfahren. Bist du Team blau oder Team rot?«

»Ich bin Team *Leckt-mich-alle-am-Arsch-und-lasst-mich-in-Frieden-weiterleben.*«

Sophie lachte. »Dann ist es wohl eher die blaue Pille.« Sie wechselte plötzlich das Thema. »Bist du eigentlich wieder mit Lennard zusammen?«

»Nein. Aber er war mir schon eine sehr große Hilfe.«

»Er will dich zurückgewinnen. Pass auch da auf dich auf.«

»Ich habe das Gefühl, er ist erwachsener geworden. Er sucht noch nach dem richtigen Platz im Leben, und der ist halt nicht im Schatten seines Vaters.«

»Falsch. Lennard konnte sich schon immer gut verstellen. Und du bist schon mal drauf reingefallen.«

»Was findest du so schlimm an ihm?«

»Du hast einen Besseren verdient.«

Paula schaute auf die Uhr. »Apropos. Ich habe ein Date. In einer Stunde.«

»Der Saunaboy?«

»Er hat mir den Anwalt vermittelt. Darum schulde ich ihm was.«

Sophie haute mit der Faust auf den Tisch. »Hör auf damit. Du schuldest keinem Kerl irgendwas. Weder ihm noch Lennard, Emil oder sonst irgendeinem. Hör endlich damit auf, es immer allen recht machen zu wollen, sonst …«

»Sonst was?«

»Sonst …«

»Was?!«

Da piepte das iPhone. Paula sah aufs Display, es war der Anwalt. »Ich muss da drangehen, ist der Anwalt. – Sonst?«

Sophie legte einen verführerischen Blick auf. »Sonst ficke ich dich.«

Sie lachten beide.

»Und jetzt geh dran«, befahl Sophie.

»Paula Krüger«, sagte sie ins Telefon.

»Nowak. Ihre Akte wurde mir gerade digital übermittelt, und ich habe mit dem Staatsanwalt telefoniert, den ich ganz gut kenne. Es liegt kein Haftbefehl vor, und die Fahndung nach Ihnen wird aufgehoben, wenn Sie morgen im Präsidium erscheinen. Zusammen mit mir, um zehn Uhr. Es hat tatsächlich eine Durchsuchung Ihrer Wohnung gegeben, aber da wurde nichts Belastendes gefunden. Sie gelten daher nicht als dringend tatverdächtig, haben aber als Zeugin die Pflicht zu erscheinen. Ich begleite Sie, und dann werden wir herausfinden, was wir denen sagen oder besser verschweigen.«

»Wenn ich dort erscheine, besteht dann das Risiko, dass die mich festnehmen?«

»Ich habe die Zusicherung, dass das nicht passiert, weil Sie nicht als dringend tatverdächtig gelten. Sollten Sie morgen einen Mord gestehen, dann wird man Sie natürlich dabehalten.«

»Das habe ich nicht vor«, sagte sie.

»Okay, dann bis morgen um zehn Uhr vor dem Präsidium. Machen Sie sich einen schönen Abend, und schlafen Sie gut.«

»Das wünsche ich Ihnen auch. Vielen Dank.«

Damit war das Telefonat beendet.

Sophie hatte mitgehört. »Morgen um zehn Uhr gehst du zur Polizei?«

Paula nickte. »Die stufen mich nicht mehr als Verdächtige ein. Ich muss Emil darüber informieren.«

Paula stand auf und verschwand in ihrem Zimmer, wählte seine Nummer. Nach dem dritten Freizeichen ertönte seine Stimme. Er schrie. »Na endlich. Was soll das, wieso blockierst du mich oder legst einfach auf? Ich dachte, wir sind Partner.«

»Das sind wir auch. Noch. Aber ich muss ein paar Dinge allein regeln. Morgen gehe ich zur Polizei, zusammen mit einem Anwalt, die sehen in mir keine Verdächtige.«

»Dann werde ich dir nicht sagen, wo ich bin.«

»Hat Lennard dich rausgeschmissen?«

»Nein. Er hat mir Geld geliehen. Tausend Euro in bar. Dein Ex ist ein echter Freund im Gegensatz zu dir. Auf ihn ist Verlass. Nachdem du mich abserviert hast, erschien mir das Haus nicht mehr sicher. Ich werde dir nicht sagen, wo ich bin. Kann dir leider nicht mehr vertrauen.«

»Hast du was über die Firma herausgefunden?«

»*PPF*, ja. Ganz komischer Laden, gehört zu einer Holding.«

»Taucht im Zusammenhang mit dieser Holding irgendwo der Name CER Pharma auf?«

Es blieb still am anderen Ende der Leitung.

»Hallo, bist du noch dran?«

»Wie kommst du auf den Namen?«

»Liege ich richtig?«

»Ja«, sagte er. »CER Pharma stellt die Produkte her, die auf dieser Seite vertrieben werden. Was hast du mit dieser Firma zu tun?«

»Ich glaube, die sind für meine Kündigung verantwortlich.«

»Dann hast du also doch etwas aus dem Professor rausgekriegt?«

»Ja, habe ich. Den Namen des Wissenschaftlers, der bei Kleimann angerufen hat.«

»Und sagst du mir auch, wie er heißt?«

Paula zögerte. Stille trat ein. »Ich vertraue dir leider auch nicht. Und wir haben womöglich nicht das gleiche Ziel.«

»Du willst dein altes Leben zurückhaben«, sagte er.

»Genau.«

»Das schaffst du nur mit mir. Nicht ohne mich. Denn ich habe etwas über den Hacker herausgefunden, der gestorben ist.«

»Was denn?«

»Quid pro quo. Ich sage es dir, wenn du mir den Namen des Wissenschaftlers nennst.«

»Du zuerst«, sagte Paula.

»Der Programmierer hat den Push-Befehl geschrieben.«

»Was ist das?«

»Ein Befehl. Die Aufforderung an die App, dass die Spyware gelöscht wird. Dadurch ist die Schadsoftware auf den Smartphones verschwunden. Nur nicht bei den Handys, die den Push-Befehl ignoriert haben, weil die App nicht mehr installiert war. So wie deins. Da hat der Programmierer einen Fehler gemacht und nicht daran gedacht, dass manche ihr Gerät auf Werkseinstellungen zurücksetzen. Bei deinem Handy mussten deshalb die falschen Kommissare ran.«

»Und woher weißt du das?«

»Der Programmierer, der an dem Stromschlag gestorben ist, hat eine Datei hinterlegt in der Cloud. Und irgendwer hat es geschafft, sie herunterzuladen. Mit demjenigen stehe ich in Kontakt. Er ist jedoch sehr vorsichtig, weil er auch glaubt, dass Philip ermordet wurde.«

»Philip?«

»So hieß der Hacker. Den Namen oder die Identität des Freundes werden wir nie erfahren. Es gibt wohl einige in der Community, von denen jeder ein bisschen was weiß, und die haben alle Schiss. Wir haben es mit einem gefährlichen Gegner zu tun.«

Paula wurde ungeduldig. »Du weißt also, wie die Spyware gelöscht wurde. Und wie kam sie auf das Handy drauf? Auch über einen Push-Befehl?«

»Nein. Der Trigger, der die Hintertür in der App für die Spyware öffnet, kam nicht durch einen Befehl oder einen Link. Denn sonst wäre es vielleicht möglich gewesen, den Urheber der Software zu entdecken. Da hat sich der Programmierer ganz was Feines ausgedacht.«

»Moment mal. Wenn ein Push-Befehl die Spyware löscht, kann man dann nicht auch herausfinden, woher dieser Befehl kam?«

»Ja, aber dann ist die Spyware auch gelöscht, also nicht mehr da. Dann gibt es keinen Beweis mehr.«

»Verstehe.« Paula zitterte beinahe vor Ungeduld. »Und was ist nun der Trigger, um die Spyware zu laden? Mach es bitte kurz. Ich verstehe sowieso nichts von der Materie.«

»Ein Musikstück.«

»Ein Musikstück?«

»Ja, ich habe doch gesagt, dieser Philip hat sich da echt was einfallen lassen. Eine Textzeile aus einem Song. Geh mal davon aus, dass die Sprachfunktion bei neunzig Prozent aller Smartphones aktiv ist. Wenn das Handy irgendwo rumliegt und die entsprechende App gespeichert hat, muss nur der richtige Song laufen, und das Handy wird aktiviert und dazu aufgefordert, die Spyware zu laden. Ohne dass es irgendjemand merkt natürlich.«

»Kannst du das beweisen?«

»Du meinst, ob du den Bullen davon erzählen darfst? Die Antwort lautet: Nein! Die werden dich sowieso für bekloppt halten, und die Cybercommunity ist nicht gut auf die Polizei zu sprechen. Sobald ein Bulle oder irgendwer sonst Nachforschungen anstellen wollte, wär diese Spur sofort tot. Also lass es! Halt den Mund morgen. Ich persönlich muss den Kontakt zur Community halten, nur ich. Leider weiß ich noch nicht, ob uns diese Information weiterbringt. Und jetzt du, wie ist der Name des Wissenschaftlers?«

»Eine Frage noch, ob ich alles richtig verstanden habe. Es ist möglich, ein Handy durch einen Song, der im Radio läuft oder auf einer Party, zu manipulieren?«

»War die Frage jetzt ernst gemeint?« Er lachte. »Na, was denkst du denn? Hast du es noch nie erlebt, dass du dein Handy auf dem Tisch liegen hast und dich mit irgendwem über irgendein Thema unterhältst und am nächsten Tag flattert dir Werbung ins Haus?«

»Okay, verstanden«, unterbrach sie ihn. »Kann man sich irgendeinen Song dafür aussuchen?«

»Der Song muss bestimmte Kriterien erfüllen. Und man muss vorher wissen, was man damit programmieren will.«

»Wenn man will, dass ein Lied oft im Radio gespielt wird, muss es ja so ein Gassenhauer sein. Und das kann man doch vorher nicht planen.«

»Hängt vielleicht vom Marketing ab«, sagte er. »Aber in dem Thema kenne ich mich nicht aus.«

»Kannst du sagen, welcher Song?«

»Nein. Der Programmierer war nicht doof. Ich weiß nur, dass er es über die Sprachfunktion gemacht hat. Aber nicht wie. Noch nicht.«

Paula sah auf ihre Armbanduhr, sie hatte eine Verabredung. »Ich muss bald Schluss machen.«

»Ich warne dich«, schrie er durchs Telefon. »Nenn mir den Namen des Wissenschaftlers.«

»Und was hast du dann vor?«

»Nach einer Verbindung zwischen ihm und der Versicherung suchen. Ich verspreche dir, ich lass den Mann in Ruhe. Ich bleibe im Hintergrund.«

»Dr. Johannes Gräber«, sagte sie. »Er ist ein hohes Tier bei CER Pharma.«

»Danke. Ich schaue ihn mir an. Viel Glück morgen bei der Polizei. Du wirst es brauchen.«

»Dir auch viel Erfolg bei allem, was du so machst.«

Paula beendete das Telefonat und dachte über Emils letzten Satz nach: *Du wirst es brauchen.*

Sie fing an zu summen, *Chaka Chaka Olé*, jenen Song, den

sie so sehr hasste und der im Moment ständig im Radio lief. War das möglich? Handelte es sich um einen Song aus der Retorte, der nur komponiert worden war, um Smartphones zu manipulieren? Verbarg sich hinter »*Chaka Chaka Olé*« ein ausgeklügeltes System, um Handydaten abzufischen?

Wenn dem so war, wollte Paula in so einer Welt nicht leben.

KAPITEL 35

Gabriela Moreno hatte es sich auf einem Liegesofa gemütlich gemacht und schaute den beiden zu. In ihrer Hand hielt sie ein halb gefülltes Glas Rotwein, der über vier Jahre in einem Eichenfass gereift war. Sie hatte die Flasche mitgebracht, weil ihre Nachbarn Fred und Alysa leider keinen guten Geschmack hatten, was Wein anging. Von anderen Genüssen verstanden sie dagegen umso mehr. Die beiden waren seit sechs Monaten verheiratet und hatten sich in einem Internetportal kennengelernt, wo Genussmenschen, für die Genuss nicht beim Essen und gutem Wein endete, zueinander fanden. Gabriela hatte sich auch schon im Internet auf solchen Seiten herumgetrieben, aber bisher erfolglos. Den Männern, die sich dort tummelten, mangelte es an Niveau. Stil und gutes Benehmen gehörten für Gabriela zu den wichtigsten Eigenschaften eines Partners, auch wenn sie sich davon nie wieder blenden lassen würde. Gabriela war ein einziges Mal auf einen Charmeur hereingefallen und hatte ihn sogar geheiratet. Sie war seine erste Frau im Harem gewesen, es hatte noch vier weitere gegeben, die er nur nicht offiziell geheiratet hatte.

Fred war zehn Jahre jünger als Gabriela, Alysa sogar fünfzehn. Beim ersten Mal hatte sie schon ein wenig Hemmungen gehabt, sich nackt vor ihnen auszuziehen, denn sie wusste um ihre Figur, die nicht mit der Alysas mithalten konnte. Zumindest wenn man die allgemeine Schönheitsnorm als Vorbild sah. Alysa war dreiundzwanzig, ihre Haut noch straff, und die Brüste hielten ohne BH der Schwerkraft stand. Fred trainierte drei Mal in der Woche für den nächsten Marathonlauf und war dementsprechend schlank, leider auch an der einen Stelle seines Körpers, die Männern so wichtig war.

Gabriele trank einen Schluck Wein und genoss ihn ebenso wie die Aussicht. Freds Kopf befand sich zwischen den Beinen seiner Ehefrau, und Gabriela wusste, wie gut er das beherrschte. Dies hatte auch mit seinen Erektionsproblemen zu tun, weshalb er seine Liebestechniken auf anderen Ebenen hatte verfeinern müssen.

Gabriela dachte an Johannes und stellte einen Vergleich an. Seine Manneskraft hatte jedes Mal wie auf Kommando funktioniert, obwohl er schon Mitte fünfzig war. Nur bei ihrem letzten Aufeinandertreffen, als er ihr alle Daten ausgehändigt hatte, wollte er nicht mehr. Ihre Liaison war vorbei. Natürlich hatte sie ihn noch mal an das Video und die Fotos erinnert. Es war unabdingbar, dass Gabriela trotz der Trennung stets die Kontrolle über ihn behielt und er es niemals wagen würde, auszuscheren und mit irgendwem über ihre geschäftliche Verbindung zu sprechen. Sonst müsste sie doch noch ihre Kampfhunde von der Kette lassen, aber das wollte sie nicht. Es hatte schon zu viele Tote gegeben, die vier Italiener hatten auch nicht in ihren Plan gepasst.

Alysas Aufschrei riss Gabriela aus ihren trüben Gedanken. Der schmale Körper der jungen Frau zuckte, und es schien, als wolle sie dem Liebesspiel ihres Mannes entkommen. Ein Orgasmus folgte auf den nächsten, was Alysa mit ihrer Stimme kundtat. Gabriela genoss es, dabei zuzusehen und guten Rotwein zu trinken. Schließlich packte Alysa den Kopf ihres Mannes an den Haaren und riss ihn hoch. Sie keuchte, hatte genug, einfach genug.

Fred löste sich von ihr, kam auf die Beine und nahm das Weinglas, das neben der Couch auf dem Boden stand. Er leerte es in einem Zug und spülte den Mund wie beim Zähneputzen aus. *Was für eine Verschwendung*, dachte Gabriela, einen so guten Wein zum Mundausspülen zu benutzen.

Fred schenkte ihr ein Lächeln, als er in Richtung Wohnküche verschwand. Genau wie in ihrer Wohnung gab es keine Trennwände zwischen den Räumen des täglichen Lebens.

Alysa rollte sich von der Matratze und krabbelte auf allen vieren zu Gabriela, die noch ihren Slip anhatte. Die junge Frau zog ihn herunter, streifte den Slip über die Beine. Dann begab sie sich in die Position, um Gabriela dieselbe Freude zu bereiten, die sie gerade durch ihren Mann erfahren hatte.

»Gabriela«, rief Fred aus der Küche herüber. »Komm mal.«

»Sie kann gerade nicht«, sagte Alysa.

»Komm her. Schnell.«

Gabriela schwang ihr Bein über Alysas Kopf, erhob sich und ging zu Fred in die Küche, der hinter dem Tresen stand und nach draußen blickte. Sie folgte seinem Blick, sah ihre Gemälde von Lovis Corinth an der Wand, das Licht hatte sie angelassen. Dann ging es plötzlich aus.

»Da sind zwei Männer bei dir in der Wohnung«, sagte Fred.

»Zwei Männer?«, fragte Alysa, die hinzugekommen war.

»Lasst das Licht aus«, befahl Gabriela, und ihr Puls schoss in die Höhe. »Die dürfen uns nicht sehen. Los, weg vom Fenster!«

Gabriela hob hektisch ihre Sachen vom Boden auf, zog sich weit in den hinteren Raum zurück, wo auch ihre Handtasche stand, und zog sich eilig an.

»Was hat das zu bedeuten?«, fragte Fred. »Sollen wir die Polizei rufen?«

»Nein. Alles okay. Ich weiß, wer die sind. Die gehören zum Sicherheitsdienst meiner Firma. Ich weiß nur nicht, warum sie da sind. Womöglich hat die Alarmanlage ausgelöst.«

Fred verschwand kurz im Arbeitszimmer, während Gabriela sich weiter anzog. Er kam mit einem Fernglas zurück und schaute hindurch. Gabriela nahm ihm den Feldstecher aus der Hand, hielt ihn vor die Augen und konnte die Männer jetzt besser sehen. Sie trugen Masken über dem Kopf, aber die Art, wie sich bewegten, erinnerte an die Bodyguards ihres Chefs. Sie entschwanden ins Arbeitszimmer und Gabrielas Blick. Sie nahm das Fernglas herunter.

»Was hat das zu bedeuten?«, fragte Alysa.

»Ich gehe rüber und kläre das«, sagte sie. »Ihr könntet mir einen Gefallen tun.«

»Sicher«, sagte Fred. »Was denn?«

»Ich muss morgen sehr früh auf Geschäftsreise. Ich mache mir Sorgen um meine Bilder; die zwei Gemälde sind sehr wertvoll. Könnt ihr die morgen früh zu euch holen?«

Fred nickte. »Na klar.«

Gabriela löste ihren Hausschlüssel vom Bund und gab ihn Fred. Er sah sie fragend an. »Wie willst du rüber in deine Wohnung gehen, wenn du keinen Schlüssel hast?«

Sie lächelte. »Ich klingle einfach.«

Gabriela nahm ihre Handtasche, in der sich auch das Satellitentelefon befand, das sie immer bei sich hatte. Sie ging zur Tür, drehte sich noch mal zu den beiden um. »Lasst das Licht aus. So lange, bis die Männer bei mir weg sind.«

Dann verschwand sie durch die Tür.

Im Treppenhaus ging das Licht von allein an, und Gabriela atmete erst einmal tief durch. Was sie konnte, konnten andere auch: Gabriela hatte Männer beauftragt, um ihre Probleme aus der Welt zu schaffen, wieso sollte Behringer nicht dasselbe tun? Sie war zu seinem Problem geworden. Wenn man eines Tages ihre Leiche finden würde, sollte jeder an Selbstmord denken. Das Kündigungsschreiben lag bestimmt schon auf ihrem Schreibtisch. Vorher aber musste sichergestellt sein, dass sie nicht irgendwelche Beweise in ihrer Wohnung versteckt hatte. Gabriela war ihren Gegnern zum

Glück einen Schritt voraus. Sie wusste von dem Einbruch, und die Männer hatten keine Ahnung, dass sie entdeckt worden waren. Nun gab es kein Zurück mehr, sie wagte sich nicht mehr in ihre Wohnung. Aber das war auch nicht nötig. Gabriela hatte sich auf diesen Tag vorbereitet.

KAPITEL 36

Steffen würde die Rechnung bezahlen, also zeichnete er auch für die Wahl des Restaurants verantwortlich. Es gehörte zu einem Fünf-Sterne-Hotel, das an der Nordseite des Doms gelegen war und zu den besten Häusern am Platz zählte. Paula hatte sich für ihr Kostüm entschieden, was dem Ambiente angemessen schien. Steffen trug einen maßgeschneiderten dunkelgrauen Anzug mit grüner Krawatte. Aus den Lautsprechern drang dezente Musik, und Paula musste unweigerlich an den Schlagersong *Chaka Chaka Olé* denken, der in diesem Ambiente bestimmt nie gespielt werden würde. Sie konnte sich noch immer nicht vorstellen, dass ein Lied dazu missbraucht wurde, bestimmte Smartphones zu manipulieren.

Paula verspürte eine innere Unruhe, und es fiel ihr schwer, das Essen zu genießen. Emils Anruf beschäftigte sie, und zum Glück waren die Portionen in dem Nobelrestaurant nicht üppig. Sie hatte keinen Appetit.

»War der Besuch bei Michael nicht erfolgreich?«, fragte Steffen.

»Doch, doch. Warum fragst du?«

»Du wirkst abwesend. Angespannt.«

»Ich gehe morgen mit ihm zur Polizei. Mehr möchte ich nicht darüber sagen.«

»Natürlich. Ich halte mich da raus.«

Paula hob ihr Rotweinglas, Steffen ebenso, und sie tranken beide. Kurz darauf erschien die Kellnerin mit der Flasche in der Hand und schenkte nach.

»Erzähl mir mal von dir«, sagte Paula. »Was genau machst du in dieser Unternehmensberatung?«

»Im weitesten Sinne PR.«

»Werbung?«, hakte sie nach.

»Public Relations umfasst viel mehr. Werbung gehört ganz am Rande auch dazu, aber es geht meistens darum, das Image einer Firma zu pflegen.«

»Auch wenn sie Mist bauen?«

Er grinste. »Nicht auch, sondern gerade dann. Ich bin für die juristische Seite zuständig. Was darf man sagen, was nicht, was sollte man besser verschweigen? Ab wann werden Urheberrechte oder Persönlichkeitsrechte verletzt?«

»Aber du hast auch mit Werbung und Marketing zu tun?«

»Kaum. Das machen andere. Wieso?«

»Ist es möglich, ein Musikstück in die Charts zu bringen?«

»Du meinst, einen Song so zu pushen, dass er unter die Top Ten kommt?«

Paula nickte.

»Nicht mit absoluter Gewissheit, sonst würde es ja jeder machen. Bei manchen Songs wäre der Werbeaufwand größer als der Gewinn aus den Verkäufen. Aber die Wahrscheinlichkeit, dass so etwas gelingt, steigt mit dem Etat, den man für Werbung einsetzt. Ja.« Er lächelte schelmisch. »Warum? Möchtest du ein Lied platzieren?«

»Ich nicht. Aber ich kenne vielleicht jemand, der so was versucht hat. Und ich würde gerne wissen, ob er erfolgreich war.«

»Wie heißt der Song?«

»Auch das weiß ich nicht mit Sicherheit«, sagte Paula. »Kennst du diesen furchtbaren Schlager, der im Moment überall zu hören ist?«

Er hob beide Arme und bewegte sie, als würde er tanzen. »Chaka Chaka Olé?«

Sie nickte. »Genau das. Nimm die Arme wieder runter.«

Er tat es sofort. »Ich hasse das Lied. Grundsätzlich sind Schlager so gar nicht mein Ding.«

»Ist das ein One-Hit-Wonder, oder steckt da eine kluge Marketingstrategie hinter?«

»Schwer zu sagen. Wenn es eine kluge Marketingstrategie war, schreibt die entsprechende Agentur sich so was gerne auf die Fahne und gibt damit an. Hab ich aber bei dem Song noch nicht gehört, dass da einer viel Geld reingepumpt oder eine besondere Idee gehabt hätte.«

»Was meinst du mit besonderer Idee?«

»Geld allein reicht oft nicht für ein gutes Branding.«

»Branding?«

»Eine Marke oder ein Produkt platzieren. Es in die Köpfe der Leute ›einzubrennen‹. Ein gutes Branding kostet meistens richtig viel Geld, und es gibt keine Garantie, dass es funktioniert.«

»Interessant«, sagte Paula. »Aber wenn man erfolgreich ist mit so was, dann schreibt sich die Werbeagentur das auf die Fahne, und jeder in der Branche weiß, wer das gemacht hat?«

»Na klar. Die Macher sind dann die Könige.«

»Wärst du in der Lage herauszufinden, wie es dieser blöde Schlagersong in die Charts geschafft hat?«

Er sah sie kritisch an. »Interessiert dich das nur so, oder hast du einen bestimmten Grund?«

Sie zögerte. »Ich kann es dir im Moment nicht erklären.«

»Was genau willst du wissen?«

»Wer steckt hinter dem Marketing? Eine Agentur, eine Firma, wie viel Geld, und wer hat es bezahlt?«

»Also willst du alles wissen«, grinste er. »Das kriege ich raus. Kann aber ein paar Tage dauern, je nachdem, ob ich die Verantwortlichen sofort erreiche. Aber das kostet erneut ein Honorar.«

»Eine Revanche?«, fragte sie.

Er lächelte. »Diesmal ist die Sauna fällig. Und dann gewinne ich.«

Sie hob das Glas. »Träum schön weiter.«

KAPITEL 37

Gabriela wusste, dass das Leben, wie sie es bisher geführt hatte, vorbei war. Wahrscheinlich hatte Behringer inzwischen erfahren, dass auch die vier Italiener auf Morenos Konto gingen. Da war es nur verständlich, dass er versuchte, jede Verbindung zu ihr zu kappen.

Gabriela hatte gesehen, dass die Einbrecher in ihrem Arbeitszimmer waren, und konnte sich denken, was sie dort gesucht hatten: den Safe. In dem befanden sich wichtige Unterlagen und ein USB-Stick, auf dem ein Wallet mit Bitcoins gespeichert war, die am heutigen Tag eine halbe Million Euro wert waren. Niemand anders außer Gabriela konnte die Bitcoins veräußern, aber sie selbst auch nicht, wenn sie nicht über die siebenundzwanzig Passwörter verfügte. Die waren auf einem kleinen Blatt Papier in dem Keilrahmen des *Schächers* versteckt. Gabriela konnte nur hoffen, dass Fred die Bilder an sich bringen konnte. Aber genug Geld für die Flucht zu haben, war nicht ihre einzige Sorge.

Sie nahm den Rasierapparat und setzte den kürzesten Aufsatz darauf. Brummen erfüllte das Badezimmer, sie schaute in den Spiegel. Ihr Haar war wunderschön, sie liebte es, die Frisur war immer Teil ihrer Persönlichkeit gewesen.

Aber in dieser Situation blieb ihr keine andere Wahl, sie setzte den Rasierer an der rechten Stirn an. Mit einer zügigen Bewegung führte sie die brummenden Klingen über die Kopfhaut, und ein großes Büschel Haare fiel auf den Boden. Sie wiederholte den Vorgang, und die Schneise verbreitete sich immer mehr, bis sie von einem Ohr zum anderen nur noch eine millimeterdicke Haarschicht trug. Auch die würde sie im nächsten Vorgang wegrasieren. Sie setzte den Rasierer nun an den langen Haaren im Nacken an und fuhr den Hinterkopf hinauf, rechts beginnend, und sich dann nach links vorarbeitend. Haarbüschel verteilten sich auf den weißen Fliesen.

Der Blick in den Spiegel schmerzte. Sie sah furchtbar aus, was auch an ihrer Haut lag. In der Apotheke hatte sie sich einmal eine Salbe besorgt, die zur Behandlung gegen Rosacea diente, aber einen Wirkstoff enthielt, den Gabriela nicht vertrug. Rote Pickel in ihrem Gesicht fingen an zu sprießen – genauso sollte es auch sein. Die Kombination aus Glatze und unreiner Haut ließ Gabriela wie eine Krebspatientin nach Chemotherapie aussehen. Sie nahm den Aufsatz vom Rasierer und entfernte auch noch die millimeterdicke Haarschicht am Kopf und den Augenbrauen, bis nichts mehr da war. Die Haarbüschel ließ sie verstreut auf dem Boden liegen und ging unter die Dusche. Nach der Erfrischung und dem Abtrocknen zog sie sich nicht mehr an. Es war schon spät. Sie hob die Haare vom Boden auf und stopfte sie in den Mülleimer im Bad.

Dann ging Gabriela ins Zimmer, setzte sich aufs Bett und starrte ins Leere. Bis ihr die erste Träne kam, gefolgt von vielen weiteren. Der Heulkrampf wurde immer stärker, sie schlug mit der Faust ins Kissen, so fest sie konnte und so lange, bis ihre Kraft nachließ. Selbstmitleid hatte sie immer gehasst, aber jetzt war sie der Meinung, dass sie es sich verdient hatte.

Ihr Fehler war gewesen, einem Mann zu vertrauen, der sie nur benutzt hatte. Sie war stets davon ausgegangen, dass Carl Ludwig Behringer in ihr eine gute Managerin sah, vielleicht sogar seine Nachfolgerin. Aber das hatte sich als Irrtum herausgestellt. Ihm ging es nur um sich selbst ... wie bei jedem anderen in so einer Spitzenposition. Er hatte Dinge von ihr verlangt, die nicht möglich waren, den Druck auf sie immer weiter erhöht und ihr dabei das Gefühl vermittelt, von ihr als Person und ihren Leistungen enttäuscht zu sein. Gabriela hatte sich zu dem Projekt anstiften lassen, sehnte sie sich doch nach nichts mehr als seiner Anerkennung. Bei klarem Verstand hätte sie *Faktor X* vielleicht nie ins Leben gerufen.

Oder doch?

Sie wusste es nicht, war sich nicht sicher.

Auf jeden Fall musste sie die Sache zu Ende bringen. Behringer würde niemals zur Polizei gehen und sie anzeigen, denn in dem Fall würde ein Tsunami über seinen Konzern hereinbrechen. Aber es gab noch eine Reihe von Personen, die ihr gefährlich werden konnten, und die musste sie ausschalten.

Sie griff in ihre Handtasche, holte das Satellitentelefon heraus und wählte die einzige Nummer, die darauf gespeichert war. Nach dem ersten Freizeichen legte sie auf und wartete auf den Rückruf.

KAPITEL 38

Es war kurz nach zehn Uhr. Der Wettermoderator im Radio sagte für die meiste Zeit des Tages Sonne voraus, doch Schauer waren möglich. Danach wurde die Liste der Staus aufgezählt, aber es war keine Strecke dabei, die Paula betraf. Sie fuhr mit Sophies Micra auf der Autobahn 46 in Richtung Düsseldorf in den Tunnel, ordnete sich auf der rechten Spur ein, und das Radio fing an zu rauschen. Zwei Abfahrten folgten kurz hintereinander, Paula nahm die zweite Richtung Zentrum. Das Telefonat mit Emil hatte sie nachdenklich werden lassen und schließlich zu der Entscheidung geführt, den Termin im Polizeipräsidium doch nicht wahrzunehmen. Michael Nowak und der Staatsanwalt würden dort vergebens auf sie warten. Sie hatte ihren Strafverteidiger nicht einmal angerufen, aus Angst, dass er sie überreden könnte, doch noch zu kommen. Deshalb war ihr iPhone auch ausgeschaltet. Die Polizei würde von nun an wieder nach ihr fahnden.

Paula wunderte sich, dass Lennard sich seit ihrem letzten Telefonat nicht mehr gemeldet hatte. Hatte sie ihn verloren, seine Freundschaft, seine Loyalität? Verstehen könnte sie es gut. Paula spielte im Moment nicht fair, aber sie sah keine andere Möglichkeit, als genau das zu tun, was sie plante.

Die Ausfahrt führte aus dem Tunnel hinaus, und der Verkehr sortierte sich auf einer fünfspurigen Straße, die am Ende in zwei Richtungen ging. Paula ordnete sich links ein und bog auf eine Hauptstraße ab, um nach einem Kilometer in Richtung Hafen zu fahren.

Das Hotelgebäude war schon aus der Ferne gut zu sehen, ragte es doch in den blauen Himmel. Paula hielt Ausschau nach der Einfahrt des Parkhauses, es waren nur noch wenige freie Plätze um diese Zeit zu bekommen. Aber sie hatte Glück. Kaum war sie hineingefahren, bot sich ihr ein Frauenparkplatz direkt in der Nähe des Hoteleingangs an.

Nachdem Paula ausgestiegen war, abgeschlossen und ihre Laptoptasche geschultert hatte, kontrollierte sie ihr Äußeres im Spiegelbild des Seitenfensters. Sie trug wieder das Businessoutfit, und Sophie hatte ihre Haare frisiert, damit Paula weniger wie eine Studentin und mehr wie eine Angehörige der Pharmabranche aussah. Ihre kleine Handtasche trug sie in der Armbeuge, trat durch den Ausgang zum Hotel und fuhr mit dem Fahrstuhl ins Erdgeschoss. Dort tummelten sich bereits die Teilnehmer der Tagung. Die Männer trugen Anzüge, die meisten mit Krawatte, mancher auch Fliege. Paulas Outfit entsprach dem Dresscode der Frauen, und sie fiel in dem Getümmel nicht auf. Nur hatte sie als Einzige kein Namensschild, auf dem das Logo der Fachtagung gedruckt war: *Genes & Behaviour*.

Paula wusste, dass Dr. Johannes Gräber hier war. Laut Programm sollte er seinen Vortrag vor der Mittagspause halten, so war es im Internet angekündigt worden. Fotos von ihm hatte Paula sich zu Genüge eingeprägt. Sie entdeckte ein Schild an einer Säule mit dem Hinweis *Programmänderung*. Paula las, dass der erste Redner krankheitsbedingt ausfiel und Dr. Johannes Gräber nach einer kurzen Begrüßung die Fachtagung eröffnen würde. Sein Vortrag war auf eine Dreiviertelstunde terminiert. Nach ihm würde vor dem Mittagessen noch ein zweiter Redner folgen.

»Guten Tag«, ertönte eine freundliche Stimme neben Paula.

Eine junge Hostess war lächelnd an sie herangetreten. »Ich sehe, Sie haben noch kein Namensschild. Sie müssen sich unbedingt am Empfang akkreditieren.«

Die Frau zeigte zu einem großen Tisch, hinter dem weitere Hostessen standen und Namensschilder verteilten.

Paula lächelte zurück. »Vielen Dank.«

Sie ging auf den Tisch zu, vor dem sich mehrere Schlangen gebildet hatten. Paula sah im Näherkommen, dass die Namensschilder alphabetisch sortiert auf dem Tisch ausgebreitet lagen. Paula stellte sich ganz rechts an, wo die Schlange am kürzesten war.

Die Hostess hinter dem Tisch schaute auf und lächelte Paula an. »Guten Tag. Wie heißen Sie bitte?«

»Monika Zimmer«, las Paula von einem Schild am rechten Rand ab.

Die Hostess nahm das Schild vom Tisch. Kurz davor, es ihr zu reichen, bat sie: »Dürfte ich noch bitte Ihre Akkreditierung sehen?«

»Natürlich«, sagte Paula unerschrocken und schaute in ihre Handtasche, tat so, als würde sie danach suchen. »Oje. Ich habe sie im Auto liegenlassen. Ich erinnere mich, dass ich sie rausgenommen hatte.«

»Soll ich eben im System nachschauen?«, fragte die Hostess und deutete auf den Laptop, an dem eine Kollegin stand.

»Nein danke, nicht nötig«, erwiderte Paula sofort. »Ich habe noch etwas anderes vergessen und muss eh noch mal zurück. Bis gleich.«

Sie wandte sich ab und suchte Abstand, ging Richtung Fahrstühle davon. Die Hostess schien keinen Verdacht zu schöpfen und bediente schon die nächste Teilnehmerin. Paula hoffte, dass die nicht ausgerechnet Monika Zimmer hieß.

Der erste Versuch war missglückt und ein zweiter wenig erfolgversprechend. Also musste sie auf anderem Weg in den Kongresssaal gelangen oder warten, bis der Vortrag vorbei war. Vielleicht könnte sie Dr. Gräber in der Mittagspause ansprechen.

Sie sah neben der Rezeption zwei Telefonkabinen. Dass es so

etwas noch gab im Zeitalter von Mobiltelefonen. Man konnte dort mit Kreditkarte bezahlen. Paula kramte ihre aus der Handtasche. Die Karte verdankte sie ihrem ungeliebten Vater, der mit dem Kreditrahmen ihre Zuneigung erkaufen wollte.

Paula betrat eine der Kabinen, steckte ihre Kreditkarte in den Schlitz und wählte die Nummer ihres Anwaltes.

Sie musste nicht lange warten, bis sie seine Stimme hörte. »Nowak?«

»Paula Krüger.«

»Frau Krüger.« Seine Stimme klang besorgt. »Ist Ihnen etwas zugestoßen?«

»Nein. Mir geht es gut. Ich habe mich kurzfristig entschlossen, den Termin platzen zu lassen.«

»Warum haben Sie mir nicht Bescheid gegeben?«

»Sie hätten es mir bestimmt ausgeredet.«

»Ja, allerdings. Darf ich fragen, wo Sie sich aufhalten?«

»In einem Hotel, wo ein Kongress stattfindet. Ich muss dort jemanden treffen, der mit dieser Sache zu tun hat.«

»Sie haben hoffentlich nicht vor, den mutmaßlichen Mördern von Eric Naumann alleine entgegenzutreten.«

»Nein. Lebensmüde bin ich nicht.«

»Warum vertrauen Sie mir nicht?«, fragte Nowak.

»Das kommt durch die Erfahrungen der letzten Tage. Ich bin wie ein Pingpongball hin und her geschlagen worden, ohne einmal eine Entscheidung selbst getroffen zu haben. Der Mann, den ich hier treffen will, mit ihm muss ich allein reden.«

»Es gibt ein paar neue Informationen. Wollen Sie sie hören?«

»Ja, bitte.«

»Sie werden als wichtige Zeugin eingestuft, weil Ihre Fingerabdrücke am Tatort in der italienischen Bar sichergestellt wurden. Ebenso die Fingerabdrücke von Emil Naumann, der nach Spurenlage auch bei seinem Bruder Eric in der Werkstatt war und daher als Täter durchaus infrage kommt. Untersuchungen haben allerdings ergeben, dass bei Eric Naumann tatsächlich eingebrochen wurde, ohne dass die Täter sichtbare Spuren hinterlassen hätten. Unter dem Mikroskop hat sich herausgestellt, dass der Schließzylinder leicht beschädigt war. Das rückt den Fall in ein etwas anderes Licht. Außerdem sind sich die Ermittler uneinig. Ein Kollege von der Abteilung für *Organisierte Kriminalität* sieht den Fall anders als die Kommissare der Mordkommission. Aber Sie, Frau Krüger, sind so oder so eine wichtige Zeugin. Kommen Sie her, und überlassen Sie die Arbeit ab sofort den Profis.«

»Das würde ich gerne. Aber auch auf die Gefahr hin, dass ich mich wiederhole: Ich muss erst ein wichtiges Gespräch führen. Für mich. Es geht dabei um meine Zukunft.«

Nowak gab sich geschlagen, wie sein Tonfall verriet. »Einverstanden. Aber halten Sie mich bitte auf dem Laufenden und schalten Sie, gottverdammt noch mal, Ihr iPhone ein. Die Polizei weiß nichts davon. Die hören das nicht ab und können Sie auch nicht orten.«

»Okay. Das mache ich gleich und melde mich wieder bei Ihnen.«

»Und ich rufe Sie an, sollte es hier neue Erkenntnisse geben. Viel Erfolg bei allem, was Sie vorhaben. Und seien Sie vorsichtig.«

»Danke.« Paula legte auf, blieb aber noch in der Kabine, weil es hier ruhiger war als in der Lobby. Sie nahm ihr Handy aus der Handtasche, schaltete es ein und zögerte einen Moment. Sollte sie ihn anrufen? Dann tippte sie auf Lennards Nummer. Nach dem dritten Freizeichen ging er dran.

»Hast du dein Handy endlich angeschaltet? Wo bist du?«

»In Düsseldorf, in einem Hotel.«

»Im Liebermann?«

»Ja. Woher weißt du das?«

»Weil wir auch auf dem Weg dorthin sind. Emil sitzt neben

mir. Du willst diesen Wissenschaftler treffen, der dort einen Vortrag hält, richtig?«

Paula bereute es, Emil den Namen von Dr. Johannes Gräber verraten zu haben.

»Gib mir mal deinen Beifahrer.«

»Moment.« Sie hörte Lennards Stimme nur noch sehr leise. »Ist für dich.«

»Ja«, ertönte Emils Stimme durch das iPhone.

»Wieso kommst du her?«

»Aus demselben Grund, aus dem du dort bist. Ich will Antworten.«

»Mit dir wird Gräber aber nicht reden. Wir müssen behutsam vorgehen, und das ist nicht gerade deine Stärke.«

»Woher willst du wissen, dass er mit mir nicht redet?«

»Können wir uns darauf einigen, dass ich ihn mir zuerst vornehme und du im Hintergrund bleibst?«

»Gerne. Wenn du mich nicht wieder im Stich lässt und dein eigenes Süppchen kochst.«

»Wie du vielleicht festgestellt hast, bin ich nicht bei den Bullen.«

»Eine weise Entscheidung. Die du mir zu verdanken hast!«

»Wie weit seid ihr noch weg?«

»Das Navi sagt etwas über eine Stunde.«

»Wartet auf mich in der Lobby. Bis gleich.«

Paula beendete das Telefonat, steckte ihr iPhone wieder ein und trat aus der Kabine. Die Lobby hatte sich geleert, der Kongress schien angefangen zu haben. Dr. Johannes Gräber war der erste Redner, und sein Vortrag würde eine Dreiviertelstunde dauern. Paula musste etwas Zeit totschlagen und begab sich zum Frühstücksraum. Vor lauter Aufregung hatte sie noch nichts gegessen.

KAPITEL 39

Dr. Johannes Gräber stand am Rednerpult, schaute auf einen gefüllten Saal und spürte, dass er die volle Aufmerksamkeit des Auditoriums gewonnen hatte und sie ihm gedanklich folgten. Wie er nicht anders erwartet hatte; es gab einige Kollegen, die ihn als Rampensau bezeichneten, was er als Kompliment auffasste. Wissenschaftler, die viel im Kopf hatten, aber nicht in der Lage waren, ihre Forschungsergebnisse einem breiten Publikum zu präsentieren, lebten seiner Meinung nach in einem Elfenbeinturm. Dort gehörte er auf keinen Fall hin. Schon früh in seiner Karriere hatte er festgestellt, dass es bei einem Vortrag nicht auf Grafiken oder Zahlenwerke ankam, die in der Kürze der Zeit sowieso niemand erfassen konnte, sondern es um die richtigen Denkanstöße ging. Darum, das Publikum in den Bann zu ziehen.

Er blickte wieder in die Gesichter der ersten Reihen, die meisten von ihnen starrten gebannt auf die Leinwand, wo die nächste Grafik erschien mit der Überschrift: *German Angst*.

Dr. Gräber sprach ins Mikrofon. »Die Deutschen haben die Neigung, sich zu ängstigen, dafür sind wir in der ganzen Welt bekannt: Angst – made in Germany. Oder wie die Amerikaner es nennen: *German Angst*. Mancher führt diese Eigenschaft unter anderem auf die schrecklichen Erfahrungen zurück, die viele Deutsche in zwei Weltkriegen erleben mussten. Und tatsächlich; heute sind wir so weit, zu erkennen, dass traumatisierte Personen nicht nur ihr Verhalten ändern, sondern es ändern sich auch deren Erbinformationen. Und gehen wir noch einen Schritt weiter: Was, wenn sich diese Erbinformationen auch auf unsere Nachkommen übertragen?«

Er ließ die Frage einen Moment lang wirken. Es war still im Saal, er hatte die ungeteilte Aufmerksamkeit aller.

»Das Forschungsfeld der Epigenetik befasst sich mit solchen Phänomenen und erklärt den Einfluss von Umweltfaktoren wie Stress und Traumata auf die Eigenschaften einer Zelle.«

Er machte wieder eine kurze Pause, diesmal um einen Schluck Wasser zu trinken, bevor er fortfuhr.

»Welche Mechanismen liegen dem Phänomen der *German Angst* aus epigenetischer Sicht zugrunde? Genau können wir das noch nicht sagen. Es ist zu klären, ob es ähnlich dem genetischen Code auch einen epigenetischen Code gibt. Diese Forschung wird uns vielleicht eines Tages die molekularbiologischen Grundlagen für die *German Angst* und andere Verhaltensweisen liefern. Wir sollten diese Volkskrankheit unbedingt kurieren, denn: Angst ist kein guter Ratgeber. Wer in Angst lebt, fällt nicht unbedingt die besten Entscheidungen. Und wir leben nun mal in unsicheren Zeiten. Das war aber schon immer so. Benjamin Franklin soll vor zweihundert Jahren gesagt haben: *Nichts ist gewiss, außer Tod … und Steuern.* Apropos«, Dr. Gräber hob den Zeigefinger, »haben Sie Ihre Steuererklärung für letztes Jahr schon abgegeben?«

Das Publikum lachte herzhaft. Humorvolle Einschübe während eines Vortrags dienten nicht nur dazu, das Publikum bei Laune zu halten; Gräber war der festen Überzeugung, dass die Aufmerksamkeit durch eine allgemein positive Stimmung erhöht wurde.

»Was die *German Angst* betrifft: Wir müssen lernen, Risiken vernünftig zu bewerten und abzuwägen. Sie kennen alle das Beispiel: Was ist gefährlicher? Ein Flug von Düsseldorf nach New York oder der Weg zum Flughafen mit dem Auto? Ohne Tempolimit versteht sich, wir leben schließlich in Deutschland.«

Wieder gab es vereinzelte Lacher im Publikum.

»Beides. Der Flug über den Teich und die Fahrt zum Airport dürften in etwa gleichermaßen riskant sein. Risiken gehen wir immer ein; wenn wir bestimmte Dinge tun, aber auch wenn wir sie unterlassen. Nun weiche ich gerade ein bisschen vom Thema ab, lassen Sie uns zurückkehren zu der Frage, welche Kausalität zwischen Umwelteinflüssen und der Funktion des Genoms durch chemische oder strukturelle Veränderungen besteht. Und wie sehr beeinflussen unsere Gene unser Verhalten?«

Er klickte auf seinen Laptop, und der letzte Chart wurde auf die Leinwand geworfen. Ein Bild von Krawallen am Rande eines Fußballspiels zeigte eine Gruppe von aufeinander einprügelnden Männern.

»Wie viele Frauen sind auf diesem Bild zu sehen?« Er machte eine rhetorische Pause. »Sie werden merken, dass die Emanzipation sich noch nicht bis in die Hooliganszene durchgesetzt hat. Die einzigen Frauen auf dem Foto sind die Polizistinnen am Rande des Geschehens. Woran liegt das? Die Gründe sind vielfältig und komplex, und ich möchte mich angesichts der Kürze der Zeit nur auf biologische Ursachen konzentrieren, genauer gesagt auf eine bestimmte Ursache. Es ist nicht leicht, die Kausalität zwischen dem menschlichen Verhalten und unserem Genom mit hoher Genauigkeit zu ermitteln. Dazu braucht es viele Studien und Daten über das Verhalten der Menschen. Insbesondere über die Wirkung des Hormons Testosteron ist viel geforscht worden, aber die Frage, die man sich immer stellen muss, lautet: Ist Testosteron das Resultat aggressiven Verhaltens, oder ist es dessen Ursache? Mit dieser Frage beschäftigen sich mehrere Studien. Die Erforschung ursächlicher Zusammenhänge zwischen dem Genom und dem Verhalten einer Person ist bei der Entwicklung neuer Medikamente gegen Verhaltensauffälligkeiten von großer Bedeutung.«

Er griff wieder nach dem bereitstehenden Glas Wasser und

trank einen Schluck, bevor er weiterredete. »Ein anderes Beispiel aus dem Schulbetrieb. Es zeigt sich häufig, dass hochbegabte Kinder es manchmal sehr schwer haben, weil sie unterfordert sind und deshalb aggressiv reagieren. Das hat dann wenig mit Testosteron zu tun. Es sind eher die Ungeduld und eine gewisse mangelnde soziale Kompetenz, die es einem hochbegabten Kind schwierig machen, das geringe Tempo der anderen zu tolerieren. Aber wie beim Testosteron müssen wir uns auch hier die Frage stellen: Wie hängen Intelligenz und Ungeduld zusammen? Ist die Intelligenz Ursache für die Ungeduld, oder ist die Ungeduld der Motor, der einen Menschen zu intelligenten Leistungen überhaupt erst befähigt? Seit Karl Popper wissen wir, dass am Anfang jedes Erkenntnisprozesses Zweifel und Neugier stehen. Wir dürfen in der epigenetischen Forschung nie den Fehler machen, die Dinge linear und eindimensional zu betrachten. Der Mensch ist ein komplexes Wesen, und er handelt niemals monokausal. Das macht das Forschungsgebiet der Epigenetik ja erst so interessant.«

Dr. Gräber drehte den Kopf, schaute zur Leinwand. »Wenn ich mir das Bild so anschaue«, er blickte wieder nach vorne zu einer Frau in der ersten Reihe, deren rotes Kleid neben den dunkel gekleideten Herren hervorstach und die ihn anlächelte, »fällt mir zum Abschluss noch eine statistische Berechnung ein, die besagt, dass die Wahrscheinlichkeit, im Knast zu landen, bei mir um ein Vielfaches, mindestens um den Faktor zehn, höher liegt als bei Ihnen. Rein statistisch.« Er zeigte auf die Frau im roten Kleid. »Weil Sie eine Frau sind und ich ein Testosteronbolzen.«

Obwohl das mittlerweile dem wissenschaftlichen Konsens entsprach, hielten einige im Publikum die Aussage für einen Scherz und lachten. Dr. Gräber kam zum Schluss seines Vortrags. »Mit dieser grandiosen Selbsteinschätzung möchte ich zum Ende kommen. Ich hoffe, Ihnen einige Anregungen und vielleicht auch neue Erkenntnisse vermittelt zu haben. Vielen Dank für Ihre Aufmerksamkeit. Mir ist gerade eingefallen, dass ich jetzt dringend meine Steuererklärung machen muss.«

Das Publikum lachte laut und applaudierte. Viele erhoben sich von ihren Stühlen, um Dr. Gräber den verdienten Respekt zu zollen. Die Vorsitzende der Fachtagung kam auf die Bühne und überreichte dem Redner als Dankeschön eine Flasche Wein in einer Präsenttasche.

»Lieber Dr. Gräber. Wir dachten uns, eine gute Flasche Wein sagt Ihnen bestimmt mehr zu als ein Blumenstrauß.«

»Och. Den Blumenstrauß hätte ich meiner Frau mitgebracht. Trotzdem, vielen Dank, den Wein nehme ich auch.«

Wie auf Kommando stürmte eine Hostess mit einem Blumenstrauß auf die Bühne und überreichte ihn dem Wissenschaftler, der sich noch einmal herzlich bedankte.

Der Applaus ebbte ab, und Dr. Gräber trat von der Bühne. Er hatte ein dringendes Bedürfnis und steuerte geradewegs auf den Ausgang zu, lief den Korridor entlang in Richtung Lobby und betrat die Herrentoilette. Er war anscheinend der Erste, der den Saal verlassen hatte und darum allein. Blumenstrauß und Wein stellte er neben die Waschbecken, wandte sich den Urinalen zu und machte die Hose auf, um sich zu erleichtern. Da hörte er, wie die Tür zu den Toiletten aufging und wieder zufiel. Es folgten sich nähernde Schritte, bis eine Frauenstimme ertönte.

»Dr. Gräber?«

Er schaute nach links. Da stand eine Frau in einem grauen Kostüm, die kein Namensschild trug, aber ansonsten aussah wie eine Teilnehmerin der Konferenz.

Er machte eilig seine Hose zu. »Was machen Sie hier?«

»Wir müssen reden«, sagte sie selbstbewusst. »Es wird uns niemand stören. Ich habe ein Schild an die Tür gehängt, das hier gerade sauber gemacht wird. Mein Name ist Paula Krüger.«

»Schön. Meinen Namen scheinen Sie ja zu kennen.«

»Ihren Vortrag habe ich leider verpasst, weil ich nicht akkreditiert bin. Ich hätte sehr gerne mehr erfahren über den Zusammenhang zwischen menschlichem Verhalten und unserem Genom. Vor allem wie man dieses Wissen nutzen kann, um Bürger auszuspionieren und deren biologische Daten einer Versicherung zur Verfügung zu stellen.«

Dr. Gräber erstarrte. »Wie heißen Sie?«

»Paula Krüger. Fällt bei Ihnen langsam der Groschen?«

»Woher wissen … haben Sie meinen Namen?«

»Intelligenz, aber nicht künstlich.« Paula hatte sich fest vorgenommen, Professor Kleimann nicht zu erwähnen. Sie war ihm dankbar, dass er ihr den Namen des Wissenschaftlers genannt hatte. »Über Sie wird sehr viel geschrieben im Internet, und ein Datenabgleich hat einen Freund von mir dazu befähigt, Sie ausfindig zu machen. Wenn er das kann, schaffen andere das auch. Schon mal drüber nachgedacht?«

Seinem Gesicht war die Verunsicherung anzumerken. »Was wollen Sie?«

»Zwei Dinge. Erstens bin ich hier, um Sie zu warnen.« Sie machte eine rhetorische Pause. »Zweitens möchte ich mein altes Leben zurückbekommen. Ich bin genau wie Sie Wissenschaftlerin, stehe aber noch am Anfang meiner Karriere und bin unverschuldet in diese Sache reingeraten.«

»Von was reden Sie?« Er schüttelte den Kopf, als ob er nicht verstehe. »In was für eine Sache?«

»Interessiert Sie denn gar nicht, vor wem ich Sie warnen möchte?«

Er schluckte.

»In Köln wurde der Besitzer eines Handyshops ermordet, und in Frankfurt hatte ein Programmierer einen tödlichen Unfall am Sicherungskasten. Zurück nach Köln: Da gab es dann sogar einen Vierfachmord, angeblich im Milieu der Mafia, zumindest glaubt die Polizei das. Aber zwischen allen Opfern gibt es eine Verbindung. Es deutet einiges darauf hin, dass Ihre Geschäftspartner reinen Tisch machen wollen. Gehören Sie auch zu den Mitwissern? Dann sind Sie gefährdet.«

Paula bemerkte, wie ihrem Gegenüber das Blut aus dem Kopf wich und er kreidebleich wurde. Wie ein alter Mann musste er sich mit der Hand an der Wand abstützen.

»Von was für Leuten reden Sie?«, fragte er mit zittriger Stimme.

Paula war irritiert. »Wer die sind, wollte ich eigentlich von Ihnen erfahren.«

Er schüttelte den Kopf, suchte nach den richtigen Worten und wirkte alles andere als selbstsicher. »Die ganze Sache ist kompliziert. Ich habe mich auf … auf Geschäftspartner eingelassen, denn dieser Forschungsbereich ist abhängig von validen Daten. Wie soll man sonst von der Aktivität eines Gens auf das Verhalten der Person schließen können – und umgekehrt. Es bedarf einer Menge Informationen über jeden Probanden, um feststellen, ob einer zum Beispiel besonders risikobereit ist.«

»Oder sexsüchtig«, fiel Paula ihm ins Wort, um auf das spezielle Gen DRD-4 anzuspielen. »Und solche Informationen bekommen Sie am leichtesten von einer Versicherung, die ihre Kunden systematisch ausspioniert. Bewegungsprofile, Fahrverhalten im Straßenverkehr, Unfallstatistiken, risikoreiche Sportarten. Solche Informationen werden von der Versicherung geliefert, damit Sie erforschen, welche genetische Voraussetzung zu welchem Verhalten führen könnte.«

»Mit solchen Daten wird nicht erst seit gestern gehandelt«, versuchte er sich zu rechtfertigen.

»Und als Gegenleistung haben Sie die Forschungsergebnisse wieder der Versicherung zukommen lassen, die solche Informationen in die Risikobewertung mit einfließen lässt. Das war der Deal, nicht wahr?«

Er schwieg einen Moment, bevor er konterte: »Kennen Sie die Geschichte von Maurice Wilkens?«

Paula überlegte kurz. »Er hatte mit der Entdeckung der DNA-Struktur zu tun. Welche Geschichte meinen Sie?«

»Watson und Crick postulierten die Doppelhelixstruktur auf Basis von Röntgenstrukturanalysen. Diese Daten hatten sie aber nicht selbst erstellt. Die kamen von Rosalind Franklin. Wilkens hat die unveröffentlichten Daten kopiert, um sie an Watson und Crick weiterzugeben. Die drei haben damit gegen wissenschaftliche Standards verstoßen.«

»Wollen Sie damit sagen, dass man im Sinne der Forschung manchmal ein Auge zudrücken muss? Geht es Ihnen auch um einen Nobelpreis?«

Er schluckte. Anscheinend hatte sie mit dem Argument ins Schwarze getroffen.

»Nein«, sagte er schließlich. »In diese Richtung habe ich gar nicht gedacht, aber …«

»Sie glauben, dass so ein bisschen Datenmissbrauch niemandem schadet?« Paulas Stimme klang vorwurfsvoll. »Und was die Versicherung mit Ihren Forschungsergebnissen macht, das interessiert Sie natürlich nicht. Warum auch?«

Er stützte sich nicht mehr an der Wand ab, richtete sich auf, und sein Blick gewann auf einmal an Arroganz. »Sie haben es selbst wahrscheinlich noch nie erlebt.«

»Was?!«

»Dieses Gefühl, diesen Nervenkitzel, wenn eines Tages eine Tür aufgeht und die Natur eines ihrer vielen Geheimnisse offenbart.«

Paulas Tonfall wurde schärfer. »In einem Interview in einem Fachmagazin haben Sie sich nicht zu *DRD-4* äußern wollen. Für einen Wissenschaftler, der sich für die Wirkung des Genoms auf unser Verhalten interessiert und der davon träumt, dass eine neue

Tür aufgeht, wirkten Ihre Antworten auf mich extrem kurzsichtig. Deshalb bin ich auf Sie aufmerksam geworden. Geht es in Ihrer Forschung um *DRD-4*?«

Er pustete die Luft aus seinen Lungen, ihre Worte trafen erneut ins Schwarze. »Würde es Ihnen etwas ausmachen, das Gespräch woanders fortzusetzen?«

»Sie entkommen mir nicht.«

»Das habe ich auch nicht vor«, sagte er sofort. »Wir müssen reden. In meinem Zimmer. Oberste Etage, 711. Aber ich brauche einen kurzen …«

Er wandte sich plötzlich ab und verschwand in einer Klokabine, knallte die Tür zu. Sekunden später hörte sie, wie er sich übergab.

Paula verharrte auf der anderen Seite der Tür. »Brauchen Sie einen Arzt?«

»Nein, es geht schon. Bitte, gehen Sie. Geben Sie mir nur einfach einen Moment Zeit, bitte. Wir treffen uns in einer Viertelstunde in meinem Zimmer. Ich will ja mit Ihnen reden.«

Paula überlegte, ob er sie nur loswerden wollte. Es war schon so viel gesagt worden, dass sie sein Renommee wenigstens ankratzen konnte. »Ich habe Belege für das, was ich bis jetzt schon weiß. Wir sollten zusammen einen Weg finden, der uns beide rettet.«

»Genau deshalb will ich das Gespräch in meinem Zimmer fortsetzen«, ertönte seine Stimme durch die geschlossene Tür.

Da hörte sie, wie er sich erneut übergeben musste.

»In einer Viertelstunde. Zimmer 711«, sagte sie, bekam aber keine Antwort. Da verließ sie die Toilette.

KAPITEL 40

Paula ließ das Schild an der Toilettentür hängen und wartete auf dem Korridor. Sie war sich nicht sicher, ob Dr. Gräber sie nur loswerden wollte und ihr eine falsche Zimmernummer gesagt hatte. Die von der Lobby herüberdringende Geräuschkulisse deutete auf eine Pause der Teilnehmer des Kongresses hin, die an den dortigen Stehtischen Kaffee tranken.

Da ging die Toilettentür auf, und Dr. Gräber kam heraus. Er würdigte Paula keines Blickes und machte sich in Richtung Konferenzsaal davon.

»Warten Sie«, rief Paula ihm zu und folgte dem Mann, kam aber nicht weit. Er sagte etwas zu einer Hostess und zeigte in Paulas Richtung, dann verschwand er im Konferenzsaal.

Die Hostess stellte sich Paula in den Weg. »Guten Tag, darf ich bitte Ihre Akkreditierung sehen?«

»Habe ich in meiner Jacke im Saal.« Eine blödere Ausrede fiel ihr spontan nicht ein.

»Und wo haben Sie Ihr Namensschild?«

»Verdammt. Das muss ich verloren haben.« Paula wandte sich ab und ging in Richtung Lobby davon. Sie hatte keine Zeit zu verlieren. Womöglich war Dr. Gräber auf dem Weg zu seinem Zimmer, um die Flucht zu ergreifen. Sie konnte nur hoffen, dass er nicht gelogen hatte und die angegebene Nummer stimmte. Eine andere Wahl hatte sie derzeit nicht. Sie kam in die Lobby, wo es zwei gläserne Fahrstühle gab. Die eine Tür stand offen, Paula trat ein und betätigte den Knopf für die siebte Etage.

Die Teilnehmer der Konferenz beendeten ihre Pause und

strömten aus der Lobby zurück in Richtung Saal. Die Türen gingen zu, und die gläserne Kanzel stieg hoch, wodurch die Gäste in der Lobby immer kleiner wurden.

Da entdeckte sie ihn.

Einen Moment traute Paula ihren Augen nicht. Ein Mann schaute zu ihr hinauf, als würde er sie beobachten. Er trug keinen dunklen Anzug mit Krawatte, sondern eine Lederjacke und sah David Caruso sehr ähnlich. Schmidt, einer der falschen Kommissare. Die Fahrstuhlkabine entfernte sich immer weiter von ihm, aber sie konnte erkennen, dass er sein Handy ans Ohr nahm.

Nun bestand akute Gefahr. Paula konnte nur hoffen, dass Dr. Gräber tatsächlich auf dem Weg zu seinem Zimmer war. Sie nahm ihr iPhone aus der Handtasche und rief Lennard an, der zum Glück sofort dranging.

»Hi. Wie sieht es aus?«

»Beschissen«, sagte sie.

Es ertönte ein Ping, und die Fahrstuhltür ging auf. Paula betrat den Hotelflur und folgte den Hinweisschildern zu Zimmer 711.

»Ich habe einen der falschen Kommissare in der Hotellobby gesehen. Den mit der Lederjacke.«

»Bist du dir sicher?«

»Ja. Die Mörder sind hier. Und ich könnte mir vorstellen, dass sie es auf Dr. Gräber abgesehen haben. Er ist auch ein Mitwisser.«

»Ach du scheiße«, sagte Lennard.

»Ich bin auf dem Weg zu Zimmer 711. Gräber hat mir die Nummer genannt, ich weiß aber nicht, ob das stimmt. Wo seid ihr?«

»Noch etwa eine halbe Stunde. Aber ich werde jetzt die Polizei verständigen, die Kommissare in Köln kennen mich ja auch.«

»Okay«, sagte Paula. »Ich melde mich, sobald ich den Wissenschaftler gefunden habe.«

»Nein, geh zurück in die Lobby, da, wo viele Menschen sind.«

»Ich weiß, was ich tue«, sagte sie und beendete das Telefonat.

Paula erreichte das Zimmer und hämmerte mit der Faust gegen die Tür. Dann legte sie das Ohr ans Holz und meinte, etwas zu hören. Kurz darauf wurde die Tür einen Spalt weit geöffnet.

»Wer ist da?«, ertönte eine Frauenstimme, und Paula sah ein Augenpaar durch den Spalt.

»Ich möchte zu Dr. Johannes Gräber.«

»Was wollen Sie von ihm?«

Damit hatte Paula die Bestätigung, dass sie vor der richtigen Tür stand.

»Er ist in Gefahr. Sie müssen mir helfen, ihn zu finden.«

»Moment«, sagte die Frau und schloss die Tür, um sie gleich danach wieder zu öffnen. Diesmal ganz. Vor ihr stand eine Frau in Gräbers Alter, etwa so groß wie Paula. Sie hatte keine Haare auf dem Kopf und sich ein buntes Tuch umgebunden. Die Farben ihrer legeren Kleidung waren ähnlich verblasst wie ihre Haut, auf der etliche Pickel wie rote Punkte hervorstachen. Paula musste spontan an die Nebenwirkungen einer Chemotherapie denken. Die Frau wirkte farblos und in keiner Weise bedrohlich.

»Kommen Sie rein.« Sie machte einen Schritt zur Seite. Bevor Paula der Aufforderung nachkam, schaute sie noch mal den Hotelflur entlang, sah niemanden. Sie trat ein, ging an der Frau vorbei, die die Tür wieder zumachte und von innen beide Riegel umlegte; den am Schloss und einen Klappriegel, durch den die Tür sich nur einen Spalt weit öffnen ließ.

Paula sah aufs Bett, das unbenutzt war und auf dem ein geschlossener Rollkoffer lag.

»Mein Mann hält gerade einen Vortrag«, sagte die Frau. »Was möchten Sie von ihm?«

»Der Vortrag ist längst zu Ende. Rufen Sie ihn an.«

»Habe ich schon versucht. Er hat sein Telefon immer noch ausgeschaltet. Um was geht es denn? Wer sind Sie überhaupt?«

In dem Moment fiel Paula auf, dass die Frau keinen Ring am Finger trug, so wie ihr angeblicher Ehemann.

»Sind Sie mit Dr. Gräber verheiratet?«

Die Frau nickte und schien Paulas kritischen Tonfall zu bemerken. Sie hob die linke Hand. »Meinen Sie deswegen?«

Paula nickte.

Die Frau lächelte. »Bei einer Chemotherapie weiß man nie, was kommt. Ich trage überhaupt keine Ringe mehr, weil ich Sorgen habe, dass meine Finger anschwellen.«

Das Argument klang überzeugend. »Wir sollten gehen und Ihren Mann suchen.«

»Sagen Sie mir erst, was los ist.«

Einen kurzen Moment lang hatte Paula der Frau vertraut, womöglich auch, weil sie ihr Mitleid geweckt hatte, aber jetzt war das ungute Gefühl wieder da. »Darf ich eben mal auf die Toilette?«

»Sicher.«

Paula verschwand im Bad, machte die Tür zu und fand die Bestätigung für ihren Verdacht. Frau Gräber wartete angeblich auf ihren Mann, hatte es aber nicht für nötig gehalten, sich im Bad einzurichten. Es standen keine Hygieneartikel auf den Ablagen. Auch der Fernseher im Zimmer war ausgeschaltet, das Bett unbenutzt, der Koffer geschlossen. Was machte sie die ganze Zeit hier?

Paula betätigte die Klospülung und ging wieder ins Zimmer zurück. Die Frau hatte in einem Sessel Platz genommen.

»Wer sind Sie?«, fragte Paula.

Die Frau lächelte, es machte ihr anscheinend nichts aus, dass Paula sie durchschaut hatte. »Ich heiße Maria. Johannes und ich haben eine Affäre. Niemand weiß davon. Vor allem nicht seine

Frau. Da ich nicht mehr so viel Zeit auf Erden habe, möchte ich noch etwas erleben. Jetzt sagen Sie mir bitte, was los ist.«

»Ich habe mich bei CER Pharma beworben«, log Paula, »und Dr. Gräber sagte, dass er mich heute zu einem Gespräch treffen wollte. In der Lobby war es zu laut, deshalb hat er vorgeschlagen, dass wir hier miteinander sprechen.«

»Und wie heißen Sie?«

Paula zögerte. »Janine Bodengesser.«

Die Frau nahm das Tuch vom Kopf, und kahlrasierte Kopfhaut kam zum Vorschein, die ebenfalls mit roten Pickeln übersät war. Das ungute Gefühl ließ nicht nach. Dr. Gräber hätte Paula doch wohl nicht in sein Zimmer bestellt, wenn dort eine andere Frau auf ihn wartete?

In dem Moment piepte das iPhone. Paula ging dran, ohne auf das Display zu schauen.

»Ja?«

»Hi, Steffen hier«, ertönte es aus dem Telefon.

»Oh, hallo. Ist gerade etwas ungünstig.«

»Ich wollte dir nur sagen, dass ich was herausgefunden habe. Bezüglich *Chaka Chaka Olé*.«

»Was denn?«

»Da hat jemand mal so richtig die Schatztruhe aufgemacht fürs Marketing, und die Kohle kam nicht von der Plattenfirma.«

»Wer hat dann bezahlt?«

»Das kann ich dir nicht genau sagen, aber die Agentur ist durch einen Radiospot ziemlich bekannt in der Branche. Du kennst ihn bestimmt. Für Anti-Aging-Produkte, die haben so einen Slogan.«

»*Lebe jünger länger?*«, hakte Paula nach.

»Genau der.«

Paula drückte das Handy fest ans Ohr und sprach leise.

»Du sagst also, dass der Urheber dieses Werbespots auch mit

diesem Song zu tun hat, der ständig im Radio rauf und runter läuft.«

»Das kann man so sagen, ja. Soll ich weiter recherchieren?«

»Ja, bitte. Dokumentier alles, was du herausfindest, und speichere es an einem sicheren Ort ab. Am besten in der Cloud. Nur für alle Fälle.«

»Das klingt geheimnisvoll. Sagst du mir, was los ist?«

»Später. Vielen Dank für deine Mühe, ich muss jetzt Schluss machen.«

Paula beendete das Telefonat und ließ das iPhone in der Tasche ihres Kostüms verschwinden.

Maria sah sie an. »Wollen Sie einen gut gemeinten Ratschlag hören?«

»Ich bin ganz Ohr.«

»Ich weiß nicht, was der Anrufer Ihnen gerade erzählt hat, aber dafür was anderes: Sie werden die Fakten niemals beweisen können.«

»Was wissen Sie darüber?«

»Worüber?«

»Über die Anti-Aging-Werbung und diesen Radiosong.«

»Ich weiß viel zu viel. Und deshalb sitzen wir beide im selben Boot, Frau Krüger.« Die Frau redete weiter. »Ich bin hergekommen, um Johannes zu warnen und um mich von ihm zu verabschieden.«

»Welche Rolle spielen Sie in diesem Spiel?«

»Ich bin eine Mitwisserin, genau wie Sie. Ich habe den Kontakt zu Johannes hergestellt, die Affäre kam erst danach. Und jetzt sind die auch hinter mir her.«

»Und wer sind *die*?«

»Zwei Männer. Etwa gleichgroß. Der eine trägt meist eine Lederjacke, der andere immer einen Anzug.«

»Ich habe einen von ihnen in der Lobby gesehen.«

Die Frau reagierte aufgeschreckt. »Sind Sie sicher?«

»Ja.«

»Schalten Sie das iPhone ab.«

»Die Nummer kennt niemand.«

Die Frau wurde laut. »Schalten Sie es ab. Sofort!«

Paula holte es aus ihrer Tasche am Kostüm und kam der Aufforderung nach.

»Die Männer sind Profis. Haben Sie schon mal von *IMSI-Catchen* gehört?«

Paula schüttelte den Kopf.

»Eine Technik, mit der sich Handys aufspüren lassen, auch wenn man deren SIM-Daten gar nicht kennt. Ich erkläre Ihnen das später. Jetzt sollten wir hier verschwinden.«

Sie band sich das Tuch wieder um den Kopf und nahm eine Steppjacke vom Haken. In dem Moment gab es ein Geräusch an der Zimmertür, als ob jemand versuchte, sie mit einer Schlüsselkarte zu öffnen. Aber das Schloss war von innen verriegelt. Die Frau sah zu Paula und legte den Finger über ihre Lippen.

»Was, wenn das Dr. Gräber an der Tür ist?«, flüsterte Paula.

Sie antwortete leise. »Dann würde er klopfen und meinen Namen sagen.«

»Wir rufen die Polizei«, sagte Paula und wollte gerade ihr Handy aus der Tasche holen.

»Nein«, sagte Maria entschlossen, und ihr Blick wanderte suchend umher nach einem Ausweg. »Die hören bestimmt den Polizeifunk ab und sind sehr viel schneller hier drin, als die Polizei im Hotel eintrifft.«

»Die Polizei wurde bereits verständigt. Von einem Freund.«

»Das erklärt dann wohl, woher die unsere Zimmernummer wissen.«

Maria schritt zur Balkontür, öffnete sie und trat hinaus. Paula folgte ihr. Sie waren in der obersten Etage des Hotels, das Zinkdach hatte eine mittlere Schräge und endete eine Etage tiefer, wo sich eine Balustrade befand. Paula sah nach links, da waren Trittstufen aus Metall auf das Dach geschweißt. Die Balustrade führte zu einer Tür, durch die man ins Treppenhaus gelangte. Ein Notausgang. Paula zog sich ihre Schuhe mit Absätzen aus und kletterte über das Geländer.

»Machen Sie schneller«, sagte die Frau hinter ihr verängstigt.

Paula ging rückwärts wie auf einer Leiter die Trittstufen herunter, bis sie die Balustrade erreicht hatte. Die Frau folgte ihr. Gemeinsam liefen sie zu dem Notausgang, der durch einen grünen Alarmhebel gesichert war. Man musste ihn zur Seite wegschlagen, um die Klinke betätigen zu können. Paula tat es in dem Wissen, dass sie einen stummen Alarm auslöste. Die beiden gelangten ins Treppenhaus, liefen die Stufen nach unten.

»Lassen Sie uns in den Wellnessbereich gehen«, sagte Maria. »Ich habe eine Zimmerkarte.«

Sie erreichten die dritte Etage. Maria wuchtete die Brandschutztür auf, und sie verschwanden auf den Hotelflur, folgten dort der Beschilderung. Maria zückte ihre Zimmerkarte, hielt sie an den Scanner, und die Tür zum Wellnessbereich ging auf.

Paula sah sich um, es war niemand außer ihnen da. Der Wellnessbereich bestand aus einem kleinen Raum mit drei Fitnessgeräten, einer Sauna, die noch ausgeschaltet war, und den dazugehörigen Umkleiden und Duschen sowie einem Ruheraum. Dort gab es einen Notausgang.

Paula ging zurück.

»Das habe ich gefunden«, sagte Maria und hielt ein Schild hoch, auf dem stand: »*Wegen einer technischen Störung steht der Wellnessbereich momentan nicht zur Verfügung. Wir bitten um Verständnis.*« Sie heftete das Schild von innen an die Glasscheibe der Tür.

»Kommen Sie mit«, sagte Paula und ging vor in den Ruheraum,

wo der Notausgang war und sie eine Fluchtmöglichkeit hätten. Hier fühlte sich Paula sicherer.

»Mit wem haben Sie gerade telefoniert?«, fragte Maria.

»Mit einem Freund.«

»Was wissen Sie über diesen Radiospot?«

Paula zögerte. »So gut wie nichts. Und Sie?«

»Kennen Sie Emil Naumann?«

Paula nickte. »Was haben Sie mit ihm zu tun?«

»Ich habe ihn mal beauftragt, ein Programm zu schreiben, als er noch an der ETH Zürich war.«

Paula sah sie verblüfft an. »Was für ein Programm?«

»Ich möchte nicht darüber reden«, wich sie aus.

»Die Spyware?«, fragte Paula.

Maria nickte nach kurzem Zögern.

Paula war völlig verblüfft. »Sie haben ihn beauftragt?«

Maria nickte. »Wissen Sie, ob er in Sicherheit ist?«

Paula schüttelte den Kopf. »Ich habe keine Ahnung, wo er sich aufhält.«

»Nimmt er noch seine Tabletten?«

Paula nickte. »Wie gut kennen Sie einander?«

»Er hat in mir so etwas wie eine Ersatzmutter gesehen. Ich kann Ihnen sagen: Wenn Sie glauben, Emil zu kennen, irren Sie sich. Er ist der Verursacher von allem.«

Paula erstarrte innerlich. »Das glaube ich nicht.«

»Es stimmt aber. Er hat die Spyware entwickelt. Und deshalb kann er nicht zur Polizei gehen, denn dann würde herauskommen, dass die Software auf einem Rechner der ETH Zürich programmiert wurde. Von niemand anderem als Emil. Er ist manisch-depressiv. Während seiner depressiven Phase vergisst er all die Dinge, die er in seiner manischen Phase gemacht hat. Sein Realitätssinn ist getrübt, permanent. Aber wäre er nicht der Urheber der Spyware, hätte er die Software auch nie entdeckt. Nach seinem Zusammenbruch, als sein Doktorvater in den Bergen an einem Herzinfarkt starb, verfiel Emil in eine schwere Depression. In Verbindung mit seiner bipolaren Störung kann er Realität und Fantasie nicht länger auseinanderhalten. Wenn er Dinge vergessen will, löscht er sie einfach aus seinem Gedächtnis.«

»Hat er die Frau, diese Journalistin, vergewaltigt?«

Maria zögerte, bevor sie mit dem Kopf nickte. »Ja. Aber er ist nur bedingt schuldfähig. Sie müssen ihm einige Dinge nachsehen.«

Paula war sprachlos, sie hatte Emils Worten vertraut. Und jetzt?

Maria redete weiter. »Ohne Emil gäb es diese Spyware nicht. Und er hat wahrscheinlich den einzigen Beweis für das Programm auf seinem Rechner. Wenn Sie irgendwem davon erzählen, wird man das als Verschwörungstheorie abtun. Genau das ist Ihre Chance, die Sie ergreifen sollten.«

»Was meinen Sie mit Chance?«

»Steigen Sie aus. Lassen Sie die ganze Sache hinter sich. Genau das habe ich auch zu Johannes gesagt. Ich hoffe, dass er meinen Vorschlag annimmt.«

»Und irgendwann steigt er ins Auto, und die Bremsen versagen«, erwiderte Paula.

Maria schüttelte den Kopf. »Er ist völlig uninteressant, genau wie Sie. Die wollen mich. Ich bin die, die alles auffliegen lassen kann. Ich weiß zu viel. Und Emil. Deshalb muss ich ihn unbedingt finden. Um ihn zu beschützen.«

»Warum tun Sie es nicht«, sagte Paula. »Lassen Sie die Leute auffliegen, die fünf Morde begangen haben.«

»Das ist leider nicht so leicht, wie Sie denken. Helfen Sie mir.«

»Wie?«

»Helfen Sie mir, Emil zu finden. Ist er auch hier?«

Paula zögerte.

»Können Sie ihn anrufen?«

Paula schüttelte den Kopf.

»Überlegen Sie sich das ganz genau. Wenn Sie aussteigen wollen, müssen wir zusammenarbeiten. Sollte mir etwas zustoßen, sind Sie erledigt.«

»Emil ist in einem sicheren Versteck«, log Paula. »Aber wie kann ich mir das vorstellen, dass er der Urheber ist? Wieso hat er das gemacht?«

»Er hat den Urtyp der Spyware programmiert. Sie sollte ursprünglich als Muster dienen. Kennen Sie den Unterschied zwischen einem *White Hat* und einem *Black Hat*?«

Paula schüttelte den Kopf.

»*White Hats* sind Hacker, die versuchen, Gutes zu tun, die in fremde Systeme einbrechen, um Lücken aufzuzeigen. *Black Hats* wollen Dinge kaputt machen. Oder sie verkaufen ihr Wissen an Kriminelle. Emil arbeitete als *White Hat*. Dann hatte er den Zusammenbruch und beschäftigte sich danach mit anderen Dingen. In seiner Darknet-Community erfuhr er, dass jemand anders seine Software weiterentwickelt hat, und entdeckte die Spyware schließlich auf einem gebrauchten Handy. Die Idee, eine handelsübliche App als Schutzmantel zu nutzen, stammte von Emil.«

»Sie meinen, die Tarnung für die Spyware?«

Maria nickte. »Genau. Aber der andere Programmierer war nicht so genial wie Emil und hat einen Fehler gemacht. Die Spyware blieb auf den gebrauchten Handys zurück, und es bestand keine Möglichkeit mehr, dem Handy den Befehl zu erteilen, die Software zu löschen.«

»Und wie werden die Befehle erteilt, also was ist der Trigger?«

»Trigger? Sie kennen sich also doch etwas damit aus?«

»Emil hat mir einiges erklärt.«

»Der Trigger ist ein akustisches Signal, das über die Sprachsteuerung Einzug findet. Dadurch wird das Smartphone aktiviert und bekommt den Befehl, selbstständig die Spyware zu laden.«

»Und dieses akustische Signal erhält es durch den Radiosong?«

Maria nickte. »Ja. Aber nicht alle Handys werden aktiviert.«

Paula fiel ihr ins Wort. »Nur solche, die eine bestimmte App geladen haben. Die App einer Versicherung.«

Maria nickte.

»Welche Versicherung steckt dahinter?«

Maria zögerte. »Wenn ich Ihnen das sage, wird es für Sie niemals aufhören. Man wird Sie jagen, bis Sie nichts mehr sagen können. Sie wissen jetzt schon viel zu viel.«

»Deshalb das Chatprotokoll«, fiel es Paula ein. »Damit wollten die meine Glaubwürdigkeit zerstören.«

Maria nickte. »Dass Emil mit Ihnen Kontakt aufnahm, lag auch in deren Interesse.«

»Sie wissen, wer hinter alldem steckt?«

»Ich werde es Ihnen nicht sagen. Ihnen nicht, aber Emil. Bringen Sie mich zu ihm. Ich hab mal zu denen gehört, aber jetzt wollen die auch mich vernichten. Verstehen Sie? Wenn ich tot bin, wird Emil die Wahrheit niemals erfahren. Sagen Sie mir, wo er ist.«

Paula war kurz davor, ihr iPhone herauszuholen und es wieder anzuschalten. Sie hatte die Hand in der Tasche, aber dann entschied sie sich anders.

»Ich weiß es leider nicht.«

Maria seufzte und wirkte, als stünde sie am Rande der Verzweiflung.

»Sie sind wirklich hartnäckig!«, sagte sie dann, und ihr Tonfall klang im Gegensatz zu vorher auf einmal völlig beherrscht. »Was soll ich nur mit Ihnen anfangen?«

Paula verstand nicht.

In dem Moment erschien Böttcher im Türrahmen. Er hatte

eine schallgedämpfte Pistole in der Hand, den Lauf auf den Boden gerichtet.

»Wir müssen verschwinden«, sagte er zu Maria. »Die Lobby ist voller Polizisten.«

Maria schaute zu Paula. »Tut mir leid für dich. Du hattest deine Chance. Jetzt kommst du mit uns.«

Sie packte Paula am Arm und zerrte sie mit sich. Am Eingang zum Wellnessbereich stand Schmidt in seiner Lederjacke, er hatte keine Waffe in der Hand. Weil es nicht nötig war. Maria gehörte zu den beiden. Nein, die Männer arbeiteten für sie.

Die vier gingen den Hotelflur entlang. Maria und Schmidt vorneweg, Paula folgte, und Böttcher drückte ihr den Schalldämpfer seiner Pistole in den Rücken.

»Ein Schuss in die Nieren verursacht unglaubliche Schmerzen«, flüsterte er ihr ins Ohr. »Und bevor jemand begreift, was los ist, sind wir schon verschwunden. Verhalt dich normal, und du wirst leben. Wir wollen nicht dich, sondern deinen Freund.«

Sie schritten an den Fahrstühlen vorbei bis zu der Brandschutztür, die ins Treppenhaus führte, dann die Stufen nach unten, an der Tür zum Erdgeschoss vorbei, noch eine Etage tiefer. Schmidt öffnete eine weitere Brandschutztür zum Parkhaus, ging vor, schaute sich um und gab den anderen ein Zeichen, dass die Luft rein war. Paula trat in die Tiefgarage, gefolgt von Böttcher, der sie mit der Waffe bedrohte. Ein Pkw fuhr in eine der Parktaschen, die Reifen erzeugten auf dem glatten Beton ein langgezogenes Quietschen. Die Vierergruppe bewegte sich unauffällig und in gemächlichem Tempo auf einen schwarzen Mercedes Vito zu.

Der Mann, der gerade eingeparkt hatte, stieg aus und ging zügigen Schrittes auf den Fahrstuhl zu. Er nahm keine Notiz von ihnen.

»Wo fahren wir hin?«, fragte Paula verängstigt.

»Halt den Mund«, zischte Böttcher.

Sie hatten den Vito fast erreicht, Schmidt ging voran. Paula sah, dass jemand am Steuer saß, der den Motor startete.

In dem Moment hallte eine Männerstimme durchs Parkhaus: »Frau Krüger?«

Paula drehte den Kopf und sah den Mann, der es eben noch so eilig gehabt hatte, zu den Fahrstühlen zu gelangen. Er war stehengeblieben und hielt in seiner rechten Hand eine Pistole. Paula hatte ihn nie zuvor gesehen, aber er schien sie von irgendwoher zu kennen.

Böttcher zögerte keine Sekunde und streckte den rechten Arm aus. Noch in der Bewegung feuerte er den ersten Schuss ab. Es gab einen leisen Knall, immer noch deutlich hörbar, aber enorm gedämpft, als hätte Paula Watte in den Ohren. Der Schuss aus der Dienstwaffe des Polizisten dagegen hallte krachend durch die Tiefgarage.

Paula war von der Lautstärke für einen kurzen Moment paralysiert. Beim nächsten Schuss erwachte ihr Überlebensinstinkt, und sie ließ sich auf den Boden fallen, während ein Feuergefecht entbrannte und mehrere Schüsse fielen. Laut und leise. Paula verlor jegliche Orientierung und bekam nichts von dem Geschehen mit, bis Böttchers Kopf neben ihr auf dem Boden aufschlug und sie in seine toten Augen sah. Eine Kugel hatte ihn mitten in die Stirn getroffen.

Für einen kurzen Moment herrschte gespenstische Stille. Da heulte der Motor des Vitos auf, und der Wagen fuhr mit quietschenden Reifen über den Beton. Paula rappelte sich auf, sah nur noch die Rücklichter des Transporters um eine Kurve rasen. Kurz darauf gab es wieder ein lautes Geräusch, diesmal nicht von einem Schuss, sondern als wenn Blechteile im Bruchteil einer Sekunde zusammengestaucht würden.

Paula sah den Polizisten, der sie gerettet hatte. Er lag auf dem

Boden. Sie lief hin, ging neben ihm auf die Knie. Er schnappte nach Luft und spuckte Blut. Dabei wedelte er mit den Händen um sich. Paula wusste nicht, was er wollte oder ob es nur Ausdruck seiner Schmerzen war. Da entdeckte sie das Funkgerät an seinem Gürtel. Sie nahm es, hatte keine Ahnung, wie man es bediente, betätigte einfach die eine Drucktaste, die größer war als alle anderen.

»Hallo, hört mich jemand?«

Da spürte sie seine Hand an der Schulter. In seinen Augen war nackte Panik zu erkennen, er schien dem Tod ins Auge zu sehen. Röchelnd tastete er mit einer Hand, bis er das Funkgerät zu fassen bekam und versuchte, mit zittrigen Fingern eine kleine Taste zu drücken. Die Null. Paula betätigte die Taste, und das Display leuchtete auf.

Paula schrie ins Funkgerät. »Hier ist Paula Krüger. Ich bin in der Tiefgarage erstes Untergeschoss. Ein Polizist wurde angeschossen, er ist schwer verletzt. Er braucht dringend Hilfe. Tiefgarage erstes Untergeschoss!«

In dem Moment flog die Tür neben den Fahrstühlen auf, und zwei bewaffnete Polizisten mit schwarzen kugelsicheren Westen und Sturmhauben auf dem Kopf rannten auf sie zu. Von der anderen Seite, wo der Unfall geschehen war, kamen Sekunden später weitere Polizisten in Zivil und Uniform.

Sie stand auf, trat von dem Verletzten zurück, die Kollegen kümmerten sich sofort um ihn.

»Paula«, hörte sie ihren Namen, drehte sich um.

Lennard war den maskierten Polizisten gefolgt. Sie lief auf ihn zu. Er sah sie schockiert an. Paula blickte an sich hinunter und bemerkte erst jetzt das viele Blut. »Ich bin okay, das ist nicht meins.«

Sie fielen sich in die Arme und hielten einander eng umschlungen.

»Wo ist Emil?«, flüsterte Paula.

»Keine Ahnung. Als die Bullen angerückt sind, hat er sich aus dem Staub gemacht. Wie geht es dir, bist du okay?«

»Alles okay.«

»Frau Krüger!«, ertönte hinter ihr eine bekannte Stimme. Sie löste sich von Lennard und drehte sich um. Vor ihr stand Hauptkommissar Albrecht, der Bärtige. Seinen Kollegen Jurevic sah Paula bei dem Toten mit Kopfschuss. Mittlerweile waren auch Rettungssanitäter eingetroffen. Nur Maria konnte Paula nirgendwo ausmachen. Hatte sie in dem Vito gesessen, der nicht weit gekommen war?

»Sind Sie verletzt?«, fragte Albrecht.

Paula schüttelte den Kopf. »Nur etwas … durcheinander. Was ist mit dem anderen Täter?«

»Tot«, antwortete Albrecht.

»Und die Frau?«

Albrecht sah sie fragend an. »Welche Frau?«

»Sie hieß Maria. Zumindest hat sie das gesagt.«

»Können Sie sie beschreiben?«

»Keine Haare auf dem Kopf und sie sah krank im Gesicht aus. Wie eine Chemopatientin. Dazu Jeans, Pullover in Grau und ein Tuch um den Kopf gebunden.«

»Größe? Alter?«

»Um die fünfzig. Meine Größe, etwa ein Meter siebzig. Sie hatte unreine Haut, Pickel im Gesicht.«

Albrecht nahm sofort sein Funkgerät aus der Jackentasche und gab die Personenbeschreibung durch, dann wandte er sich wieder Paula zu. »Brauchen Sie einen Arzt?«

Sie schüttelte den Kopf. »Nein. Geht schon.«

»Dann begleiten Sie uns jetzt nach Köln.« Albrecht schaute zu Lennard. »Sie auch.«

»Ich hab meinen Wagen hier stehen«, sagte er.

»Sie kommen mit uns. Ihr Auto können Sie irgendwann abholen.«

Albrecht schritt voran in Richtung Fahrstühle. Paula und Lennard folgten ihm.

KAPITEL 41

Michael Nowak betrat den Konferenzraum, in dem Paula alleine wartete. Um den ovalen Tisch standen acht Stühle, Nowak nahm neben ihrem Platz. Sie saßen auf der Fensterseite mit Blickrichtung zur Tür. Paula brach das Schweigen.

»Hatten Sie schon mal eine Mandantin wie mich?«

Nowak schüttelte den Kopf. »Definitiv nicht.«

»Was kommt jetzt?«

»Wir stehen der Polizei Rede und Antwort. Wenn Sie sich unsicher sind, schauen Sie zu mir, und wir bereden das erst. Wenn ich sage, dass Sie sich nicht äußern sollen, tun Sie es nicht.«

»Bin ich festgenommen?«

»Nein. Sie werden als Zeugin vernommen. Ihnen wird keine Straftat zur Last gelegt.«

»Als Zeugin muss ich die Wahrheit sagen?«

Er nickte.

»Und wenn ich die Wahrheit nicht mit Sicherheit weiß?«

»Dann sagen Sie das. Die Kommissare werden versuchen, alles aus Ihnen herauszukitzeln, aber Sie lassen sich nicht unter Druck setzen. Ich passe schon auf Sie auf.«

Die Tür zu dem Konferenzraum stand offen, und Paula hörte sich nähernde Stimmen auf dem Flur.

»Er hat es geschafft, ist über den Berg«, hörte sie Jurevic sagen.

»Uff«, erwiderte Albrecht.

»Und die Schießerei scheint auch was Positives zu haben«, fuhr Jurevic fort. »Seine Frau hat es zum Anlass genommen, ihm zu verzeihen.«

Die beiden traten ein. Albrecht hatte eine Akte dabei, schloss die Tür.

»Woher hast du das?«, fragte Albrecht.

»Von seinem Schwiegervater«, antwortete Jurevic.

Die Kommissare setzten sich gegenüber von Paula und Nowak an den ovalen Tisch.

»Wie geht es Ihrem Kollegen?«, fragte Paula.

»Er hatte einen Lungensteckschuss, ist aber über den Berg«, antwortete Albrecht.

»Er hat mir das Leben gerettet. Wie heißt er?«

Albrecht zögerte. »Ich möchte seinen Namen nicht nennen. Wenn Sie ihm danken wollen, schreiben Sie einen Brief, und ich leite ihn weiter.«

»Und seine Frau hat ihm endlich verziehen?«, fragte Nowak mit einem Grinsen.

Albrecht sah ihn verdutzt an. »Sie wissen auch davon?«

»Als Anwalt hat man seine Ohren überall.«

»Lassen wir das«, beendete Albrecht das Thema.

Paula verstand nicht, worüber die Männer redeten, aber ihr Anwalt schien wirklich sehr gut vernetzt zu sein.

Jurevic schaute zu Paula, sein Blick war provokant. »Überall, wo Sie auftauchen, finden wir Leichen.«

»Sehr witzig«, erwiderte Paula. »Ich habe nie jemanden umgebracht.«

»Und Emil Naumann?«

»Er auch nicht.«

»Wo ist er?«

»Ich weiß es nicht. Das Handy, das er bei sich hatte, ist abgeschaltet, ich erreiche ihn nicht mehr.«

Nowak fügte etwas hinzu. »Und der junge Mann versteht genug von Technik, dass er sich einer digitalen Überwachung zu entziehen vermag.«

Albrecht schaute zu Paula. »Dann erzählen Sie doch mal, wie es zu der Schießerei in der Tiefgarage kam.«

Bevor sie etwas sagen konnte, fiel Nowak ihr ins Wort und deutete auf die Akte, die Albrecht mitgebracht hatte. »Am besten lesen Sie sich das Protokoll des letzten Verhörs noch mal durch. Da steht im Grunde schon alles drin.«

»Ich würde es aber lieber aus dem Mund Ihrer Mandantin hören«, erwiderte Albrecht und sah Paula an.

Sie schaute zu ihrem Anwalt, der nickte.

»Ich hatte bei Emils Zwillingsbruder Eric Naumann ein gebrauchtes Smartphone gekauft und mein altes dagelassen. Wir hatten bis zu diesem Tag nie vorher Kontakt gehabt. Die beiden Brüder haben herausgefunden, dass auf meinem alten Handy eine Spyware installiert war, deshalb bin ich am nächsten Morgen zu dem Laden gefahren, aber da war Eric Naumann schon tot. Am selben Abend bekam ich Besuch von zwei Männern, die sich als Kommissare ausgegeben haben und die mir ein falsches Chatprotokoll aufs Handy spielten. Das sollte den Eindruck erwecken, dass ich schon länger Kontakt zu dem Mordopfer gehabt hätte. Was aber nicht stimmt!«

Albrecht hatte die Akte vor sich aufgeschlagen und unterbrach Paulas Ausführungen. »Was glauben Sie, warum haben diese falschen Polizisten das gemacht?«

»Ich glaube, dass sie Erics Mörder waren. Sie wollten eine falsche Spur legen und gingen wohl davon aus, dass ich irgendwann mit der Polizei zu tun bekäme. Dann hätte ich Ihnen von der Spyware erzählt, Sie hätten mein Handy gecheckt und den Rest kennen Sie ja. Sie selbst haben doch sogar meinen Ex-Freund Lennard verdächtigt, dass er aus Eifersucht Eric erschlagen hätte.«

Nowak fiel ihr wieder ins Wort. »Zusammenfassend kann man sagen, der Plan der falschen Polizisten hätte beinahe funktioniert.«

»Nur fürs Protokoll«, sagte Albrecht. »Sie haben die falschen Kommissare als diejenigen identifiziert, die unseren Kollegen angeschossen haben und jetzt beide tot sind.«

»Sind beide tot?«, fragte Paula.

Albrecht nickte. »Auch der Fahrer des Vitos. Die sind mit fast fünfzig Sachen gegen einen Betonpfeiler gerauscht.«

»Hatten Sie den Fahrer auch schon mal gesehen?«, fragte Jurevic.

Paula schüttelte den Kopf. »Nein.«

»Und wie sind Sie diesmal mit den falschen Kommissaren zusammengetroffen?«, fragte Albrecht weiter.

»Ich habe einen der beiden in der Hotellobby gesehen und daraufhin meinen Freund verständigt.«

Albrecht hakte nach. »Lennard Westerhoff, ihren Ex-Freund?«

»Genau der. Soviel ich weiß, hat er Sie daraufhin angerufen.«

Albrecht nickte. »Warum waren Sie in dem Hotel?«

»Ich wollte den Vortrag von Dr. Johannes Gräber hören, hatte aber keine Akkreditierung und bin abgewiesen worden.«

»Und dann sind Sie zu ihm ins Hotelzimmer?«, fragte Jurevic. »Warum?«

Paula hatte sich bereits Gedanken darüber gemacht, was sie sagen konnte und was besser nicht. Es war nicht in ihrem Interesse, die Karriere eines angesehenen Wissenschaftlers zu zerstören. Zumindest so lange nicht, wie sie keine Klarheit darüber hatte, inwieweit er mit den Morden zu tun gehabt hatte.

»Ich möchte eine Doktorarbeit schreiben, und Professor Kleimann hat mir gekündigt. Und zwar weil Sie ihn am Tag nach dem Verhör angerufen haben. Kleimann war verunsichert dadurch und wusste nicht, was aus mir wird. Deshalb hat er mir gekündigt, mir aber Unterstützung angeboten. Und aus dem Grund habe ich Dr. Gräber treffen wollen.«

»In seinem Hotelzimmer?«

»Ja«, sagte Paula entschlossen. »Ich sprach mit ihm vor dem Konferenzsaal, und er sagte, ich solle zu ihm kommen. Zimmer 711.«

»Aber Dr. Gräber ist kein Professor«, hakte Albrecht nach. »Bei ihm können Sie keine Doktorarbeit schreiben, oder?«

»Er könnte mir aber eine Stelle beschaffen. Es wäre ein Vorstellungsgespräch gewesen.«

»Aber dazu ist es nicht gekommen. Wieso nicht?«

»Weil in dem Zimmer diese Frau auf mich gewartet hat. Sie nannte sich Maria, und zuerst hatte ich den Eindruck, dass Sie mit dem Wissenschaftler befreundet sei. Aber dann tauchten die beiden Männer auf und wollten von mir wissen, wo sie Emil Naumann finden. Ich konnte es ihnen nicht sagen, weil der Kontakt zu Emil zu diesem Zeitpunkt abgebrochen war.«

»Und dann?« Jurevic platzte vor Neugier.

»Dann haben sie mich unter Zwang mitgenommen; der eine drückte mir seine Pistole in die Nieren. Wir sind in die Tiefgarage zu dem Transporter gegangen, und da kam es zu der Schießerei.«

Die Kommissare schauten sich an, Paula konnte nicht einschätzen, ob sie ihr glaubten.

»Nun zu der Frau, die verschwunden ist«, hakte Albrecht nach. »Sie ist verschwunden geblieben. Wir konnten sie trotz Ihrer Personenbeschreibung nicht finden. Haben die Männer auch diese Frau mit einer Waffe bedroht?«

Paula schaute zu Nowak, er beugte sich zu ihr herüber, und Paula flüsterte. »Muss ich diese Frage beantworten?«

»Sofern Sie die Situation richtig einschätzen können, ja.«

Paula schaute zu den Polizisten. »Sie wurde nicht bedroht. Die Männer und diese Frau gehörten irgendwie zusammen und hatten dasselbe Ziel: herauszufinden, wo Emil Naumann sich aufhält.«

»Warum?«, fragte Jurevic. »Was ist an dem Bruder des Mordopfers so interessant?«

Paula beugte sich wieder zu ihrem Anwalt hinüber. »Emil hat mir einiges erzählt, aber ich weiß nicht, ob irgendwas davon stimmt.«

Nowak sprach leise. »Erzählen Sie es, und überlassen Sie der Polizei die Bewertung.«

Paula schaute wieder zu den Kommissaren. »Ich berichte Ihnen jetzt, was ich durch Emil erfahren habe, okay?«

»Wir bitten darum«, sagte Jurevic genervt.

Paula holte tief Luft und redete so schnell wie noch nie, machte nur Pausen zum Luftholen. »Emil Naumann hat behauptet, dass auf meinem alten Handy, das ich bei Eric in Zahlung gegeben habe, eine Spyware installiert wäre, die noch keiner vor ihm entdeckt hatte und die Daten an irgendeine unbekannte Adresse im Internet verschickt. Deswegen, weil er dieser Sache nachgegangen war, wurde ihm eine Vergewaltigung unterstellt, er hat seinen Job an der ETH in Zürich verloren, ist zu seinem Bruder nach Köln gereist, der dann ermordet wurde, und die Polizei glaubte, er, also Emil, sei das gewesen. Durch den Kontakt zu Emil habe ich erfahren, dass ominöse Leute hinter der Spyware stecken, die diese Daten benutzen, um uns alle auszuspionieren und diese Daten mit epigenetischen Daten zu koppeln, die dann dazu führen, dass niemand mehr eine Kfz-Versicherung bekommt, wenn man vorher bei einem Datingportal nach einem Partner oder einer Partnerin gesucht hat. Den Zusammenhang zwischen einer Datingseite und einer Kfz-Versicherung habe ich bis heute nicht verstanden, da müssen Sie Emil Naumann fragen. Ich weise aber darauf hin, dass er Psychopharmaka nimmt, und zwar ein atypisches Neuroleptikum. Als ich die Tabletten bei ihm fand, hat er mir gestanden, dass er psychische Probleme hätte, und das schon seit seiner Kindheit nach einem ausgeheilten Guillain-Barré-Syndrom. Er hat auch zugegeben, im Darknet unterwegs gewesen zu sein. Womöglich hat er dort seine Verschwörungstheorien verbreitet und ist jemandem auf die Füße getreten. Vielleicht ist alles wahr, was Emil gesagt hat, vielleicht stimmt aber auch gar nichts davon. Das müssen Sie schon herausfinden. Emil hatte sich nach dem Mord an seinem Bruder im Garten hinter der italienischen Bar versteckt. Aber als deren Besitzer, ein Mann namens Giovanni, erfuhr, dass Emil Psychopharmaka nimmt und anscheinend nicht mehr ganz sauber tickt, hat er ihn rausgeschmissen. Das war unser Glück, denn kurz darauf wurde Giovanni erschossen. Aber nicht von mir und auch nicht von Emil.«

Michael Nowak musste sich ein Grinsen verkneifen. »Das nenne ich mal eine umfassende Stellungnahme. Oder was meinen Sie?« Er schaute zu den Kommissaren, die einen Moment sprachlos waren.

Jurevic sah Paula erbost an. »Wollen Sie uns irgendwie veräppeln?«

Paula schüttelte den Kopf. »Nein. Ich bin auch noch nicht fertig. Kennen Sie diesen Song, der im Moment rauf und runter gespielt wird? *Chaka Chaka Olè*?«

Jurevic nickte. »Was ist damit?«

»Kennen Sie auch die Werbung für Anti-Aging-Produkte *Lebe jünger länger*?«

»Was sollen diese Fragen?« Jurevic klang nun richtig genervt.

»Emil hat behauptet, dass die Spyware nicht mal ebenso auf einem modernen Smartphone installiert werden kann. Dazu brauche es so was wie einen Auslöser. Emil glaubt, dass dieses Musikstück, *Chaka Chaka Olé*, dieser Trigger ist. Das würde bedeuten, die Leute, die hinter der Spyware stehen, haben das Lied in die Charts gepusht. Durch gutes Marketing und mit viel Geld. Und dieses Lied löst bei bestimmten Smartphones über die Sprachfunktion einen Vorgang aus. Der bringt die Handys dazu, automatisch diese Spyware herunterzuladen. Aber nur solche Handys, die zuvor eine bestimmte App geladen haben. Wie das funktionieren soll, müssen Sie Emil fragen, wenn Sie ihn finden. Ich habe es nicht kapiert, wollte Sie aber darauf hinweisen. Die Agentur, die für den Slogan *Lebe jünger länger* verantwortlich ist, hat auch diesen Song gepusht.« Paula lächelte. »Kleiner Tipp also: Lassen Sie nirgendwo Ihr Handy rumliegen, wo *Chaka Chaka Olé* im Radio läuft.«

»Ich finde den Song sowieso Mist«, sagte Nowak.

Jurevic kochte vor Wut, seine Halsschlagader schwoll an.

Er fühlte sich anscheinend veralbert.

Paula musste innerlich grinsen bei der Vorstellung, dass das, was sie so schnell dahingesagt hatte und wovon sie nicht wusste, ob es der Wahrheit entsprach, mit relativ großer Wahrscheinlichkeit stimmte. Das Komplott, wie es sich Paula offenbarte, klang einfach zu verrückt, als dass ein normaler Mensch es glauben konnte. *Weil wir Menschen linear denken, nach einfachen Zusammenhängen gieren.* Aber Emils Welt war komplex und undurchsichtig. Paula hatte sich inzwischen darauf eingelassen.

Sie sah keine Veranlassung, den Kommissaren noch mehr zu erzählen. Die beiden glaubten ihr ohnehin nicht und waren wohl auch nicht in der Lage, was zu unternehmen. Paula hingegen hatte noch etwas zu erledigen. Sie wollte ihren eigenen Weg einschlagen, der sie zurück in ihr altes Leben führte.

»Jetzt würde ich gerne nach Hause gehen«, sagte sie erschöpft. »Ich hatte einen verdammt harten Tag.«

Nowak schaute zu den Polizisten. »Irgendwelche Einwände?«

Die beiden schwiegen vielsagend.

Nowak erhob sich von seinem Stuhl. »Wir, meine Mandantin und ich, stehen Ihnen jederzeit zur Verfügung, wenn Sie noch Fragen haben. Ich wünsche Ihnen einen schönen Tag und viel Erfolg bei den Ermittlungen.«

Es gab keine Erwiderung. Albrecht schloss die vor ihm liegende Akte, die das Protokoll des ersten Verhörs enthielt.

Paula stand auch auf, ging um den Tisch herum und folgte ohne ein Wort des Abschieds ihrem Anwalt nach draußen auf den Flur.

Die beiden Kommissare blieben stumm sitzen.

KAPITEL 42

Paula legte ihr Smartphone ausgeschaltet auf den kleinen Beistelltisch zwischen ihnen. Dr. Johannes Gräber nahm es, ging zu seinem Schreibtisch und ließ das Handy in einer Schublade verschwinden. Dann kam er zurück.

Paula war beeindruckt von seinem Büro, das sich in einem modernen Glaspalast befand, der Firmenzentrale von CER Pharma. Sie saß in einem kubischen Sessel von Le Corbusier, Dr. Gräber setzte sich gegenüber auf eine Couch desselben Designers. Die Sonne schien und erhellte die Lamellen vor dem Fenster, nur wenig Licht fiel in Streifen herein. Der Termin war als Vorstellungsgespräch bei Gräbers Sekretärin eingetragen, auch wenn Paula nicht wie eine Bewerberin aussah. Sie trug zerrissene Bluejeans, Sneaker und einen Hoodie mit der Aufschrift der Universität Bonn, wo sie ihren Bachelor gemacht hatte.

»Danke, dass Sie der Polizei nicht alles über uns gesagt haben«, begann Dr. Gräber das Gespräch.

»Und was haben Sie denen erzählt?«, wollte Paula wissen.

»Dass ich nicht wisse, wer die Frau in meinem Zimmer war. Ich habe die Vermutung geäußert, dass diese Frau auf sie gewartet hatte, weil sie von irgendwem wusste, dass wir beide uns treffen wollten. Als ich in meinem Zimmer ankam, war niemand mehr da.«

»Und die Polizei hat Ihnen geglaubt?«

Er zuckte mit den Schultern. »Zumindest sind denen irgendwann die Fragen ausgegangen.«

»Ich glaube Ihnen nicht«, sagte Paula. »Wer ist Maria?«

»Ich weiß wirklich nicht, ob ich Ihnen das sagen sollte.«

»Sie hat mir einiges erzählt, und wenn ich der Polizei sagen würde, mir sei noch etwas eingefall–«

»Wir hatten eine Affäre«, schnitt er ihr das Wort ab.

»Das hat sie auch gesagt. Und weiter?«

»So hat es angefangen. Ich habe gedacht, sie sei an mir interessiert. Aber es war mein Forschungsgebiet, die Epigenetik. Wie viel Verhalten steckt in unseren Genen?«

»Genau darüber hätte ich auch geforscht«, sagte Paula.

»Deshalb wollte Gabriela Sie loswerden.«

»Gabriela? Und wie weiter?«

»Gabriela Moreno.« Er korrigierte sich. »Nein, ich wollte Sie loswerden, Frau Krüger. Ich gebe es zu. Emil Naumann mag hochintelligent sein, aber ich ging davon aus, dass er nicht in der Lage wäre, den Zusammenhang zu meinem Forschungsprojekt zu erkennen. Dann kamen Sie auf einmal ins Spiel.«

»Sie betrachten das immer noch als Forschungsprojekt?«

Er wich ihrem Blick verschämt aus. »Sie haben recht. Ich bin auch benutzt worden, von Gabriela. Ich gehe davon aus, dass sie unter falschem Namen untergetaucht ist.«

»Und für wen hat sie gearbeitet?«

»Leontari. Der Versicherungskonzern.«

»Dann hat Emil mit allem recht gehabt«, sagte Paula.

Er nickte. »Was glauben Sie, warum man ihn unbedingt loswerden wollte.«

»Ist die Gefahr denn vorüber?«

Er zuckte mit den Schultern. »Für mich besteht immer noch das Risiko, dass meine Affäre mit Gabriela auffliegt. Sie hat Fotos und ein Video von uns beiden gemacht. Meine Frau würde das nicht hinnehmen. Wir sind seit siebenundzwanzig Jahren verheiratet, haben vier Kinder. Solange es irgendwie geht, werde ich jegliche Beziehung zu Gabriela leugnen. Und wenn die Polizei bei Leontari aufmarschieren sollte, werden die Ermittler keinen Schritt weiterkommen.«

»Aber Emil hat einen Beweis, er hat die Software gespeichert.«

»Doch er ist auch in der Lage, so etwas selbst zu programmieren. Er ist letztlich sogar der Urheber der Spyware gewesen, wie ich hörte.«

»Gabriela hat das behauptet. Aber ich bin mir nicht sicher, ob das stimmt.«

»Es stimmt. Ein bisschen weiß ich darüber. Es lässt sich nachweisen, dass Emil die Spyware programmiert hat. Mittels einer digitalen Signatur, die zur ETH Zürich führt. Leontari könnte alle Vorwürfe von sich weisen und ihn als *Black Hat* dastehen lassen. Gegen so einen Konzern kommt man nicht an, die sind zu mächtig. Gabriela war eine abtrünnige Mitarbeiterin, die für alle Straftaten ganz allein verantwortlich ist. Sofern man ihr auch nur einen einzigen Mord nachweisen sollte.«

»Was haben Sie sich von der Zusammenarbeit mit ihr versprochen – außer Sex?«

»Ich war besessen davon, meine Theorie zu überprüfen. Ich wollte herausfinden, inwieweit *DRD-4* und die Mutationen für menschliches Verhalten verantwortlich sein könnten. Wenn Sie den Hashtag *#drd47r* in den sozialen Medien eingeben, bekommen Sie lauter Urlaubsbilder aus fernen Ländern gezeigt. Warum? Weil Mutation 7R vielleicht für das Reisefieber verantwortlich ist.«

»*DRD-4* steht für erhöhte Risikobereitschaft, Suchtverhalten, einschließlich Sexsucht?«

Dr. Gräber nickte. »Wir werden im Laufe der nächsten Jahre noch einige Entdeckungen in dieser Richtung machen, da bin ich mir sicher. Durch Einzelstudien und Befragung von Probanden das Verhältnis zwischen Genom und Verhalten zu erforschen ist viel aufwendiger, als sensible Daten zu kaufen.«

»Illegale Daten«, hielt Paula dagegen.

»Ich würde es eher als ethisch schlecht vertretbar ansehen. Von der Spyware wusste ich zuerst nichts. Ich habe auch am Anfang nicht nachgefragt, woher diese persönlichen Daten stammten. Mich hat nur meine Forschung interessiert, das gebe ich zu.«

»Aber Ihnen war schon klar, worauf die Sache hinauslaufen würde: epigenetische und digitale Daten miteinander zu verknüpfen, um daraus das Verhalten der Menschen vorauszusehen. Für eine Versicherung bedeutet es ein Milliardengeschäft, wenn sie unliebsame Kunden herausfiltern könnten.«

»Allerdings.« Dr. Gräber nickte. »Die Folgen für jeden, der noch keine Berufsunfähigkeits-, Unfall- oder Risikolebensversicherung hat, sind fatal. Vor allem, wenn sich jemand selbstständig machen möchte, eine große Investition plant oder ein Haus bauen will. Noch schlimmer wird es im Gesundheitswesen. Wir werden bald Verhältnisse wie in Großbritannien haben. Vor jeder Hüftoperation wird erst einmal geprüft, ob eine neue Hüfte sich überhaupt noch lohnt. Das Ganze wird forciert, wenn das biologische Alter einer Person als höher errechnet wird als das chronologische. Einem Sechzigjährigen, der eigentlich schon achtzig ist, wird dann vorgeworfen, dass er schlecht gelebt habe, und man verweigert ihm die Behandlung.«

»Wie exakt lässt sich das biologische Alter wirklich messen?«

»Ich würde sagen, dass die Forschung da schon ziemlich weit gekommen ist. Ein deutscher Wissenschaftler, der in L.A. arbeitet, hat einen Algorithmus entwickelt, als dessen Grundlage ihm über dreihundert Methylierungsstellen auf der DNA dienen.«

Paula musste darüber nachdenken, was sie gerade gehört hatte. »Sie sind der Einzige, der Emil Naumanns Theorie bestätigen könnte.«

Dr. Gräber schüttelte den Kopf. »Nein. Dann bin ich ruiniert. Nicht nur wegen Gabriela und der Fotos. Ich habe eine Drohung erhalten. Vonseiten der Versicherung. Sollte ich irgendwann behaupten, egal ob privat oder in meiner Funktion als Wissenschaftler, dass das, worüber wir hier reden, jemals stattgefunden hat, wird es eine Klage wegen Verleumdung geben, die ich nicht überleben werde. Dann könne ich auch gleich aus dem Fenster springen.« Er sah ihr tief in die Augen. »Was verlangen Sie für Ihr Schweigen?«

»Nichts. Ich möchte keinerlei Unterstützung, denn das, was ich im Leben erreiche, will ich auf mein Konto verbuchen können, auf mein Können. Nicht auf Vitamin B.«

»Genau aus diesem Grund hätte ich Sie gerne bei mir in meiner Abteilung. Überlegen Sie es sich. Es gibt keine Vergünstigungen. Bis auf eine.«

Sie sah ihn fragend an.

»Ich werde Sie an diesen Punkt führen, dass Sie selbst erleben, wie es ist, der Natur ein Geheimnis zu entlocken. So wie bei Watson und Crick, als sie die Doppelhelix vor ihrem inneren Auge erkannten, oder wie bei August Kekulé, der durch einen Blick in das Feuer seines Kamins plötzlich meinte, eine Schlange zu sehen, die sich in den Schwanz beißt. Jahrzehnte später gab es die Bestätigung, dass Aromaten wie Benzol ein Ringsystem bilden, wie so ein Uroboros. Diesen Moment zu erleben, das ist unglaublich, das verspreche ich Ihnen.«

Paula mochte ihn. Dr. Gräber war Wissenschaftler durch und durch, der leider einmal in seinem Leben vom Weg abgekommen war. Nicht um viel Geld zu verdienen, sondern wegen seiner Leidenschaft für die Entdeckung der Welt.

»Ich kann das nicht«, sagte Paula. »Es sind fünf Menschen ermordet worden.«

»Ich habe niemanden umgebracht«, erwiderte er. »Die Täter sind alle tot.«

Paula schüttelte den Kopf. »Bis auf eine: Gabriela.«

Dr. Gräber nickte. »Die Versicherung wird alle Vorwürfe zurückweisen und ihr die Schuld zuschieben. So als habe sie ganz allein gehandelt.«

»Hat sie?«

»Ich weiß es nicht. Aber als wir uns das letzte Mal sahen und sie mir gedroht hat, da trat so ein Leuchten in ihre Augen. Sie wusste von den Morden, und ich glaube, sie hat den Befehl dazu gegeben.«

»Dann dürfen wir sie nicht davonkommen lassen.«

Er nickte.

»Wissen Sie, wo sie ist oder wie sie jetzt heißt?«

»Nein.« Er schüttelte den Kopf. »Sagen Sie, haben Sie noch Kontakt zu Emil Naumann?«

»Warum?«

»Weil ich etwas weiß, womit er vielleicht was anfangen kann.«

»Das wäre?«

»Gabriela hat eine Mutter. Sie leidet an Demenz und lebt in einem Heim in Spanien. In Andalusien. Ich glaube in Sevilla, genau weiß ich es aber nicht. Gabriela stammt aus einem kleinen Dorf in Andalusien an der Atlantikküste, da ist sie geboren.«

»Wie sollen wir sie finden, wenn sie unter einem falschen Namen lebt und Ihre Mutter an Demenz leidet?«

»Die Mutter weiß nicht, wo ihre Tochter ist. Aber Gabriela ruft sie jeden Tag an. Jeden Morgen nach dem Frühstück. Die beiden führen immer dasselbe Gespräch, weil die Mutter bis zum nächsten Tag wieder alles vergessen hat. Als Gabriela mir davon erzählte, habe ich sie zum ersten und einzigen Mal weinen gesehen. Da hat sie wirklich Emotionen gezeigt.«

»Jeden Morgen ruft sie dort an?«, hakte Paula nach.

Dr. Gräber antwortete mit einem Kopfnicken.

NOVO SANCTI PETRI

KAPITEL 43

Lennard saß am Steuer des Geländewagens, Paula neben ihm. Emil war auf der Rückbank eingeschlafen. Es wurde nicht mehr in der Mordsache gegen ihn ermittelt, und auch der Vergewaltigungsvorwurf in der Schweiz war fallengelassen worden. Gabriela hatte, was das anging, die Unwahrheit gesagt. Womit sie allerdings recht behielt: Emil war der Urheber der Spyware, er hatte sich nur zeitweilig nicht mehr daran erinnern können. Die Ursache dafür waren seine bipolare Störung und die Medikamente. Nach einer schweren depressiven Phase hatte er die Spyware wiederentdeckt, die in einer manischen Phase entstanden war. Ein anderer Programmierer hatte in der Zwischenzeit weitergemacht. Er hieß Philip und war durch einen Stromschlag im Keller seines Hauses ums Leben gekommen. Die Polizei ging immer noch von einem Unfall aus, weil keine Beweise für ein Fremdverschulden vorlagen.

Emil und Gabriela hatten nie direkten Kontakt gehabt, aber sie wusste von ihm. Solche Jobs kamen in der Community im Darknet zustande. Gabriela war vorsichtig gewesen und hatte Informationen auf mehrere Köpfe verteilt, die nichts voneinander wussten.

Sie kamen an einem Schild vorbei, der kleine Ort *Novo Sancti Petri* an der Atlantikküste war nur noch zwanzig Kilometer entfernt. Sie hatten zwei Tage in Sevilla verbracht, und Emil war es gelungen, die Telefonanlage des Pflegeheims zu hacken, sodass sie den Anruf an diesem Morgen hatten zurückverfolgen können. Lennard finanzierte die Reise. Der Beziehungsstatus zwischen ihm und Paula war noch immer nicht geklärt.

»Wie möchtest du vorgehen, wenn wir sie gefunden haben?«, fragte er.

»Frontalangriff.«

Lennard zweifelte. »Die Frau hat viel zu verlieren. Und in der Gegend hier …« Er sah aus dem Fenster. Die Landschaft war eintönig und karg. »Hier in der Gegend haben die meisten eine Schrotflinte im Schrank.«

»Wir hätten auch eine mitnehmen sollen.«

»Habe ich«, sagte Lennard.

»Echt jetzt?«

Er nickte. »Ich meine das ernst. Wir glauben, dass die Frau für fünf Morde verantwortlich ist, von denen sie mindestens zwei in Auftrag gegeben hat. Die wollte Emil töten und dich auch. Wieso glaubst du, dass du einfach zu ihr gehen kannst, und sie redet mit dir. Was willst du überhaupt erreichen?«

Paula wusste es selbst nicht genau. Ein innerer Drang hatte sie hergeführt. Das Gespräch mit Gabriela in dem Hotelzimmer ging ihr nicht mehr aus dem Kopf. Sie konnte sich nicht vorstellen, dass diese Person zu so etwas fähig war, und hoffte auf Antworten, die ihr die ganze Sache erklärten. Aber Lennard hatte recht, das geschah nicht ohne Risiko.

Sie erreichten den Ortseingang von Novo Sancti Petri und fuhren in Richtung Küste weiter. Von hier waren es noch etwa fünf Kilometer bis zum Ziel. Das Haus, das Emil ermittelt hatte, von dem jeden Tag in einem Pflegeheim in Sevilla angerufen wurde, lag direkt an der steinigen Küste. Die Garage stand offen, und es war kein Auto darin. Lennard fuhr vorbei und hielt hundert Meter entfernt an einer Stelle, wo ein schmaler Weg zum Meer hinunterführte.

Paula drehte sich zu Emil um. »Hey! Aufwachen. Wir sind da.«

Er fuhr ruckartig aus einem komatösen Schlaf hoch, musste sich erst orientieren, wo er war.

Lennard und Paula stiegen aus. Er ging zum Kofferraum, holte das ganze Gepäck raus, um die Bodenabdeckung hochzuklappen. Darunter lag die Schrotflinte, eingepackt in eine voluminöse Umhängetasche. Lennard nahm sie über die Schulter.

»Ich gehe mal vor«, sagte er. »Mich kennt sie ja nicht.«

Paula und Emil blieben beim Jeep. Lennard verhielt sich wie ein Tourist. Die Umhängetasche verriet nicht, was darin war. Er blieb vor dem Haus stehen, verschwand in der Garage und kam wieder heraus. Dann kehrte er zum Jeep zurück.

»Es scheint niemand da zu sein. Die Tür von der Garage ins Haus ist abgeschlossen, aber man kommt ohne Probleme auf die Terrasse. Sollen wir uns da hinsetzen und warten?«

Paula nickte. Sie gingen ums Haus und betraten die Terrasse. Dort standen mehrere Stühle auf Bruchsteinplatten unterschiedlicher Größe und verschiedener Gelb-Brauntöne, eine kniehohe weißgetünchte Balustrade diente als Begrenzung. Dahinter ging es zehn Meter in die Tiefe, wo die Wellen spitze Felsen umspülten.

Sie setzten sich auf die Stühle und warteten. Lennard öffnete den Reißverschluss und kontrollierte die Schrotflinte, ließ sie aber in der Tasche. Die Waffe war nur für den äußersten Notfall gedacht. Eine halbe Stunde verging, in der nichts passierte und sie nur dem Rauschen des Meeres lauschten. Keiner hatte das Bedürfnis zu reden, es war alles gesagt. Da hörten sie ein sich näherndes Fahrzeug, das aber an dem Haus vorbeifuhr. Das Motorengeräusch wurde leiser und rasch vom Rauschen der Wellen übertönt. Zehn Minuten später kam erneut ein Auto, es wurde lauter, bis der Wagen in die Garage fuhr und der Motor erstarb.

Alle warteten gebannt, was geschah. Sie hatten die Stühle so gestellt, dass man von drinnen nicht sehen konnte, ob jemand auf ihnen saß.

Scheinbar endlose Minuten vergingen, bevor die Tür zur Terrasse aufgeschoben wurde und jemand herauskam. Paula sprang von ihrem Stuhl auf, und Gabriela fuhr erschrocken zusammen. Ihre dunkelbraunen Haare waren mittlerweile etwas nachgewachsen. Sie hatte keine Pickel mehr im Gesicht, und ihre Haut war braungebrannt.

Emil und Lennard standen ebenfalls auf.

»Das nenne ich mal eine Überraschung«, sagte Gabriela, als sie sich von dem Schreck erholt hatte. »Wo habt ihr die Polizei gelassen?«

»Eins nach dem anderen«, sagte Paula. »Zunächst einmal reden wir nur.«

»Wie habt ihr mich gefunden?«

»Deine Mutter«, sagte Paula. »Du rufst sie jeden Tag an.«

Gabriela sah sie mit großen Augen an. »Wer hat euch das gesagt?«

»Dein ehemaliger Chef«, log Paula. Sie wollte Dr. Gräber nicht schaden. Ohne ihn wären sie nicht hier.

»Setz dich«, befahl Paula und schob ihr einen Stuhl hin.

Gabriela folgte der Aufforderung und nahm Platz. Es schien beinahe, als ob sie damit gerechnet hätte, dass dieser Tag irgendwann kam, und jetzt der Druck von ihr abfiel. Emil legte sein Smartphone auf den Tisch und aktivierte die Aufnahmefunktion.

Es war Zeit für ein Geständnis.

»Alle Beweise, die ich gegen meinen Chef hatte, sind weg«, sagte Gabriela. »Seine Männer waren in meiner Wohnung und haben den Tresor leergeräumt. Darin hatte ich einen Stick liegen, eine Art Lebensversicherung.«

»Du bist die Einzige, die weiß, was passiert ist. Erzähl uns, was der Plan war.«

Gabriela gab allen Widerstand auf. Ihre Geschichte deckte sich mit der, die Dr. Gräber erzählt hatte. Nur aus einer anderen Perspektive. Gabriela war für die Schadensabteilung verantwortlich gewesen und damit für hohe Beträge, die jedes Jahr ausbezahlt werden mussten. Die Prognosen waren schlecht, die Quartalszahlen noch schlechter. Gabriela geriet unter Druck. Dann lernte sie Dr. Gräber kennen, der ihr zum ersten Mal den Zusammenhang zwischen Genen und dem menschlichen Verhalten erklärte. Von da an fehlte nicht mehr viel, bis das Projekt, das sie selbst *Faktor X* getauft hatte, ins Leben gerufen wurde. *Faktor X* bezeichnete einen KI-basierten Algorithmus, der in die allgemeinen Berechnungen der Versicherungsmathematiker miteinfließen sollte, ohne dass irgendjemand davon wissen durfte. Die Berechnungen ließen sich für niemanden mehr nachvollziehen, man konnte die KI an- oder abschalten. Zu dem Mutterkonzern gehörten mehrere Tochtergesellschaften. *Faktor X* kam nicht bei jeder Versicherung zum Einsatz, um die Gewinnentwicklung miteinander vergleichen zu können. So ließ sich erkennen, ob *Faktor X* ein Erfolg war.

»Und? War es das?«, fragte Lennard.

Sie nickte. »Ja, aber wir waren erst am Anfang. Und dann wollte mein Chef alles beenden.« Sie schaute Emil an. »Behringer hat den Stecker gezogen, als er von dir erfuhr.«

»Wie viele Personen wussten von dem Projekt?«, wollte Paula wissen.

»Vollumfänglich nur Behringer und ich.« Sie schüttelte verächtlich den Kopf. »Er hat gar nicht verstanden, welches Potenzial dahintersteckte. Bevor es richtig losging, sollte ich die Reißleine ziehen. Das Risiko war ihm zu groß. Wenn die Öffentlichkeit davon erfahren hätte, dass wir unsere Kunden auf diese Weise ausspionieren und mit welcher Raffinesse wir das machen, hätte das dem Konzern schwer geschadet, womöglich sogar das Kreuz gebrochen. Schlimmer als bei dem Dieselskandal. Trotz des Betrugs fahren die Leute immer noch die Autos, aber einer Versicherung würde man so etwas nie verzeihen. Das Vertrauen wäre dahin und das Geschäftsmodell zerstört.«

»Wer hat die Morde in Auftrag gegeben?« Paula sah ihr in die Augen. »War es Behringer?«

Gabriela erwiderte den Blick, zögerte. Dann schüttelte sie den Kopf. »Für so etwas hat er nicht die *Cojones*.«

Paula verstand genug Spanisch, um zu wissen, dass *Cojones* eine Metapher war für jemanden, der Mumm bewies. Wörtlich übersetzt waren es die Hoden.

Gabriela fuhr fort. »Er hat von mir verlangt, das Problem zu lösen. Behringer sagte, ich solle tun, was getan werden muss.« Sie schaute wieder zu Emil. »Du warst der Auslöser. Dich hatte ich eigentlich schon abgeschrieben gehabt. Der andere Programmierer, Philip, er war der Gefährlichste von allen. Er war so nah dran am Geschehen, hatte den Trigger programmiert. Und dann fing er an, auf Anonymus damit zu prahlen.«

»Anonymus?«, fragte Paula.

»Eine Hacker-Community im Darknet«, sagte Emil.

»Und es war so leicht«, sagte sie.

»Was war leicht?«, fragte Paula.

»Der Unfall.«

Es trat Stille ein. Nur das Rauschen der Wellen war zu hören.

Paula fasste es nicht. »Wo findet man Leute, die so etwas tun?«

»In Brüssel. Man muss nur einen Menschen kennen, der Zugang zu diesen Kreisen hat. Ein Schulfreund von früher war beim Militär, und der hat mich mit den richtigen Leuten zusammengebracht. Auch das war einfacher, als ich je gedacht hätte. Es ist am Ende immer nur eine Frage des Geldes.«

»Du wusstest, was diese Männer anstellen würden?«, fragte Paula entrüstet.

Gabriela schüttelte den Kopf. »Es hat mich nicht interessiert. Nur das Ergebnis. Erst als das mit den Italienern in Köln passiert ist, bin ich wie aus einem bösen Traum erwacht.« Sie zeigte ein melancholisches Lächeln. »Ich erzählte meiner Mutter jeden

Morgen am Telefon, dass es mir gutgehe. Und wie erfolgreich ich sei. Jeden Morgen. Aber es hätte kein Morgen mehr gegeben, wenn ich versagt hätte. Versagen war keine Option.« Sie schaute zu Paula. »Es war nicht Behringer. Der hat nur den Startschuss gegeben, gerannt bin ich schon selbst, und ich war schon immer gut im Rennen. Ich hätte die hundert Meter unter zehn Sekunden geschafft, wenn man mich gelassen hätte. Ich hätte es geschafft! Die Prognosen waren eindeutig. Alle hätten sich gefragt, wie ich das erreicht habe. Und keiner hätte es jemals erfahren. Ich war immer eine gute Läuferin, es musste nur einer den Startschuss geben.«

In der Sekunde sprang sie von ihrem Stuhl auf und rannte los. Bis zur Balustrade waren es etwa zehn Meter, für die Gabriela vielleicht drei Sekunden brauchte, dann war sie aus Paulas Sichtfeld verschwunden.

Kein Schrei war zu hören, kein Aufprall. Nur das Rauschen des Meeres.

Paula und Lennard sprangen auf und liefen zu der Steinmauer, um sich zu vergewissern, was geschehen war. Emil dagegen blieb ungerührt sitzen. Paula sah über die Balustrade hinweg in die Tiefe. Gabriela war auf die spitzen Felsen gefallen, ihr Körper lag seltsam verdreht, und die Wellen färbten sich rot vom Blut.

»Lass uns von hier verschwinden«, sagte Lennard leise. Er wandte sich ab, ging zu seinem Stuhl zurück und machte den Reißverschluss der Tasche zu, in der die Schrotflinte steckte.

Paula konnte sich noch nicht losreißen von dem Anblick. Gabriela hatte sich selbst gerichtet.

»Komm jetzt«, rief Lennard herüber. Er hatte die Tasche bereits geschultert und wartete nur darauf, dass sie kam. Emil hatte sich auch aus seinem Stuhl erhoben.

Sie gingen stumm zum Geländewagen zurück. Lennard verstaute die Tasche mit der Waffe, Paula setzte sich hinters Steuer.

Emil nahm auf der Rückbank Platz, Lennard auf dem Beifahrersitz.

Paula startete den Motor und fuhr langsam die an der Küste vorbeiführende Straße entlang.

»Und jetzt?«, fragte Emil.

»Jetzt kehre ich in mein altes Leben zurück«, sagte Paula und schaute Lennard in die Augen.

Er verstand, ihren Blick richtig einzuschätzen, beugte sich herüber und gab ihr einen sanften Kuss auf die Lippen.

»Vorher müssen wir noch mal nach Sevilla«, warf Emil ein.

Paula drehte sich zu ihm um. »Wieso?«

»Ich hab da noch was zu erledigen.«

EPILOG

Das Telefon klingelte, und Candela Moreno nahm wie gewohnt den Hörer ab. Sie hörte die Stimme ihrer Tochter, und dann telefonierten die beiden wie an jedem Morgen vor dem Mittagessen.

Der Anruf kam in Wahrheit vom Schwesternzimmer nebenan. Das Telefon dort war an einen Laptop angeschlossen. Ein junger Mann aus Deutschland hatte ihnen ein Programm darauf installiert, mit dem man Stimmen imitieren konnte. Betrüger machten so was, um alte Leute um ihre Ersparnisse zu bringen, indem sie sich als Söhne, Töchter oder Enkelkinder ausgaben. Hier war es etwas anderes. Hier hatte die Künstliche Intelligenz einen positiven Nutzen, denn der behandelnde Arzt meinte, dass es für Candela Moreno besser wäre, wenn sie nie die Wahrheit über das erfuhr, was mit ihrer Tochter passiert war. Den Schock würde die Demenzkranke nicht verarbeiten, dazu wäre ihr Gehirn nicht in der Lage. Egal, wie wenig sie nur noch speichern konnte, von ihrer erfolgreichen Tochter aus Deutschland, die so glücklich verheiratet war, redete sie unentwegt.

Gabriela Moreno würde so lange leben, bis ihre Mutter eines Tages starb.

NACHWORT & DANKSAGUNG

German Angst, Aggressivität, Sexsucht und Reiselust. Was haben diese Dinge miteinander zu tun? Womöglich sind die Auslöser für diese ganz unterschiedlichen Verhaltensweisen genetisch bedingt und werden gleichzeitig durch unsere Umwelt getriggert. Mit diesem Zusammenhang und der chemischen Veränderung der DNA im Laufe eines Lebens beschäftigt sich das Fachgebiet der Epigenetik.

Das Smartphone ist eine frei erfundene, fiktive Geschichte. Als ich anfing zu schreiben, dachte ich noch, es würde auf eine Dystopie hinauslaufen, aber einer meiner Fachberater meinte, dass abgesehen von der Künstlichen Intelligenz (KI) die technischen Möglichkeiten, wie in der Handlung beschrieben, schon seit etwa zehn Jahren existieren. Die einzelnen Bausteine, aus denen sich der Thriller zusammensetzt, sind also zum Teil schon Realität. Die Besonderheit liegt in der Verknüpfung von persönlichen und biologischen Daten, was für unser aller Leben ernste Konsequenzen haben könnte. Wie viel Wahrheit in dieser Geschichte steckt, wird die nahe Zukunft zeigen.

Man kann viel über die Gefahren von Künstlicher Intelligenz diskutieren, Schreckensszenarien machen die Runde: Werden wir eines Tages von Cyborgs beherrscht? Vielleicht nach einem Atomkrieg wie in den *Terminator*-Filmen. Auch Meldungen über mögliche neue Biowaffen, erschaffen von Künstlicher Intelligenz, geistern durch die Medien.

Eine viel konkretere Gefahr wird dabei gerne übersehen. Mit jeder neuen Technologie müssen wir Menschen ebenso kritisch wie verantwortungsvoll umgehen. Die KI bietet uns unglaubliche Chancen. Sie ist dem Menschen weit überlegen, wenn es um singuläre Problemlösungen und Mustererkennung geht. Aber die KI ist nicht wirklich intelligent, zumindest im Moment noch nicht, und einige kritische Experten sagen, dass die KI nie so intelligent wie das menschliche Gehirn sein wird. Trotzdem begeben wir uns in eine Abhängigkeit und lassen uns von Maschinen bevormunden.

Fest steht, dass die unkontrollierte Verknüpfung von persönlichen und epigenetischen Daten zu einem Desaster für die breite Masse der Bevölkerung werden könnte – oder um es mit den Worten von Emil Naumann zu sagen: »*Da wird aus einer Handgranate eine Atombombe.*«

Die freie Entfaltung der Persönlichkeit, wie sie uns vom Grundgesetz garantiert wird, setzt voraus, dass ich als Mensch im Rahmen meiner Möglichkeiten frei agieren kann. Ein Baukredit für das langersehnte Eigenheim kommt nicht zustande, weil keine Versicherung das allgemeine Lebensrisiko des Kreditnehmers absichert, und der Grund dafür ist eine KI, die durch Verknüpfung von digitalen und epigenetischen Daten diese Person einfach aussortiert. Dann zerplatzen unverschuldet Lebensträume. Bin ich dann noch in der Lage, mich frei zu entfalten? Die Geschichte der Menschheit hat gezeigt, dass solche Entwicklungen stets ganz klein anfangen, aber sehr schnell zu monströser Größe heranwachsen können. Der Grund für meine kritische Haltung ist ausnahmsweise nicht der *German Angst* geschuldet, sondern der Sorge, dass Einzelne nicht verantwortungsvoll genug mit dieser neuen Technologie umgehen.

Ich danke all denen, die sich die Zeit genommen haben, mir im Laufe des Schaffensprozesses immer wieder zuzuhören, und mir wichtige Impulse für die Geschichte geliefert haben. Dazu gehören:

Bastian Majewski, der als IT-Security-Experte mir wertvolle Tipps gegeben hat. Fakten in dieser Richtung, die nicht stimmen, habe ich dazu gedichtet.

Wieder mit dabei war auch mein Freund aus Studienzeiten Klaas Bollhöfer, Geschäftsführer der *Birds on Mars GmbH* in Berlin, einer Beratungsagentur für Künstliche Intelligenz.

Ein Abteilungsleiter aus der Pharmaforschung sowie der Inhaber einer Versicherungsagentur haben mir ebenfalls sekundiert, möchten aber namentlich nicht genannt werden. In Sachen Polizeiarbeit und Öffnen von Türen hat mich J. R. Klein auf den aktuellen Kenntnisstand gebracht. Die neurologisch medizinische Beratung lag wieder mal in den Händen von Dr. David Svoboda aus Bergisch-Gladbach. Vielen Dank.

Alle inhaltlichen Fehler haben nie meine Berater zu verantworten, denn ich bediene mich gern der Künstlerisch Intelligenten Freiheit. Es handelt sich schließlich um einen fiktiven Roman.

Ich danke meinem Agenten Lars Schultze-Kossack, der leider viel zu früh verstorben ist, sowie dem ganzen Team der Agentur. Ebenso danke ich dem Lübbe-Verlag, allen voran Karin Schmidt und dem Außenlektor Dr. Frank Weinreich. Kleine Details in einer Geschichte sind wie das Salz in der Suppe, und da habe ich viel Input von Antje Müller bekommen, die im Internet auf Sachen stößt, die ich selbst nie finden würde.

Köln im April 2024

Marc Meller

Was tust du wirklich, wenn du schläfst?

Marc Meller
DAS SCHLAFLABOR
Du kannst nicht schlafen. Du suchst Hilfe. Und der Albtraum beginnt
Thriller

384 Seiten
ISBN 978-3-7857-2791-1

Tom Sonnborn hat alles versucht, um seine Schlafstörungen loszuwerden – ohne Erfolg. Als er von einem Schlaflabor in den Schweizer Alpen hört, das auf eine neuartige Therapieform setzt, schöpft er neue Hoffnung. Und tatsächlich: Bereits kurz nach seiner Ankunft in der Klinik schläft Tom so gut wie lange nicht mehr. Auch zuhause wird er zum regelrechten Langschläfer. Er ist überglücklich – bis er eines Morgens blutverschmiert aufwacht und die Polizei ihn verdächtigt, einen Mord begangen zu haben. Tom kann sich nicht erinnern und zweifelt plötzlich: Schläft er nachts wirklich? Schlafwandelt er etwa? Noch ahnt er nicht, dass die Wahrheit düsterer ist als jeder Albtraum.

Lübbe

Die Wahrheit ist wie ein Buch: Sie hat viele Seiten ...

Eva Almstädt
OSTSEEFINSTERNIS
Pia Korittkis
neunzehnter Fall

400 Seiten
ISBN 978-3-404-19317-2

Die blinde Helmgard Böttcher regiert ihre große Familie an der Ostsee mit fester Hand. Als ihre Enkelin auf dem Heimweg überfallen wird, lässt die Rache nicht lange auf sich warten: Ein junger Mann aus dem Nachbarort erleidet eine schwere Vergiftung und stirbt. Ausgerechnet eine Pflanze, die auch in Helmgards Garten wächst, war die Ursache dafür. Kommissarin Pia Korittki, die eigentlich ein entspanntes Wochenende mit Sohn Felix und Freund Marten in dessen neuem Haus an der Ostsee verbringen wollte, stößt bei ihren Ermittlungen in einen tödlichen Morast aus Hass, Lügen und alter Feindschaft ...

Lübbe

Die Community für alle, die Bücher lieben

Das Gefühl, wenn man ein Buch in einer einzigen Nacht verschlingt – teile es mit der Community

In der Lesejury kannst du

★ Bücher lesen und rezensieren, die noch nicht erschienen sind

★ Gemeinsam mit anderen buchbegeisterten Menschen in Leserunden diskutieren

★ Autoren persönlich kennenlernen

★ An exklusiven Gewinnspielen und Aktionen teilnehmen

★ Bonuspunkte sammeln und diese gegen tolle Prämien eintauschen

Jetzt kostenlos registrieren: www.lesejury.de

Folge uns auf Instagram & Facebook:
www.instagram.com/lesejury
www.facebook.com/lesejury